発　刊　の　辞

　北海道では新しい住宅や建物の高断熱化が進み，設備システムがいわゆる断熱ラインの内側に置かれることにより設備システムの凍結問題から開放が急速に進んでいる．一方，ヒートアイランドの影響で都市部では平均最低気温の上昇が進んでいるとはいえ，数年に一度の厳しい寒波が来ると寒冷地はもちろんのこと，温暖地であっても設備システムの凍結による運転障害や損傷事故に関するニュースが飛び交う．これは，計画・設計時にそのような寒冷に対する貧弱な対策しかとられていないことが主な原因であるが，正しい寒冷対策がとられていないことに起因する場合もいまだに見受けられる．

　一方，冬季も異常気象の影響で，一晩に 50 cm 以上の降雪がある，いわゆる「ドカ雪」が北日本をはじめ，近畿，中国地方など各地で頻繁にみられるようになってきた．本州以南では設備システムはほとんどの場合に屋上や塔屋など屋外に設置されることが多いが，凍結事故は免れたにしても積雪や吹きだまりに覆われて機能不全に陥ることもある．BCP 対応の観点からも建築・設備計画においては積雪に対する備えが非常に重要となってきている．

　さて，空気調和・衛生工学会（以下，当学会と称す）における凍結防止の活動を振り返ると，1983年度に北海道支部と東北支部が中心となり「凍結問題調査研究委員会」を立ち上げ，1987 年度末に委員会報告書をまとめ，『凍結防止設計指針および同解説』として学会から刊行された．この報告書は一般に頒布されたが，凍結防止の考え方を広く伝道するために 1989 年 2 月号から 6 月号までの学会誌に「講座：凍結防止」が 5 回にわたり連載され好評を得た．設備関係者から高いニーズの声もあり，北海道支部の設立 30 周年記念事業にあわせて，この報告書をまとめ直して寒冷地だけでなく準寒冷地，およびまれに氷点下になる地域まで対象を広げて実務に即した内容にまとめたのが，1996年に当学会から出版された『建築設備の凍結防止 計画と実務』である．この本は設備関係者では凍結防止の「バイブル」ともよばれていたが，現在では絶版となっている．一方，東北以南の凍結防止対策については，より対象地域の実情を考慮した凍結対策が必要とのことで，東北支部では 2002 年度から 3 年間，調査研究委員会の中に「給排水衛生設備の凍結対策防止委員会」を設置して，東北地方独特の気象特性にあわせた対策をまとめて，その委員会報告書を『東北地方の給排水衛生設備と空調設備の凍結対策』として 2005 年に当学会から発行した．

　しかし，前者は発刊から 21 年，後者も 12 年が経過し，この間，社会的背景も変わっていること，そして新しい設備機器をはじめ最新の建築工法や配管技術など新技術への対応，さらには大規模震災への対応，とくに BCP 対応を考慮するなど，内容を刷新して出版して欲しいとの要望が上がっていた．同時に，北海道と東北以南の凍結防止の考え方の違いや地域ごと具体的な対策についてわかりやすくまとめて欲しいという意見も聞かれた．

　そこで，当学会の 100 周年にあわせて新版を出版してはどうかという機運が北海道支部と東北支部から上がり，当学会の小委員会活動として 2016 年度に北海道支部と東北支部のメンバーで「建築設備の凍結・雪対策 計画設計施工の実務の知識」編集小委員会を発足させた．同時に，北海道支部では「建築設備の凍結・雪対策の調査に関する研究」設備技術小委員会を立ち上げた．一方，東北支部は 2014 年度に日本建築学会東北支部・環境工学部会に「大規模災害時の停電による空調・給排水衛生設備の凍結対策技術」ワーキンググループを設置して活動を行っている．

　これらの委員会活動を通じて，新版の発行に向け，新しい技術，施工情報，実施例や最新の気象，凍結事故データ収集，分析を行い，具体的な対策についてわかりやすくまとめる作業を行ってきた．

空気調和設備と比べて，給水装置を含む給排水衛生設備は古くから地域や地方で技術が発展し継承されてきていることから，北海道と東北以南では設計の考え方や具体的な対策も異なることが多い．今回はこれらの違いに留意して凍結防止の考え方と対策を解説するように心懸けた．その結果，既書をベースとしながらも建築設備の技術者の計画・設計，施工に携わる技術者ばかりではなく，発注者側の住宅，建物のオーナー，行政担当者，建築士の方々にもわかりやすい凍結防止・雪対策の新しい解説書になったと思う．本書が今後 10 〜 20 年間，建築設備の凍結防止・雪対策の「新バイブル」として活用されるようになることを願う．

2018 年 3 月

出版委員会建築設備の凍結・雪対策 計画設計施工の実務の知識編集小委員会
主査 長野 克則

出版委員会建築設備の凍結・雪対策 計画設計施工の実務の知識編集小委員会

主 査	長 野 克 則	北海道大学	
幹 事	赤 井 仁 志	福島大学	
	村 井 裕 康	(株)山下設計 北海道支社	
委 員	市 川 　 健	三建設備工業(株) 北海道支店	
	岡 田 誠 之	東北文化学園大学	
	尾 崎 大 介	高砂熱学工業(株) 札幌支店	
	葛 　 隆 生	北海道大学	
	小 林 照 和	(株)興盛工業所	
	小 林 　 光	東北大学	
	佐 藤 秀 紀	(株)北海道日建設計	
	菅 原 美 幸	三建設備工業(株) 東北支店	
	高 橋 秀 一	(有)高橋設備設計/山形県設備技術協議会	
	武 田 清 賢	北海道ガス(株)	
	田 原 　 誠	(株)竹中工務店 東北支店	
	田 中 和 則	(株)ユアテック	
	月 舘 　 司	北海道立総合研究機構 北方建築総合研究所	
	野 川 貴 史	北海道電力(株)	
	濱 田 靖 弘	北海道大学	
	林 　 達 也	(株)ドーコン	
	船 木 寮 一	三建設備工業(株)	
	宮 本 一 英	(株)竹中工務店 北海道支店	
	山 本 　 進	大成建設(株) 札幌支店	

　本書の記載事項は，作成時点において可能な限り精査しております．ただし，その正確性，最新性，継続性などを，当学会が保証するものではありません．
　また，本書の記載事項に起因して障害が生じた場合，当学会は責任を負いません．

執筆担当 （執筆順）

第1章 1.1・1.3, 第6章	長野 克則	（前出）
第1章 1.2, 第6章	濱田 靖弘	（前出）
第1章 1.2, 第6章	月舘 司	（前出）
第2章 2.1 〜 2.2・2.4 〜 2.7	佐藤 秀紀	（前出）
第2章 2.3	林 達也	（前出）
第3章 3.1 〜 3.2・3.4 〜 3.5・3.9 〜 3.10	市川 健	（前出）
第3章 3.11	山本 進	（前出）
第3章 3.2 〜 3.3, 第8章 8.3・8.6	赤井 仁志	（前出）
第3章 3.2	田中 和則	（前出）
第3章 3.3	新倉 万結	〔福島大学〕
第3章 3.3	小林 光	（前出）
第3章 3.3, 第5章	野川 貴史	（前出）
第3章 3.4 〜 3.5	高橋 秀一	（前出）
第3章 3.6, 第8章 8.5	小林 照和	（前出）
第3章 3.7, 第7章 7.1	岡田 誠之	（前出）
第3章 3.10, 第8章 8.4	中川 孝士	〔(株)光合金製作所〕
第3章 3.4・3.8, 第4章 4.3	武田 清賢	（前出）
第4章, 第6章	尾崎 大介	（前出）
第4章, 第6章, 第8章 8.1	村井 裕康	（前出）
第5章	宮本 一英	（前出）
第7章 7.1	山崎 悟	〔エスワイ設備設計〕
第7章 7.2	森 太郎	〔北海道大学〕
第8章 8.1	葛 隆生	（前出）
第8章 8.2	田中 芳章	〔札幌施設管理(株)〕
第8章 8.3	上石 美咲	〔福島大学〕
第8章 8.7	高原 洋介	〔国土交通省 東北地方整備局〕
第8章 8.7	我妻 徹	〔福島県 土木部〕
第8章 8.7	田村 正	〔福島市 水道局〕

目　　次

第1章　総　論

1.1　凍結防止の基本的な考え方 ……………………………………… 1
　1.1.1　凍結防止の基本 …………………………………………………… 1
　1.1.2　凍結防止の技術的対策の基本 ………………………………… 1
1.2　凍結と気候 ……………………………………………………………… 2
　1.2.1　寒冷地と準寒冷地 ……………………………………………… 2
　1.2.2　凍結深度 …………………………………………………………… 4
1.3　凍結現象 ………………………………………………………………… 7
　1.3.1　水と氷の性質 …………………………………………………… 7
　1.3.2　静水の凍結 ………………………………………………………… 9
　1.3.3　流水の凍結 ……………………………………………………… 15
　1.3.4　保温筒による凍結防止 ………………………………………… 18

第2章　寒冷地建物の建築計画

2.1　配置計画 ………………………………………………………………… 22
　2.1.1　エントランス …………………………………………………… 22
　2.1.2　方　位 ……………………………………………………………… 22
　2.1.3　吹きだまり ……………………………………………………… 23
　2.1.4　敷地内通路と除排雪 …………………………………………… 24
　2.1.5　融　雪 ……………………………………………………………… 25
2.2　外装計画 ………………………………………………………………… 27
　2.2.1　外装材 ……………………………………………………………… 27
　2.2.2　風除室 ……………………………………………………………… 28
　2.2.3　出入口 ……………………………………………………………… 30
　2.2.4　開口部 ……………………………………………………………… 32
　2.2.5　屋根の雪，雪ぴ，つらら ……………………………………… 33
　2.2.6　雨水の凍結 ……………………………………………………… 36
2.3　断熱計画 ………………………………………………………………… 39
　2.3.1　断熱材の種類と性能 …………………………………………… 39
　2.3.2　断熱基準 ………………………………………………………… 41
　2.3.3　部位別断熱計画 ………………………………………………… 43
　2.3.4　建物用途別の留意点 …………………………………………… 45
2.4　構造計画 ………………………………………………………………… 48
　2.4.1　地盤の凍結と凍上 ……………………………………………… 48
　2.4.2　凍上対策 ………………………………………………………… 49
　2.4.3　免震建物における注意点 ……………………………………… 50

2.5 設備計画 ……………………………………………………………… 50
　2.5.1 屋内機器 ………………………………………………………… 50
　2.5.2 屋外機器 ………………………………………………………… 50
　2.5.3 ガ ラ リ ………………………………………………………… 53
2.6 施工計画 ……………………………………………………………… 55
　2.6.1 冬季養生 ………………………………………………………… 56
　2.6.2 寒中コンクリート ……………………………………………… 57
2.7 維持管理 ……………………………………………………………… 58
　2.7.1 結　　露 ………………………………………………………… 58
　2.7.2 水落とし ………………………………………………………… 58

第3章　給排水衛生設備の凍結事例と対策

3.1 凍結防止の歴史と動向 ……………………………………………… 59
　3.1.1 水落とし ………………………………………………………… 59
　3.1.2 技術の進歩 ……………………………………………………… 59
　3.1.3 水抜き装置の分類 ……………………………………………… 60
3.2 給水設備 ……………………………………………………………… 62
　3.2.1 概　　要 ………………………………………………………… 62
　3.2.2 屋内給水管 ……………………………………………………… 63
　3.2.3 屋外給水管 ……………………………………………………… 67
　3.2.4 貯 水 槽 ………………………………………………………… 70
3.3 給湯設備 ……………………………………………………………… 71
　3.3.1 概　　要 ………………………………………………………… 71
　3.3.2 屋内給湯配管・機器 …………………………………………… 72
　3.3.3 屋外給湯配管・機器 …………………………………………… 73
　3.3.4 エコキュート …………………………………………………… 75
3.4 排水・通気設備 ……………………………………………………… 80
　3.4.1 概　　要 ………………………………………………………… 80
　3.4.2 屋内排水通気管 ………………………………………………… 80
　3.4.3 屋外排水配管 …………………………………………………… 80
3.5 雨水設備 ……………………………………………………………… 81
　3.5.1 概　　要 ………………………………………………………… 81
　3.5.2 屋内雨水配管 …………………………………………………… 81
　3.5.3 屋外雨水配管 …………………………………………………… 82
3.6 衛生器具設備 ………………………………………………………… 83
　3.6.1 概　　要 ………………………………………………………… 83
　3.6.2 各器具の寒冷地仕様の種類 …………………………………… 83
3.7 浄化槽・水処理（除害）設備 ……………………………………… 83
　3.7.1 概　　要 ………………………………………………………… 83
　3.7.2 小型浄化槽の凍結深度以下の設置 …………………………… 84
　3.7.3 維持管理のしやすさ …………………………………………… 84
　3.7.4 水処理機器 ……………………………………………………… 84

－ vi －

3.8　ガス設備 ··· 85
　3.8.1　概　　要 ··· 85
3.9　消火設備 ··· 85
　3.9.1　概　　要 ··· 85
　3.9.2　各設備の留意点 ·· 85
3.10　公衆トイレ設備 ··· 87
　3.10.1　概　　要 ·· 87
　3.10.2　具体的な凍結防止対策 ·· 87
3.11　寒冷地，準寒冷地および非寒冷地の凍結防止対策の比較 ····················· 87
　3.11.1　給水設備 ·· 88
　3.11.2　給湯設備 ·· 89
　3.11.3　排水・通気設備 ·· 89
　3.11.4　衛生器具設備 ··· 90
　3.11.5　ガス設備 ·· 91
　3.11.6　消火設備 ·· 91
　3.11.7　公園など公衆トイレ ··· 92

第4章　空調・換気設備の凍結防止と雪対策

4.1　空調・換気設備の凍結防止の考え方 ··· 95
　4.1.1　凍結しやすい箇所 ·· 95
　4.1.2　凍結しやすい空調・換気設備 ·· 95
　4.1.3　凍結事故による被害とその影響 ·· 104
4.2　建物用途別の留意事項 ·· 104
　4.2.1　事務所ビル ·· 104
　4.2.2　商業ビル ··· 106
　4.2.3　ホ テ ル ··· 107
　4.2.4　学　　校 ··· 107
　4.2.5　集合住宅 ··· 108
　4.2.6　そ の 他 ··· 110
4.3　空調・換気設備の凍結防止対策 ·· 110
　4.3.1　空調機，外調機 ··· 110
　4.3.2　熱源機器 ··· 118
　4.3.3　配管設備 ··· 123
　4.3.4　換気設備 ··· 124
　4.3.5　そ の 他 ··· 125
4.4　寒冷地と準寒冷地，非寒冷地の凍結防止対策の比較 ······························ 127
　4.4.1　空調機器 ··· 127
　4.4.2　熱源機器 ··· 128
　4.4.3　配管設備 ··· 129
　4.4.4　換気設備 ··· 130
　4.4.5　そ の 他 ··· 130
4.5　凍結防止における維持管理 ·· 130

－ vii －

4.5.1　装置の維持管理 ･･ 131

4.5.2　自動制御の維持管理 ･･･ 133

4.5.3　不凍液の維持管理 ･･･ 134

第5章　電気設備の凍結事例と対策

5.1　電気設備の凍結事例 ･･ 141

5.1.1　受変電設備（高圧・特別高圧） ･････････････････････････････････････ 141

5.2　電気設備の凍結対策 ･･ 143

5.2.1　基礎設置 ･･ 143

5.2.2　盤　　類 ･･ 145

5.2.3　凍結防止ヒータ ･･ 145

5.2.4　配管，アウトレットボックス ･･････････････････････････････････････ 145

5.3　発電・蓄電設備の凍結・雪対策 ･･ 146

5.3.1　概　　要 ･･ 146

5.3.2　自家用発電設備 ･･ 146

5.3.3　蓄　電　池 ･･ 146

5.3.4　太陽電池パネル ･･ 147

第6章　消　融　雪

6.1　消雪・融雪の考え方 ･･ 149

6.2　消雪・融雪の設計に利用する気象条件 ････････････････････････････････ 153

6.3　融雪設備 ･･ 156

6.3.1　必要熱量の算定方法 ･･ 156

6.3.2　熱源設備の種類と再生可能エネルギー利用 ･･･････････････････ 159

6.3.3　方式別システム ･･ 159

6.3.4　制御システム ･･･ 164

第7章　災害時の避難所の BCP 対策

7.1　災害時避難所の建築・設備の防寒対策～東北 ･･･････････････････････ 167

7.1.1　概　　要 ･･ 167

7.1.2　建物に付随する既存設備 ･･ 167

7.1.3　暖房設備 ･･ 167

7.2　避難所の防寒対策と運営～北海道 ･････････････････････････････････････ 169

7.2.1　避難所の防寒対策と運営 ･･ 169

7.2.2　避難計画，避難所運営マニュアルの現状と問題点 ･････････････ 169

7.2.3　電力の供給が停止した厳冬期被災時の住宅の室内環境 ･･･････ 170

7.2.4　厳冬期避難訓練時の温熱環境の調査 ････････････････････････････ 172

7.2.5　避難所運営ゲーム北海道版 ･･ 174

第8章　参考技術・資料

8.1　全国気象（理科年表 2018 年版）抜すい ････････････････････････････ 179

8.1.1　月別平均気温［℃］ ･･･ 179

8.1.2　気温の最低記録 ……………………………………………………… 181

8.1.3　日最低気温の月別平年値［℃］ …………………………………… 182

8.2　札幌市における給水管凍結事故 ……………………………………… 184

8.3　凍結防止ヒータ ………………………………………………………… 184

8.3.1　給水用凍結防止ヒータ ……………………………………………… 184

8.3.2　雨水用電熱式凍結防止ヒータ ……………………………………… 187

8.4　不凍水栓・凍結防止弁 ………………………………………………… 187

8.4.1　不凍栓 ………………………………………………………………… 188

8.4.2　ドレンバルブ ………………………………………………………… 191

8.4.3　水抜栓の周辺機器 …………………………………………………… 191

8.5　寒冷地用衛生器具選定のポイント …………………………………… 196

8.5.1　便器の凍結対策 ……………………………………………………… 196

8.5.2　寒冷地便器と給水装置の構造 ……………………………………… 198

8.5.3　水栓金具の凍結対策 ………………………………………………… 200

8.6　解氷作業と災害事故防止 ……………………………………………… 201

8.6.1　給水装置工事施工法（「給水装置工事の手引き」より）………… 201

8.6.2　各解氷方法の解説 …………………………………………………… 201

8.7　寒冷地・準寒冷地・温暖地の凍結防止の取組み …………………… 206

8.7.1　国土交通省東北地方整備局 ………………………………………… 206

8.7.2　福島県土木部営繕課 ………………………………………………… 206

8.7.3　福島市水道局 ………………………………………………………… 207

8.7.4　東北地方のインフラ会社 …………………………………………… 210

8.7.5　中部地方のインフラ会社 …………………………………………… 210

索　引 ……………………………………………………………………………… 213

第1章
総 論

　北海道では，住宅や建物で高断熱化が進み，また設備システムがいわゆる断熱ラインの内側に置かれることにより建築設備などは凍結問題からの開放が急速に進んでいる．一方，ヒートアイランドの影響で都市部では平均最低気温の上昇が進んでいるとはいえ，寒冷地はもちろんのこと温暖地であっても寒冷への防御が乏しい既存の建物の設備システムでは，凍結による運転障害や損傷事故が毎年のように発生している．とくに，数年に一度の厳しい寒波が来ると凍結事故は相当数にのぼる．これは，計画・設計時に寒冷に対して貧弱な対策しか考えられていないことに主な原因があるが，いまだに正しい寒冷対策の施工方法がとられていないことによるものも多く見受けられる．

　本章では凍結防止の考え方を述べ，技術的対策の基本について説明する．次いで，凍結と気候との関係について，寒冷地，準寒冷地を地図に示した気候図を紹介し，それぞれの気候に応じた対策を説明した．

　凍結は水が凝固して氷になる現象である．ここでは，配管内水の凍結現象を表す非定常熱移動方程式を表し，その近似解法を示した．また，配管内に流れがある場合の凍結現象についても説明し，保温による凍結防止効果について表にわかりやすくまとめて示した．

1.1　凍結防止の基本的な考え方

1.1.1　凍結防止の基本
　純粋な水は，大気圧下において0℃で凝固して氷になる．この現象を一般に「凍結」という．配管内あるいは装置内で水が凍結すると本来の機能が妨げられるばかりでなく，完全に凍結にいたると配管あるいは装置を破損させる危険がある．したがって，凍結防止の第一の基本は，配管内あるいは装置といった設備システムを常に0℃以上に保たれた空間に設置することである．当然ながら，建築計画的配慮が必要となる．第二の基本は，配管および装置自体が0℃以下にならないような対策を講じることである．当然ながら，この対策は気象条件，建物種別，設置場所，異常寒波の状況，装置の熱的特性，運転・管理方法，建築と設備の設計内容などを考慮して決めなければならない．

1.1.2　凍結防止の技術的対策の基本
　まず，建築的な対策として，装置および配管系統を建物の断熱ラインの内側に設置する．もし，配管系統および装置を建物の外部や断熱ラインの外側に設けなければならないときは，その地域の気象条件と機器の使われ方を十分考慮して，設備的な対策が効果的かどうかを検討したうえで凍結防止の対策を講じる必要がある．配管系統および装置を凍結させない設備的な対策には以下の方法がある．
　① 水抜き法
　② 加熱法
　③ 不凍液法

－ 1 －

第1章　総　論

④　流動法
⑤　保温法
⑥　その他

どの方法を選ぶかは，建物条件，設備条件，気象条件，使用状況などを考慮したうえ，適した方法を採用する．しかし，これらの対策は局所的であるとともに対症療法的なものであるので，過度の期待は危険である．とくに，④流動法，⑤保温法については，気候条件にも左右されるが，抜本的な対策とはなりえない．装置内の水を循環させる場合には装置系と水の熱容量が冷却熱量に比べて十分大きいこと，水を垂れ流す場合にはそれなりの水温があって，また水量も十分であることが必要である．

また，配管系統および装置の保温は，内部に存在する水の熱容量に期待するものなので，冷却速度を遅らせる効果はあるものの長時間にわたって放置した場合には凍結してしまう．保温法は抜本的な対策とはなりえないので，凍結防止ヒータとの併用が望ましい．一方，外調機内の熱交換器のように外気に接するコイル内水の凍結は，装置系統に温水あるいは蒸気が存在しているにもかかわらず局所的に凍結が発生することがある．とくに，低負荷時に発生する危険性が高い．したがって，運転・制御方法の改善による回避だけではなく，局所的に低温にならないように構造や配列が考慮された寒冷地対応のものを採用するなどの配慮が必要となる．

1.2　凍結と気候

1.2.1　寒冷地と準寒冷地

凍結事故の発生は，気温と風に深い関わりがある．水は0℃で凍るので，氷点下の状態がどのくらい継続し，どこまで気温が下がるか，さらにどの程度の風が当たるかによって，凍結事故の発生状況は異なるはずである．また，これは気象特性だけではなく，機器や配管の設置環境に大きく依存するものである．

札幌市の水道凍結を例にとって，気温と凍結事故の関係を整理してみる．札幌市水道局による水道凍結事故修繕件数のアンケート調査データ（2010～2015年の5冬季）と，札幌管区気象台で測定された日最低気温との関係を**図1・1**に示す．凍結事故が発生した日に不在であったような場合には，修繕が凍結した日よりも遅くなることと，水温が下がり完全に凍って凍結事故が発生するまでには時間がかかることを考慮して，外気温は修繕を行った日の最低気温とその前日の最低気温の平均値としている．この図から，凍結事故は日最低気温が－4℃以下になると増えはじめ，－10℃以下になると，どこかで凍結事故が発生していることがわかる．

一般的に，日最低気温が低い日にはそれを記録した時刻の前後も寒く，寒さの継続時間が長いといえる．凍結は，（寒さの程度）×（継続時間）に依存するので，日最低気温が低くなるにつれ，凍結事故がさらに増加する．

空気調和・衛生工学会の「凍結防止指針および同解説」[2]では，**図1・2**に示すような凍結防止対策用マップを作成した．日最低気温の出現率が凍結事故の発生に影響するとの考えから，日最低気温が－10℃以下の日が年間あたり9.1日/年以上生じる地域を寒冷地A，－5℃以下の日が年間あたり9.1日/年以上生じる地域を寒冷地Bとして，十分な凍結対策をとるように述べている．

最低気温の極値や日最低気温の月平均値などは，気象庁ホームページや，理科年表などに掲載されているが，日最低気温の出現頻度に着目して整理された資料は少ない．空気調和・衛生工学会の「建築設備の凍結防止・計画と実務」[3]によれば，日最低気温の月平均値と出現頻度には相関があり，「日最低気温が－5℃以下となる日が1年に1日生じるのは，最寒月の日最低気温の月平均値が0～1℃であること」，「日最低気温が－10℃以下になる日が1年に1日生じるのは，最寒月の日最低気温の

－2－

1.2 凍結と気候

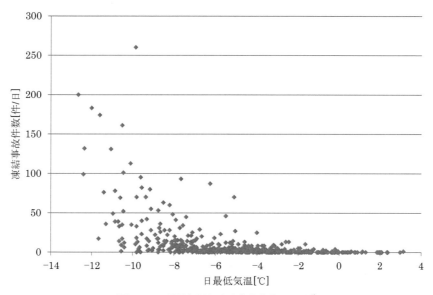

図 1・1 日最低気温と凍結事故件数の関係[1]

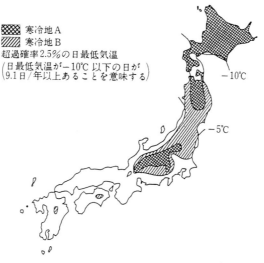

図 1・2 凍結防止指針による寒冷地 A, B[2]

月平均値が-4～-5℃であること」にほぼ対応するとしている.

　同書では，寒冷地とは，「厳寒期には日常的に凍結が発生しやすいため，徹底的な凍結防止対策を講じる必要がある地域」とし，次の三つの条件を満たす地域と定義している.

・最寒月の日平均気温が0℃以下
・最寒月の日最低気温の月平均値が-5℃以下
・最低気温が-10℃以下の日の出現日数が1日/年以上

　寒冷地では対症療法的な凍結防止対策，たとえば，電気ヒータや低温作動弁などによる流動方式は，継続時間がかなり長くなるため，コストおよび資源の面から不適当である.

　また，準寒冷地とは，「年に一度襲来するような寒波のときに凍結事故が発生する危険性があり，寒冷地に準じる凍結防止対策を講じる必要がある地域」とし，次のように定義している.

・最寒月の日最低気温の月平均値が0℃以下
・最低気温が-5℃以下の日の出現日数が1日/年以上

同書による寒冷地・準寒冷地を図1・3に示す．また，気象庁のメッシュ平年値図より，1月の平均気温，日最低気温の月平均値を図1・4，1・5に示す．

同じ都市内でも場所により気温が異なることや，寒冷地・準寒冷地以外は凍結しないわけではないことに注意する必要がある．これまで気温が氷点下に下がったことがないのは沖縄県くらいであり，ほとんどの地域で-5℃以下に下がったことがある．凍結に対して無防備であれば，0℃付近からすでに凍結事故は発生しているので，寒冷地・準寒冷地以外でも対策は必要である．外調機のようにコイルが外気に接しているような設備では，とくに注意する必要がある．

1.2.2 凍結深度

凍結深度は，地中温度が0℃になる位置までの地表からの深さとして定義され，気温などの気象条件のほか，土質や含水率によって支配される．積雪も一種の断熱材の役目を果たすので，凍結深度に大きく影響を与える．地中に配管を埋設する場合には，凍結深度より深くすることが原則となる．

凍結深度を求めるには，実測によるほか，次式によって概略値を推定することができる[4]．

$$Z = C\sqrt{F} \tag{1・1}$$

ここで，
Z：凍結深度 [cm]

図1・3 寒冷地と準寒冷地

1.2 凍結と気候

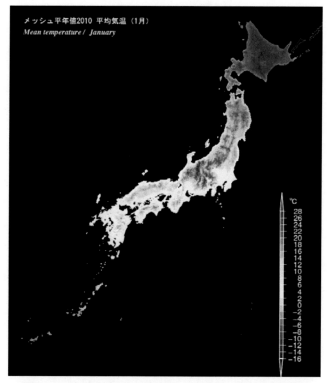

図1・4　1月の平均気温の月平均値（気象庁メッシュ平年値図）

図1・5　1月の日最低気温の月平均値（気象庁メッシュ平年値図）

F：凍結指数 [℃・日]
C：係数

　この式は，熱伝導論に基づき，静水の氷層厚さを求める Stefan および Neumann の式を基本に簡易化したものである．凍結指数 F は凍結期間中の気温と時間の積の累計と定義されているが，実用的には0℃以下となる日平均気温の累計で十分である．係数 C は土質，含水率，凍結期間によって異なり，3～5程度の値をとる．含水比が15%，乾燥密度が1 800 kg/m^{3}である均一な粒状材料で構成される地盤の凍結指数と凍結深度の関係は，**図1・6**のように示されている．いくつかの地点の凍結指数をもとに，$C=4$ として計算した凍結深度を**表1・1**に示す．また，日本水道協会による給水管埋設深さを**表1・2**に示す．

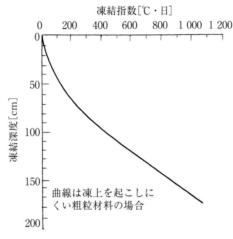

図1・6 凍結指数と凍結深度の関係

表1・1 凍結深度（$C=4$ における計算値） [cm]

稚内	101	釧路	103	青森	57	福島	33
旭川	120	帯広	119	盛岡	73	山形	53
札幌	88	室蘭	62	秋田	49	新潟	18
北見	131	函館	76	仙台	18	長野	52

表1・2 給水管埋設深さ[5]

市	給水管の埋設深さ [mm] 宅地	公道	市	給水管の埋設深さ [mm] 宅地	公道
札幌市	1 000	1 100	青森市	400	800
旭川市	1 200	1 400	盛岡市	600	900
函館市	800	1 100	秋田市	400	650
釧路市	1 500	1 600	仙台市	450～600	600～800
帯広市	1 200～1 500	1 500～1 800	長野市	500～800	800
北見市	1 350～1 450	1 550～1 650			

1.3 凍結現象

1.3.1 水と氷の性質
〔1〕 水の状態変化

標準大気圧における純粋な水の凝固点は0℃であり，この温度にまで冷却すると凍結開始となる．しかし，実際には**図1·7**にあるように，水を冷却して0℃以下になっても，凍らず液体のままで存在する場合がある．この状態を過冷却という．静かにゆっくりと冷却した場合には，－12℃程度まで過冷却状態になることもある．過冷却はその機構がまだ十分に解明されていないが，冷却速度・水質・材質などに影響される．過冷却状態は過渡的なものであり，何らかの刺激，たとえば衝撃や氷核などにより，短時間のうちに過冷却状態は解除される．

水から氷への相変化は，分子の運動エネルギー変化に起因するが，標準大気圧下において水から氷への相変化熱（融解熱，または凝固潜熱，凍結潜熱）は333.5 J/gと水の温度差，約80 K分の熱容量と同等である．過冷却状態が解除されると，水の過冷却分の顕熱量が一瞬のうちに相変化に消費され，その融解熱に相当する氷が出現し，水の温度は急激に0℃に上昇する．いったん氷が生成されると，水はすべて氷へ変態するまで0℃を維持し続ける．

1990年代から，過冷却を積極的に活用したダイナミック氷蓄熱システムが開発され，実物件にも導入されている．ただし，過冷却が破れて氷が形成される際には瞬間的な体積膨張が生じるため，密閉配管では大変危険な状況となる．したがって，配管系においては，水が0℃以下とならないことを目標にするというのが，凍結防止の第一の考え方である．

図1·8は水の状態図である．この図は，水・氷・水蒸気の三つの状態の存在し得る温度と圧力の範囲を示している．二つの相の境界線は図中のA線，B線，C線で表されるが，境界線Aは水の沸点を，Bは水の氷点，Cは氷の昇華曲線である．曲線A，B，Cが一つに集まる点Tは，水・氷・水蒸気の三相が共存する唯一の点であり，三重点（Triple point）とよばれている．国際協約により熱力学温度［K］の定点に使われている．水の三重点の温度は0.01℃（273.16 K），圧力は6.116 57×10²±0.010［Pa］（約0.006気圧）である．絶対温度の単位であるケルビン［K］は，水の三重点の熱力学温度の1/273.16と定義される．

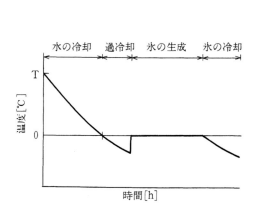

図1·7 水の冷却時の温度の低下の様子[6]

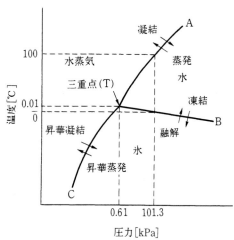

図1·8 水の状態図[7]

図から，水の沸点と氷点は，圧力によって変化することは明らかである．標準大気圧下の水の沸点は100℃，氷点は0℃である．また，一般に圧力が高くなれば沸点上昇と氷点降下が起こることがわかる．曲線Aから圧力の上昇に伴う沸点上昇は大きいが，曲線Bから圧力による氷点降下はごく小さい．表1·3に，圧力が1気圧上昇するときの両者の変化を示す．沸点は1気圧上昇すると28℃上がるが，氷点の変化はほとんどない．

〔2〕 水と氷の熱的性質

水の中に氷を入れると，氷が浮くのは誰もが知っている．これは水の比重が約1.0 g/cm^{3}に対し，氷は水よりも小さく約0.92 g/cm^{3}だからである（図1·9参照）．

一方，たいていの物質は，液体から固体へ相変化すると体積が減少する．すなわち，密度が上昇する．液水の密度が氷よりも大きいのは，水（H_2O）の分子構造，すなわち水素結合に起因する．固相（氷）の水素結合は，図1·10 (a) にあるように，ハニカム構造となっており充てん密度が低い．しかし液相（水）は，図1·10 (b) のようにいくつもの水素結合のクラスタに分かれており，結果として氷よりも充てん密度が高くなっている．もし氷の密度が水よりも大きかったら，この地球上の様子はまったく違ったものになっていたであろう．現在の地球は水の惑星とよばれているが，氷の密度が大きい場合，海氷は海底に沈むので，氷で覆われた惑星になっていた可能性もある．

表1·3 圧力による水の沸点上昇と融点降下

沸点上昇	1気圧増すごとに沸点は約28℃上がる
氷点降下	1気圧増すごとに氷点は約0.0075℃下がる

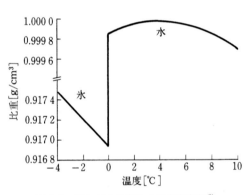

図1·9 氷と水の温度による密度変化[8]

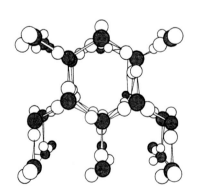

(a) 氷の結晶の模式的構造（ハニカム構造）酸素原子は黒丸で水素原子は白丸で示す．隣り合う分子を結ぶ棒は水素結合を表す．

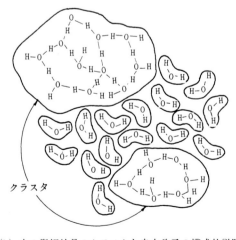

(b) 水の微細結晶のクラスタと自由分子の模式的説明

図1·10 水と氷の水素結合の概念図[8]

1.3 凍結現象

一方，水と氷の熱伝導率では大きな違いがある．0℃の水の熱伝導率 λ は 0.582 W/(m·K) であるが，氷の熱伝導率は約 2.21 W/(m·K) と水の 4 倍程度大きい．Dillard と Timmerhaus の測定から，0～−165℃の氷の熱伝導率 λ_s は

$$\lambda_s = \frac{488.2}{T} + 0.4685 \ [\text{W/(m·K)}] \tag{1·2}$$

ここで，

T：ケルビン温度 [K]

氷の定圧比熱 c_p は水の約半分となる．Dorsey による 0～−40℃の測定結果から，氷の定圧比熱 c_p は次式で与えられる[7]．

$$c_p = 2176.8 + 7.787\ T \ [\text{kJ/(kg·K)}] \tag{1·3}$$

これらのことから熱伝導率 λ を定圧比熱 c_p と密度 ρ とで除した温度伝導率 a は氷が約 1.2×10^{-6} m²/s であり，水の 1.4×10^{-7} m²/s の 8 倍以上大きい．

1.3.2 静水の凍結

管内の水が冷却され，0℃にいたるまでの時間は，当然のことながら周囲温度，周囲気流，水の初期温度，管径・保温筒の厚さ，管内流体の流れの有無，流速などによって左右される．ここでは，管内に流れがない静水において凍結が生じるまでの時間（凍結開始時間）と，管内が完全に凍結するまでの時間（閉塞時間）の算出方法について解説する．

〔1〕 静水の凍結条件：凍結開始時間

ある初期温度の管内静水が一定温度の外界にさらされたときの凍結開始時間の算出方法を説明する．静止している管内の水は，外部から冷却され，中心部と管壁部で，温度差が生じて自然対流が発生する（図 1·11）．したがって，厳密には管内の自然対流を考慮する必要があるが，水は 4℃で密度の反転が起こり，逆方向に自然対流が生じるため，上下の温度差はほとんどなくなる（図 1·12）．このため，近似的には，管内の水を一質点系とした集中常数モデルで扱い凍結開始時間を算出しても，実用上の誤差は小さい．

いま，図 1·13 のように管内半径 r_w の円管内が初期温度 T_{l_0} 一定の水で満たされており，外部から冷却されるとする．このとき，管内の平均水温 T_l が 0℃まで低下するに要する時間は，次のように求めることができる．ただし，管材の熱抵抗は保温筒の熱抵抗に比べて非常に小さいため，管材の温度は管内平均水の温度と同じとする．また，保温筒の熱容量は水の融解熱に比べて非常に小さいため，保温筒内の温度変化は瞬時定常が成り立つと仮定し，微小時間における熱容量の変化はこの間の定常温度分布の差に相当する熱容量を加味するとした．

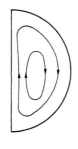
管内の自然対流の様子

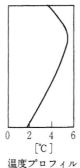
温度プロフィル

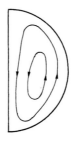
管内の自然対流の様子

温度プロフィル

図 1·11 冷却時の管内自然対流の様子（4℃以上）　　図 1·12 冷却時の管内自然対流の様子（4℃以下）[6]

第1章 総 論

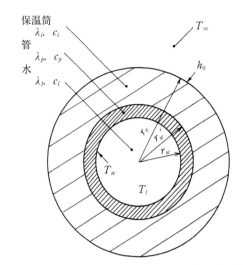

r_w ：管内半径 [m]
r_w' ：管外半径 [m]
r_o ：保温筒外半径 [m]
λ_l ：管内部流体の熱伝導率 [W/(m·K)]
λ_p ：管の熱伝導率 [W/(m·K)]
λ_i ：保温筒の有効熱伝導率 [W/(m·K)]
c_l ：管内部流体の比熱 [kJ/(kg·K)]
c_p ：管の比熱 [kJ/(kg·K)]
c_i ：保温筒の比熱 [kJ/(kg·K)]
T_∞ ：周囲温度 [℃]
T_w ：管内壁温度 [℃]
T_l ：管内流体平均温度 [℃]
h_o ：外表面熱伝達率 [W/(m²·K)]
U_c ：内面基準熱通過率 [W/(m²·K)]

図 1·13 円管内の水の冷却

このとき，微小時間内の管内水・管・保温筒の単位長さあたりの保有熱量 ΔQ_l [kJ/m] の変化は次のように表すことができる[9]．

$$\Delta Q_l = \left[c_l w_l + c_p w_p + \frac{2r_w' + r_o}{3(r_w' + r_o)} c_i w_i \right] \cdot \Delta T_l \tag{1·4}$$

ここで，c は比熱 [kJ/(kg·K)]，w は単位長さあたりの質量 [kg/m]，r_w'，r_o は管外半径 [m]，および中心から保温筒外側までの半径 [m]．ΔT_l は微小時間内の温度変化 [K]，添え字 l，p，i はそれぞれ水，管，保温材を表す．いま，

$$C = c_l w_l + c_p w_p + \frac{2r_w' + r_o}{3(r_w' + r_o)} c_i w_i \tag{1·5}$$

とおくと，

$$\Delta Q_l = C \cdot \Delta T_l \tag{1·6}$$

一方，微小時間 Δt に単位長さあたりの保温筒から温度 T_∞ の周囲へ放熱される熱量 ΔQ_o [kJ/m] は，

$$\Delta Q_o = \frac{1}{\frac{r_w}{\lambda_p}\ln\frac{r_w'}{r_w} + \frac{r_w}{\lambda_i}\ln\frac{r_o}{r_w'} + \frac{r_w}{r_o}\frac{1}{h_o}} \cdot 2\pi r_w \cdot (T_l - T_\infty) \cdot \Delta t$$

$$= U_o A_p (T_l - T_\infty) \cdot \Delta t \tag{1·7}$$

ここで，λ は熱伝導率 [W/(m·K)]，r_w は管内半径 [m]，h_o は外表面熱伝達率 [W/(m²·K)]，U_c は内面基準熱通過率 [W/(m²·K)]，A_p は単位長さあたりの管内表面積 [m²] を表す．いま，

$$U_c A_p = \frac{1}{R} \tag{1·8}$$

とおくと，

$$\Delta Q_o = \frac{1}{R} \cdot (T_l - T_\infty) \cdot \Delta t \tag{1·9}$$

となる．いま，熱収支から式 (1·6) と式 (1·9) は等しいので，

$$\Delta Q_l = \Delta Q_o \tag{1·10}$$

以下の微分方程式が得られる．

1.3 凍結現象

$$\frac{dT_l}{dt} = \frac{1}{CR}(T_l - T_\infty) \tag{1·11}$$

ここで，初期条件は，

$$t = 0, \quad T_l = T_{l0} \tag{1·12}$$

であるので，上式を用いて，式（1·11）を解くと，ある時間 t における管内平均水温 T_l は次式となる．

$$T_l = T_\infty + (T_{l0} - T_\infty) \cdot \exp\left(-\frac{t}{CR}\right) \tag{1·13}$$

ここで，凍結開始温度は0℃であるので，上式において $T_l = 0$ とおくと管内に凍結が開始するまでの時間（凍結開始時間）t_f は，

$$t_f = CR \ln \frac{T_\infty - T_{l0}}{T_\infty} = CR \ln \frac{1}{T^*} \tag{1·14}$$

ただし，T^* は温度条件

$$T^* = \frac{T_\infty}{T_\infty - T_{l0}} \tag{1·15}$$

で計算することができる．式（1·14）の右辺から凍結開始時間 t_f は熱容量 C と熱抵抗 R の積 CR に比例することがわかる．CR は時間の次元をもっており，一般に時定数とよばれる．また，温度条件 T^* の対数の関数となっている．

図1·14は，温度条件 T^* と凍結開始時間 t_f の関係を示したものである[10]．図中実線は保温筒なしの場合と，保温筒あり（厚さ20 mm グラスウール）の場合における呼び径25 Aのアクリルパイプの計算例である．式（1·14）より，口径，管材，保温筒厚さの異なる条件の t_f を求めることができる．また，ある初期水温における t_f を保温筒厚さだけの関数で表すこともできる．図中●印は，低温庫中に置かれた管内静水の実験結果である．計算値は実験値をよく再現しており，実用的には式（1·14）を適用できることが確認できた．

〔2〕 凍結開始から閉塞に要する時間

冷却された管内の水は，過冷却が破れた瞬間に薄い凍結層が管内壁に発生する．このとき，管内水の温度はほぼ0℃まで上昇するのが実験から確認されている．これは，過冷却水の顕熱分が相変化に消費されるからであるが，水から氷への相変化熱量 L が332 kJ/kg と大きいことから，過冷却が破

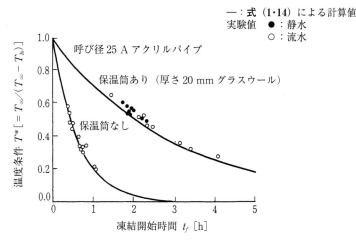

図1·14 冷凍庫中に置かれた管内水の温度条件と静水凍結開始時間

れた瞬間に管内壁に生成する凍結層の厚さは極薄い．よって，管内凍結現象の解析では，過冷却現象を無視するのが一般的である．凍結開始後は，凍結層は管内壁側から徐々にリング（輪）状に発達し，最終的には閉塞（完全凍結）にいたる．このとき，凍結層は，ほぼ軸対称な輪状をなして成長することが観察されている．

湖などの表層水面下の一次元凍結問題に関しては，Stefan 解あるいは Neumann 解が有名である．Stefan は初期温度 0 ℃の水が，Neumann は 0 ℃以上のある一定の初期温度の水面から冷却されたときの凍結層の成長についての理論解を導いている．相変化熱を含む移動境界問題であることから一次元問題についてのみ理論解が得られている．円筒座標系である管内凍結についての厳密解は得られていない．ただし，実用上は，初期管内水温度 0 ℃一様と置き，また，凝固の相変化熱が管内の氷の熱容量の変化に比べて非常に大きいため，氷層の温度変化による熱容量の変化は無視し得るとして氷層を定常熱伝導と扱った London の式を用いても問題は少ない[11]．London は裸管についての解を示したが，本節では，保温筒のある場合についてその熱移動方程式と理論解を示す．

図 1・15 にあるように，管内が 0 ℃一様の水で満たされている場合を考える．管内水の相変化熱量は保温筒，管材，凍結層の熱容量の変化に比べ非常に大きいので，これらの層の熱移動は定常熱伝導として扱う．過冷却がなく，また水から氷への体積膨張もないとすると，管内の熱移動方程式は液相（水），固相（氷）および，固・液界面（水/氷界面）において次のように表される．

〔a〕 液 相

相変化を伴っている間は水の温度 T_l は，凝固点（凍結温度）T_f の 0 ℃に保たれる．すなわち，

$$T_l(t) = T_{l_0} = T_f = 0 ℃ \tag{1・16}$$

〔b〕 固 相

氷の熱容量の変化量は，水の凝固の相変化熱量に比べ小さいので，氷層内は定常熱伝導として扱うことができる．固相（氷）の温度を T_s とすると，

$$\frac{d}{dr}\left(r \frac{dT_s}{dr}\right) = 0 \tag{1・17}$$

ここで固・液界面（$r = \delta$）では，氷の温度は凝固点に等しいので，以下の境界条件が成り立つ．

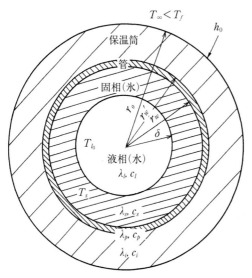

δ：固・液界面の位置 [m]
λ_s：固相（氷）の熱伝導率 [W/(m・K)]
c_s：固相（氷）の比熱 [kJ/(kg・K)]
T_s：固相（氷）の温度 [℃]
T_f：凍結温度 [℃]
（他の記号は**図 1・13** に同じ）

図 1・15 円管内の水の凍結

1.3 凍 結 現 象

$$r=r_w, \ \lambda_s\frac{dT_s}{dr}\bigg|_{r=r_w}+U_c(T_s|_{r=r_w}-T_\infty)=0 \tag{1·18}$$

$$r=\delta, \ T_s|_{r=\delta}=T_f \tag{1·19}$$

〔c〕 固・液界面

凍結の際に放出する相変化熱は，固相から周囲へ放出される熱量に等しいとすると，固・液界面の時間的変化は次式で表される．

$$\lambda_s\frac{dT_s}{dr}\bigg|_{r=\delta}=L\rho_l\frac{d\delta}{dt} \tag{1·20}$$

ここで，L は凝固に伴う相変化熱 [kJ/kg]，ρ_l は水の密度 [kg/m^3] を表す．

初期条件は，

$$t=0, \ \delta=r_w \tag{1·21}$$

また，管内水の初期温度 T_{l_0} は凍結温度 0℃ で一定としている．いま，固・液界面の位置が δ まで凍結が進行するのに要する時間，すなわち管内凍結層がある厚さ（$r_w-\delta$）まで達する無次元時間 τ は次式で求められる．

$$\tau=\frac{1}{2K_l}\cdot\left[\left\{\frac{1}{B}\left(\ln\Delta-\frac{1}{2}\right)-\frac{1}{H_l}\right\}\Delta^2+\left(\frac{1}{2B}+\frac{1}{H_l}\right)\right] \tag{1·22}$$

ここで，

$$\tau=\frac{\lambda_l t}{c_l\rho_l\cdot r_w{}^2}, \ K_l=\frac{c_l}{L}(T_{l_0}-T_\infty), \ B=\frac{\lambda_s}{\lambda_l}, \ \Delta=\frac{\delta}{r_w}, \ H_l=\frac{r_w U_c}{\lambda_l}$$

Δ は r_w に対する δ の比 δ/r_w であり，管内閉塞は δ が 0，すなわち上式において $\Delta=0$ のときである．

ただし，

$$\lim_{\Delta\to 0}\Delta^2\ln\Delta=0 \tag{1·23}$$

であるので，閉塞までの無次元時間 τ_{cf} は次式で表される．

$$\tau_{cf}=\frac{1}{2K_l}\cdot\left(\frac{1}{2B}+\frac{1}{H_l}\right) \tag{1·24}$$

ここで，H_l は管壁の内面基準の熱通過率 U_c の無次元数で Biot 数とよばれている．いま，凍結層の熱抵抗に比べて保温筒の熱抵抗が非常に大きい場合，具体的には $H_l\leqq 0.2$ の場合には，式（1·24）は誤差 2.5% 以内で次のように近似できる．

$$\tau_{cf}\simeq\frac{1}{2K_lH_l} \tag{1·25}$$

よって，実次元の閉塞にいたるまでの時間 t_{cf} は，

$$t_{cf}\simeq\frac{r_w\rho_l L}{2U_c(T_f-T_\infty)} \tag{1·26}$$

となる．この式は，生成した氷の熱抵抗の増加を考えないとして求めた式であり，管内流体の潜熱保有熱量を単位時間あたりの放熱量で除した値に等しい．すなわち，

単位長さあたりの管内の水の保有凍結潜熱量 Q_{L_0} [kJ/m]

$$Q_{L_0}=\pi r_w{}^2\rho_l L \tag{1·27}$$

一方，単位長さ・単位時間あたりの放熱量 q_{out} [W/m]

$$q_{out}=2\pi r_w U_c(T_f-T_\infty) \tag{1·28}$$

－ 13 －

であるので，閉塞時間 t_{cf} は，次式のように式（1・26）と同じになる．

$$t_{cf} = \frac{Q_{L_0}}{q_{out}} = \frac{r_w \rho_l L}{2U_c(T_f - T_\infty)} \tag{1・29}$$

図1・16 は呼び径25 Aの塩化ビニル管の凍結層の時間的変化について，保温筒なしで実験を行った実測値（a）と，保温筒ありの場合の実測値（b）をLondonの式による計算値と比べたものである．図の縦軸は無次元流路径 Δ であり，$\Delta = 1.0$ では凍結層がなく，$\Delta = 0.0$ では管内が凍結層で閉塞されたことを示す．また，図中の点線はLondonの式による計算値，実線は氷，管，保温筒の熱容量を考慮した式（1・26）による計算値である．実線で示す計算値は実験結果をよく再現しているのがわかる．一方，Londonの式による計算結果は，氷層の成長が若干速くなっている．しかし実用上はLondonの式で十分な精度で閉塞にいたるまでの時間を予測できることがわかる．

図1・17 は，管内静水において無次元流路径 Δ をパラメータとして，凍結開始から各凍結度合までに要する無次元時間 τ とBiot数 H_l の関係を示したものである．図から H_l が約2.0以下であれば，無次元完全凍結時間 τ_{cf} は H_l の減少に対してほぼ直線的に大きくなっている．また，図の上には初期水温の無次元数であるStefan数 $Ste = c_l(T_{l_0} - T_f)/L$ が0.056（初期水温5℃）の場合の凍結開始までの無次元時間 τ_f を同時に示す．H_l が0.2の場合には，$\tau_{\Delta=0.75}/\tau_{cf} = 0.5$, $\tau_{\Delta=0.50}/\tau_{cf} = 0.8$, $\tau_{\Delta=0.25}/\tau_{cf} = 0.9$ となる．このことから，管壁から25％まで凍結が進行する（$\Delta = 0.75$）までの時間の約2.2倍で閉塞にいたることが理解できる．

一方，無次元凍結開始時間 τ_f との比をとると $\tau_{\Delta=0.75}/\tau_f ≒ 7$, $\tau_{\Delta=0.50}/\tau_f ≒ 12$, $\tau_{\Delta=0.25}/\tau_f ≒ 14$, $\tau_{cf}/\tau_f ≒ 15$ である．したがって，管内凍結防止のためには，水が凍結温度0℃にいたるまでの時間（凍結開始時間 t_f）が基本となるものの，凍結開始から25％凍結程度の凍結を許容するならば，許容時間は前者の7倍程度長くとれること意味している．

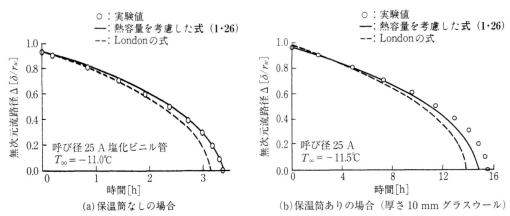

(a) 保温筒なしの場合　　　　　　　(b) 保温筒ありの場合（厚さ10 mmグラスウール）

図1・16　凍結層の時間的変化；実験値，および熱容量を考慮した式（1・26）とLondonの式による計算値との比較（呼び径25 A塩化ビニル管，$T_\infty = -11.5$℃）

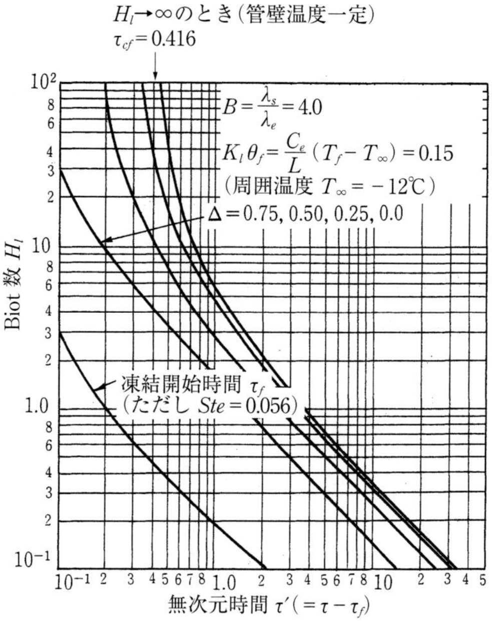

1.3 凍 結 現 象

図1・17 管内静水における各凍結度合に要する時間の Biot 数による変化

1.3.3 流 水 の 凍 結

〔1〕 流水の凍結条件

一般に流れがある場合には管内熱伝達率が上昇し放熱が促進される反面, 上流からの顕熱移流が期待できるため, 管内凍結時間は静水と異なっていると考えられる. しかし, 管内の流体に注目すると, 水は徐々に冷却されながら下流へ向かうので, ある地点からある地点までの移動に要する時間, すなわち滞留時間は静水の場合の冷却時間と同じと考えることができる. 管内熱伝達率や上流からの顕熱移流など異なる点もあるが, 管内熱伝達抵抗に比べ管外の熱伝達抵抗が大きく, かつ流入流体温度が低い場合には, 流水の入口から凍結開始地点までの滞留時間は静水の凍結開始時間とほぼ同じとみてよい.

前掲の図1・14中の○印は, 低温庫中に置かれた密閉管内の水を循環させた場合の, 流水の凍結開始時間を示したものである. この実験は静止空気中に置かれた裸管の冷却実験であり, 管外熱伝達抵抗は比較的大きい場合といえる. 図から保温筒がある場合もない場合も, 静水の凍結開始時間の近似解にほぼ等しいことがわかる.

凍結防止策として水道の流し放し, あるいはポンプ稼働による循環が凍結防止策としてとられることがあるが, 水道水温が低く, 管長が長い場合には顕熱移流の効果は小さく, 管内水を加熱する, あるいは十分な保温を施すなどしなければ凍結防止の効果は低いことを示している.

〔2〕 流 水 の 凍 結

流水の凍結現象の解析は, 1962 年の Zerkle と Sunderland の研究[12]以来, 数多くの研究者によって行われている. 伝熱学的には大変奥が深く, とくに乱流の凍結機構の解明にはまだ多くの課題が残されている. ほとんどの研究者は, 管内に凍結層が生じても流量は一定であると仮定している. このような条件下では閉塞にはいたらずある定常状態に達することになる. しかし, 実際の配管系統の凍結を考えた場合, 凍結層の成長に伴い圧力損失が大幅に増大するため, 流量は減少する. その結果, 氷の成長は加速され閉塞にいたる[13]. このとき, 流量減少の度合は, 流入圧力と配管特性に影響さ

— 15 —

第1章 総論

れる．

図1・18に示すような装置を用いて，流水時の管内凍結現象を可視化する実験を行った．透明ブラインを循環させた透明アクリル製の凍結試験部中央に置かれた長さ1m内径25mmのアクリル管に一定温度の水を流入させ，管内に凍結層を生成させる．このとき流量Wの減少および凍結試験部の圧力損失ΔPの増加を測定するとともに，凍結層の発達を写真撮影した．

図1・19 (a)，(b) は，入口温度1.3℃，管内初期流速（v_{m_0}）1.1 m/s，管外表面平均温度−6.9℃における流量比W^*（初期流量W_0に対する流量Wの比，$W^* = W/W_0$），および凍結試験部の無次元圧力損失上昇（$\Delta P^* = 2g\Delta P/(\rho_l v_{m_0}^2)$）と，このときの試験部出口付近の無次元流路径$\Delta (= \delta/r_w)$の時間的変化を示したものである．

凍結層の成長とともに流量は徐々に減少しているが，とくに無次元流路径Δが0.4以下になると圧力損失は大幅に増大し，流量が急激に減少するのでそれ以降は短時間で閉塞にいたるのがわかる．

図1・20は，閉塞直前（凍結開始から80分後）の管内凍結層の流れ方向の断面プロファイルを示したものである．入口からテーパ状をなして発達しており，出口付近で閉塞に近づいていることがわかる．

図1・19 (a)，(b)，1・20の実線は，実験条件および装置の流量/圧力特性曲線を考慮した数値計算の結果である．計算結果は実験結果をよく再現しており，このような装置系の管内流水の凍結においても，閉塞時間の予測は数値計算により行えることがわかる．

管内流水の凍結において，閉塞時間に影響を及ぼしているのは以下の4項目である．
① 管壁熱通過率（保温筒厚さ）
② 管内滞留時間（管内流速と冷却長さ）
③ 入口水温
④ 周囲温度

図1・20の管内凍結プロファイルからも明らかなように，閉塞箇所は冷却区間末端部である．入口温度が低い場合や配管長が長い場合には，管内流体の径方向の温度差は小さく，出口付近ではほぼ均一に0℃となる．したがって，このような場合には上流からの顕熱移流効果は期待できないので，静水の閉塞予測式であるLondonの式から求めた閉塞時間を流水の場合にも適用してよい．

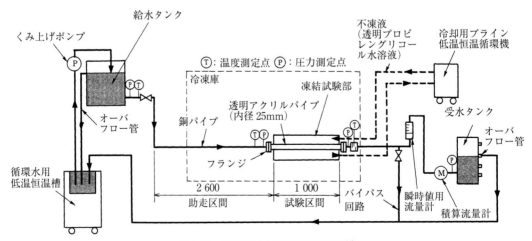

図1・18 流水凍結の実験装置系統図 [4]

− 16 −

1.3 凍結現象

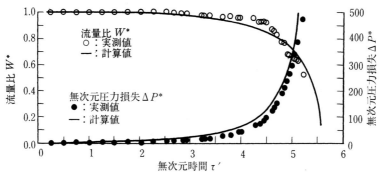

（入口温度 1.3℃，管内初期流速 1.1m/s，管外表面平均温度 −6.9℃）

(a) 流量および圧力損失の時間変化

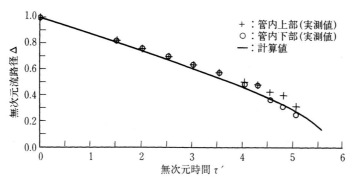

（入口温度 1.3℃，管内初期流速 1.1m/s，管外表面平均温度 −6.9℃）

(b) 試験区間出口付近（試験区間入口から 0.85 m 位置）における流路径の時間変化

図 1·19 流量，圧力損失と試験区間出口付近の管内流路径の時間変化

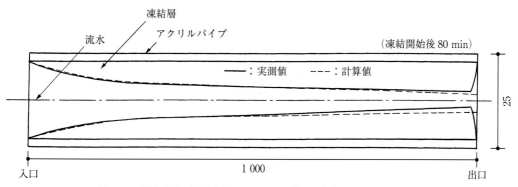

図 1·20 閉塞直前（凍結開始から 80 min 後）の凍結層のプロファイル

− 17 −

1.3.4 保温筒による凍結防止

管内凍結を保温だけで防止することは難しい．保温筒の施工により閉塞時間をできるだけ延長し，適度な間隔で通水，または加熱することが重要である．一方，空調機のコイルなど保温が施せない箇所では，ポンプによる循環により顕熱移流を期待する方法があるが，これだけでは効果が小さいため，外気取入れダンパを閉めて冷気を遮断するとともに，さらに安全のために加温装置を導入するなどの対策が必要となる．**表1·4**は代表的な呼び径と初期水温に対する保温筒必要厚さ（防凍被覆厚さ）を示したものである．この表から，保持時間に対する保温筒必要厚さを知ることができる．なお式（1·14）から求めた保温筒必要厚さと**表1·4**との値にほとんど差がみられなかった．

表1·5は初期水温が5℃の場合において，無次元流路径Δが1.0（凍結開始），0.75，0.5，0.25，0.0（閉塞）まで凍結する時間について，代表的な白ガス管の呼び径と保温筒厚さをとって示したものである．この表から，凍結開始までの時間およびΔが25%，50%，75%そして100%（閉塞）となるまでの凍結時間を知ることができる．

保温筒厚さは，本来は凍結を起こさせないことを条件に設定すべきである．しかし，管内に多少の凍結を許容することができるとし，その凍結層厚さをおおよそ管内径の25%とするならば，**表1·5**から25%凍結における時間と保温筒厚さの関係を用いて厚さを決定すればよい．たとえば，外気温度が−5℃，初期水温が5℃であるとき，呼び径25 mm，保温筒厚さ25 mmの配管内水が0℃にいたるまでの時間は3.5 hであるが，25%凍結までいたる時間は28.3 hと約8倍になっている．

表1·4　代表的な呼び径と初期水温に対する保温筒の必要厚さ（防凍被覆厚さ）[15]

条件			保温筒の必要厚さ ［mm］												
初期水温 ［℃］	保持時間 ［h］	周囲温度 ［℃］	呼び径 ［A］												
			15	20	25	32	40	50	65	80	100	125	150	200	250	300
5.0	5	−5	87	71	51	33	26	17	12	8	6	4	3	2	1	1
		−10	130	117	97	72	57	38	25	19	13	10	8	5	3	2
		−15	161	151	134	108	90	62	41	31	21	15	12	8	6	4
	10	−5	144	132	114	87	71	47	31	24	16	12	9	6	4	3
		−10	197	189	176	153	135	100	67	50	33	24	19	13	10	8
		−15	238	232	222	203	187	152	108	82	52	38	29	20	15	12
10.0	5	−5	56	40	26	17	13	9	6	4	3	2	1	1	1	1
		−10	87	71	51	33	26	17	12	9	6	4	3	2	1	1
		−15	110	96	75	52	41	27	18	14	9	7	5	3	2	1
	10	−5	105	90	69	47	36	24	16	13	9	6	5	3	2	1
		−10	144	132	114	87	71	47	31	24	16	12	9	6	4	3
		−15	173	163	148	123	105	73	48	36	24	18	14	10	7	5
15.0	5	−5	43	28	18	12	9	6	4	3	1	1	1	1	1	1
		−10	66	51	34	22	17	12	8	6	4	3	2	1	1	1
		−15	87	71	51	33	26	17	12	9	6	4	3	2	1	1
	10	−5	87	71	51	33	26	17	12	9	6	4	3	2	1	1
		−10	119	106	85	61	48	32	21	16	11	8	6	4	3	2
		−15	144	132	114	87	71	47	31	24	16	12	9	6	4	3

（注）使用する保温筒の有効熱伝導率はグラスウールを想定し，0.037 W/(m²·K) とする．

1.3 凍結現象

表1·5 代表的な白ガス管の呼び径と，保温筒厚さにおける無次元流路径Δが1.0（凍結開始），0.75，0.5，0.25，0.0（閉塞）まで要する時間［h］（ただし，初期水温が5℃，保温筒の有効熱伝導率はグラスウールを想定して0.037 W/(m²·K)，外表面熱伝導率17.4 W/(m²·K) の場合）

条件（初期温度5℃）			時 間［h］														
無次元流路径	保温筒厚さ[mm]	周囲温度[℃]	呼び径［A］													
Δ(= δ/r_w)			15	20	25	32	40	50	65	80	100	125	150	200	250	300
1.0 (凍結開始)	0	−5	0.29	0.35	0.44	0.54	0.61	0.76	0.95	1.1	1.4	1.7	2.0	2.6	3.2	3.7
		−10	0.17	0.21	0.26	0.32	0.36	0.44	0.55	0.64	0.81	1.0	1.2	1.5	1.8	2.2
		−15	0.12	0.15	0.18	0.23	0.25	0.31	0.39	0.45	0.58	0.70	0.83	1.1	1.3	1.6
	25	−5	2.0	2.6	3.5	4.6	5.4	7.0	9.3	11.0	14.7	18.3	22.1	29.6	36.7	44.1
		−10	1.2	1.5	2.0	2.7	3.2	4.1	5.4	6.5	8.6	10.7	12.9	17.3	21.5	25.8
		−15	0.83	1.1	1.4	1.9	2.2	2.9	3.8	4.6	6.1	7.6	9.2	12.3	15.2	18.3
	50	−5	3.2	4.2	5.5	7.3	8.6	11.4	15.2	18.3	24.8	31.4	38.3	52.3	65.8	79.7
		−10	1.9	2.4	3.2	4.3	5.0	6.6	8.9	10.7	14.5	18.4	22.4	30.6	38.5	46.6
		−15	1.3	1.7	2.3	3.0	3.6	4.7	6.3	7.6	10.3	13.0	15.9	21.7	27.3	33.1
0.75 (25%凍結)	0	−5	2.2	2.9	3.8	4.8	5.6	7.2	9.2	11.0	14.4	18.1	21.7	29.2	36.9	45.2
		−10	1.1	1.5	1.9	2.5	2.9	3.6	4.7	5.5	7.3	9.2	11.0	14.8	18.7	22.9
		−15	0.8	1.0	1.3	1.7	1.9	2.4	3.1	3.7	4.9	6.2	7.4	9.9	12.6	15.4
	25	−5	14.3	20.5	28.3	39.2	47.3	63.6	86.0	105.3	143.6	183.7	223.1	303.6	384.7	467.8
		−10	7.3	10.5	14.5	20.0	24.1	32.4	43.8	53.6	73.0	93.4	113.4	154.3	195.4	237.7
		−15	4.9	7.1	9.7	13.5	16.2	21.8	29.4	36.0	49.1	62.7	76.2	103.6	131.2	159.5
	50	−5	20.4	29.9	42.0	59.4	72.5	99.7	138.0	171.5	239.3	311.5	383.3	531.8	682.4	837.5
		−10	10.5	15.3	21.5	30.3	37.0	50.8	70.3	87.3	121.8	158.4	194.9	270.3	346.8	425.5
		−15	7.1	10.3	14.4	20.4	24.9	34.1	47.2	58.7	81.8	106.4	130.9	181.5	232.8	285.7
0.5 (50%凍結)	0	−5	3.7	4.9	6.2	8.1	9.4	12.1	15.7	18.8	25.1	31.8	38.5	53.0	68.5	85.4
		−10	1.9	2.5	3.1	4.1	4.8	6.1	7.9	9.5	12.6	16.0	19.4	26.7	34.5	43.0
		−15	1.2	1.6	2.1	2.7	3.2	4.1	5.3	6.4	8.5	10.7	13.0	17.9	23.1	28.8
	25	−5	23.1	33.4	46.2	64.1	77.4	104.3	141.4	173.4	237.0	303.9	369.5	504.2	640.6	781.1
		−10	11.7	16.9	23.4	32.4	39.2	52.8	71.5	87.7	119.7	153.5	186.6	254.6	323.4	394.3
		−15	7.9	11.4	15.7	21.7	26.2	35.3	47.9	58.7	80.2	102.8	125.0	170.5	216.5	264.0
	50	−5	32.7	48.3	68.1	96.7	118.3	163.1	226.3	281.7	393.8	513.6	632.5	879.1	1 130.2	1 389.5
		−10	16.6	24.5	34.5	49.0	59.9	82.5	114.4	142.4	199.0	259.5	319.5	444.0	570.7	701.5
		−15	11.2	16.4	23.2	32.8	40.2	55.3	76.7	95.4	133.3	173.8	214.0	297.3	382.1	469.7
0.25 (75%凍結)	0	−5	4.5	6.1	7.8	10.2	11.9	15.3	20.1	24.2	32.6	41.8	51.2	71.6	94.1	119.0
		−10	2.3	3.1	3.9	5.1	6.0	7.7	10.1	12.2	16.4	21.0	25.8	36.0	47.3	59.8
		−15	1.5	2.1	2.6	3.4	4.0	5.2	6.8	8.2	11.0	14.1	17.2	24.1	31.6	40.0
	25	−5	28.4	41.2	57.0	79.3	95.8	129.3	175.5	215.5	294.9	378.9	461.4	631.7	805.1	984.6
		−10	14.4	20.8	28.8	40.0	48.4	65.2	88.5	108.7	148.7	191.0	232.6	318.4	405.6	496.0
		−15	9.6	14.0	19.3	26.8	32.4	43.7	59.2	72.7	99.5	127.8	155.6	213.0	271.4	331.8
	50	−5	40.2	59.4	84.0	119.4	146.2	201.6	280.1	349.0	488.5	637.8	786.2	1 094.6	1 409.8	1 736.2
		−10	20.4	30.1	42.4	60.3	73.8	101.8	141.3	176.1	246.3	321.6	396.4	551.7	710.5	874.9
		−15	13.7	20.1	28.4	40.4	49.4	68.1	94.6	117.8	164.9	215.2	265.2	369.1	475.3	585.2
0.0 (100%凍結 =閉塞)	0	−5	4.9	6.5	8.4	11.0	12.8	16.6	21.9	26.5	35.9	46.2	56.9	80.5	106.8	136.1
		−10	2.5	3.3	4.2	5.5	6.5	8.4	11.0	13.3	18.1	23.3	28.6	40.5	53.7	68.4
		−15	1.6	2.2	2.8	3.7	4.3	5.6	7.4	8.9	12.1	15.6	19.1	27.1	35.9	45.7
	25	−5	30.2	43.8	60.6	84.3	101.9	137.5	186.7	229.3	314.0	403.5	491.5	673.2	858.4	1 050.3
		−10	15.3	22.1	30.6	42.5	51.4	69.4	94.1	115.6	158.2	203.3	247.6	339.1	432.3	528.9
		−15	10.2	14.8	20.5	28.5	34.4	46.4	63.0	77.3	105.9	136.0	165.6	226.8	289.1	353.7
	50	−5	42.7	63.1	89.2	126.9	155.4	214.4	297.9	371.3	519.8	678.8	836.9	1 165.5	1 501.5	1 849.6
		−10	21.6	31.9	45.1	64.1	78.4	108.2	150.2	187.2	262.0	342.1	421.7	587.2	756.4	931.6
		−15	14.5	21.4	30.2	42.9	52.5	72.4	100.5	125.3	175.3	228.8	282.1	392.8	505.9	623.1

（注）表中の時間は5℃の水温が0℃になり，さらに無次元流路径Δにまで凍結にいたるまでの時間［h］.

第1章　総　論

第1章　参考文献

1）札幌市水道局提供のアンケート調査データ（2010 〜 2015 年の 5 冬季）

2）空気調和・衛生工学会凍結問題調査研究委員会：凍結防止指針および同解説（1987），p.13

3）空気調和・衛生工学会：建築設備の凍結防止 計画と実務（1996）

4）日本道路協会：アスファルト舗装要綱（1993），p.31

5）日本水道協会：水道施設設計指針 2012

6）落藤澄：凍結防止（1）管内水の冷却と凍結，空気調和・衛生工学（1989），63-2，pp.145 〜 156

7）前野紀一：氷の科学（1984），p.25，北海道大学図書刊行会

8）石崎武志：水の不思議な性質，土と基礎（1993），41-1，pp.25 〜 30

9）渡辺常正：保温保冷工学（1963），p.97，朝倉書店

10）落藤澄：管内水の凍結に関する実験，日本建築学会昭和 55 年度大会学術講演梗概集（1980）

11）A. L. London and R. A. Seban：Rate of Ice Formation, Transaction A. S. M. E.（1943），pp.771 〜 777

12）Zerkle and Sunderland：The effect of liquid solidification in a tube upon laminar-flow heat transfer and pressure drop, Journal Heat Trasnfer（1968），90，pp.183 〜 189

13）落藤澄，長野克則，中村真人：凍結による圧力損失を考慮した円管内層流の凍結現象の解析，空気調和・衛生工学会昭和 61 年学術講演論文集（1986），pp.207 〜 211

14）落藤澄，長野克則，山県洋一：水平円管内における流量減少を伴う層流凍結現象の基礎実験と解析，寒地技術シンポジウム '90 講演論文集（1990），pp.301 〜 306

15）空気調和・衛生工学会規格 HASS 010-1993 空気調和・衛生設備工事標準仕様書

第2章
寒冷地建物の建築計画

　積雪寒冷地における建築物は，厳しい寒さや降雪，季節風にさらされる．そのため寒冷地の建物は高断熱・高気密化をめざすことが，建築設備の凍結防止につながる．したがって凍結対策は建築的な対策が基本であり，この建築的な対策が十分ではないところについては，設備的な局所対策で対処することが必要となる．

　積雪寒冷地における建築物は，冬季の生活空間を暖房し所定の温湿度を確保しつつ厳しい寒さと雪に対応しなければならず，雪氷害や凍結（凍害），凍上害，結露害などの被害を受けないように，室内外の寒冷地の環境に配慮する必要がある．

　上記の四つの代表的な被害に共通して関連深いのが**表2·1**の気象要素のうち，気温・雪・日射・風の4要素であることが確認できる．なかでも気温に関する技術的対応が寒冷地建築の基本であることがわかる．また建築物においては，建物形態，材料物性，室内環境，構造種別の要素が強い関連をもっており，これらについても設計・施工段階において十分な検討が必要である．

　寒冷地における被害は，個々に独立して発生しているのではなく，多くはその要因が相互に関連・重複して発生しているため総合的な建築計画が求められる．

表2·1　寒冷地の主な被害とその要因

			雪氷害	凍　害	凍上害	結露害
環　境	気　象	気　温	◎	◎	◎	◎
		湿　度	—	△	—	○
		降水量	—	△	△	—
		降雪量	◎	—	—	—
		積雪量	◎	△	○	△
		日照時間	△	△	—	—
		日射量	◎	◎	○	△
		風　向	○	—	—	○
		風　速	◎	○	△	○
	土　質		—	—	◎	—
建築物	建物形態		◎	○	○	○
	材料物性		○	◎	—	◎
	室内環境		○	◎	—	◎
	構造種別		◎	△	○	—

◎：関連が非常に強い　　○：関連が強い　　△：関連がある

2.1 配置計画

2.1.1 エントランス

配置計画では，都市計画上の条件や動線計画などさまざまな要因で建物の位置が決められるが，地域の気象条件も重要な要因である．高緯度の積雪寒冷地では，とくに冬季の風の影響，太陽高度の違いによる日照条件など特異な条件が多く，計画上の配慮が必要となる．

建物に冷気を侵入させない対策として，冬季の防風対策は，出入口の位置などのアプローチ計画にとくに留意する．玄関は風が吹き込む方向を避けた位置が望ましい．南側のアプローチは，明るく暖かい玄関をつくることができるので一般的に受け入れられやすい．こうした計画では，基本的には卓越風が前提となるが，周囲に大きな建物などがある場合には，それによる影響をあわせて考える必要がある．立地条件やほかの優先すべき条件によって，風が吹き込む方向に玄関を設けざるをえない場合や出入口を南側に設けてもそこにいたるまでの過程が風にさらされるようなところでは，防風スクリーンや植樹などによる防風対策が必要となる（**図 2・1，2・2**）．また，雪の吹きだまりが避けられない場合は，カバードウォークやロードヒーティングなどの設置を検討する必要がある．

2.1.2 方位

夏季の暑さ問題は寒冷地でも起こる（ちなみに夏季の昼間時間は東京より長い）．南～南西面の開口部計画を行う場合，ひさしやブラインドによる日射コントロールが必要である．また北海道の緯度では，夏はかなり北寄りから陽が昇って北寄りに沈むため（**図 2・3**），北面の窓でも思いのほか光量が多くなる．

一方，冬季の寒さ問題の一つは窓面などのコールドドラフトである．窓を小さくしたり腰壁を設け

図 2・1　防風スクリーンを兼ねた玄関ひさし

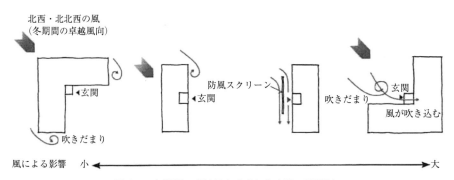

図 2・2　冬期間の卓越風を考慮した玄関の配置例

2.1 配置計画

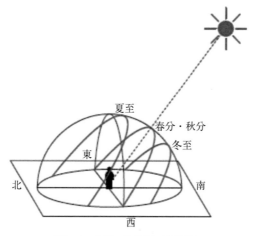

図2・3 太陽の軌跡図（北海道）

て冷気を抑えるのが従来の方法だが，開口部自体の断熱性能を上げるとともに放射暖房を併用することで開放的な開口部も可能となった．また南面の窓は日射による熱量が大きいので，冬季には暖房効果（日射熱取得）も期待できる．

2.1.3 吹きだまり

敷地全体では均一に降る雪も，風の影響を受けるとその分布に偏りが生じ，それが吹きだまりや雪ぴ（庇）となって現れる．毎冬発生するこうした障害は，設計段階でよく検討しておくことで軽減や防止することができる．

新雪の密度は 0.1 g/cm^3 程度と小さく，風に飛ばされやすい．また，雪は水の小さな結晶体の集合であることから，お互いにくっ付きやすくたまりやすい．そして，たまり始めるとどんどん成長する．

風との関係では，風速が急に落ちるところに雪が積もり，吹きだまりとなる．屋根などの場合も，屋根面を越える卓越風の再付着点（風圧力の向きが変わる点）に雪が積もる（図2・4）．

風下側の建物の陰，風上側の壁から少し離れたところなど風速変化の激しいところに雪はたまる（図2・4）．吹きだまりや雪ぴは，でき始めるとどんどん成長し予想以上に大きくなる（図2・5）．塔屋風下側は塔屋階高まで雪が吹きだまるので，屋根の積載荷重を考慮する．

日射がよく当たるような面に吹きだまりができると，融雪水による水分供給が凍害を促進させるため，注意が必要である．

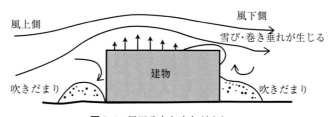

図2・4 風圧分布と吹きだまり

第2章　寒冷地建物の建築計画

図 2・5　雪ぴと吹きだまり

2.1.4　敷地内通路と除排雪

　積雪寒冷地の季節の変化を最も劇的に表すのが，雪が降り積もった風景である．一方，積もった雪は敷地内の通路を埋めて人や車の移動に支障を及ぼす．そこで，除雪や排雪などにより雪を取り除いて通路を確保する必要がある．事前に種々検討して計画することが敷地内の設計において大切な課題となる．

　道路から建物へ人や車を導く敷地内導入路は安全でなければならないが，それには導入路が道路と交わる交差点部分における見通しの確保が大切になってくる．通路の両側に除雪車によって除かれた雪がたい積し，交差部での見通しを妨げる例が多いが，導入路両側を道路に向けて大きく隅切りするなどして，たい積した雪に妨げられずに見通しが確保できるようにする．

　敷地内通路は，屋根からの落雪があっても被害が生じないよう建物から距離をおく．照明柱や樹木からの落雪にも注意して配置を考える．

　通路の除雪は除雪機械による場合が多いが，大型の除雪機は小回りが利かないため，通路の計画では急なカーブやクランクを避けることが望ましい．

　立上がりのある道路縁石は除雪機械で破損されることが多い．敷地内通路では，事故防止と雨水処理ができてさえいれば，道路縁石の立上がりはないほうが破損などの心配がない．また，路面に凹凸

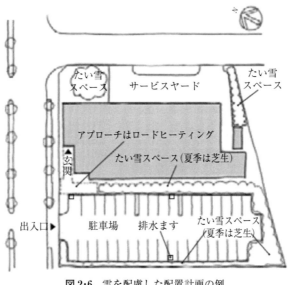

図 2・6　雪を配慮した配置計画の例

を設けると除雪車による破壊のおそれがあるので避けたほうがよい．除雪に伴う諸々の破損は翌春の維持管理費用の増大を招くので，極力避けることが望ましい（**図 2·6**）．

路面の状況は気温の変化に伴い刻々と変化する．人や車がすべって事故を起こさないよう舗装材料に気をつけるとともに，除雪や融雪などへの配慮が必要になる．

舗装材料は，転倒事故などを起こさないよう表面が粗面なものを選定する．積雪した路面の勾配は，一般的に 3% が限度である．これを超す勾配になるときは，融雪設備により雪・氷を融解するか，歩道ならば階段とするのが望ましい．

融雪設備による場合は，融けた水が再凍結しないよう，水下側に近接して排水側溝を設ける．車椅子の使用が予想される通路には，融雪装置を設置するのが望ましい．

2.1.5 融 雪

冬季の歩車道においては，積もった雪や氷によるすべり防止，凍上による地盤の膨れ上がりへの対処が必要となる．すべり防止については表層材料の適切な選定やロードヒーティングが，地盤の膨れ上がりに対しては適切な路盤と凍上抑制層の設置が必要である．

歩道の路面材料は，アスファルトコンクリート（アスコン）が一般的だが，歩行者の多い区間では雪が踏みしめられて氷となる，いわゆるツルツル路面となってすべりやすい．また，雪がうっすら積もった状態や，冷え込む夜間も同様にすべりやすい．

そのため，アスコン舗装では粒度が不連続なギャップアスコンを用いて粗面の度合を高めたり，表面勾配を 3% 以下と緩くする．バリアフリーを考慮すると，2% 以下の勾配が望ましい．ほかの材料では，インターロッキングや平板ブロック，レンガなどが使用される．ただしすべりにくさだけでなく，凍害による破損が発生しにくい吸水率の少ない材料を選定することが肝要である．

車道の積雪路面は，スタッドレスタイヤが繰り返す「磨き」でツルツル路面になりやすい．斜路では勾配を 5% 以下とし，それ以上の勾配になる場合にはロードヒーティングの採用を検討することも必要である（**図 2·7**）．

またアスコン舗装では，水をはじく一般的なもののほか，近年，実績は少ないが，寒冷地の雨対策として，透水性があり表面に水の膜を少なくする排水性舗装を国土交通省は推奨している．

路盤の厚さは，歩道と車道によって異なる．歩道では，官公庁工事の場合，凍上抑制層も含めた総厚は，車両出入口以外は 30 cm が一般的である．これは，車道ほど重量がかからないことや不具合のあった場所のみ補修したほうが安価なためである．しかし，法尻など水の集まりやすい歩道の場合は凍上の可能性が高いので，維持補修頻度を少なくするため，とくに民間工事では，地下水位を下げるため透水管を設置したり，凍上抑制層を設置する場合が多い．

ロードヒーティング設備には，イニシャルコスト（設置費用）のほかにランニングコスト（運転費用）も発生するので，設置する・しない，あるいは設置範囲や熱源の選択について，建物利用者の利便性や頻度などとの兼ね合いで決定する．

地下水などによる散水融雪を採用する場合は，降雪量，降雪密度，降雪温度，散水温度，外気温度などに十分に留意して，融解水および融雪のための散水が凍結しないように散水部位から排水溝や排水ますまでの離れ，舗装勾配を決定する必要がある．

〔1〕 熱 源 の 選 択

ロードヒーティングは，熱源により電気または温水方式に大別される．電気方式は，電熱ヒータを埋設するもので，比較的小規模な布設範囲に用いられる．温水方式は，灯油やガスなどを熱源とする温水をパイプ内で循環させて融雪する．

－ 25 －

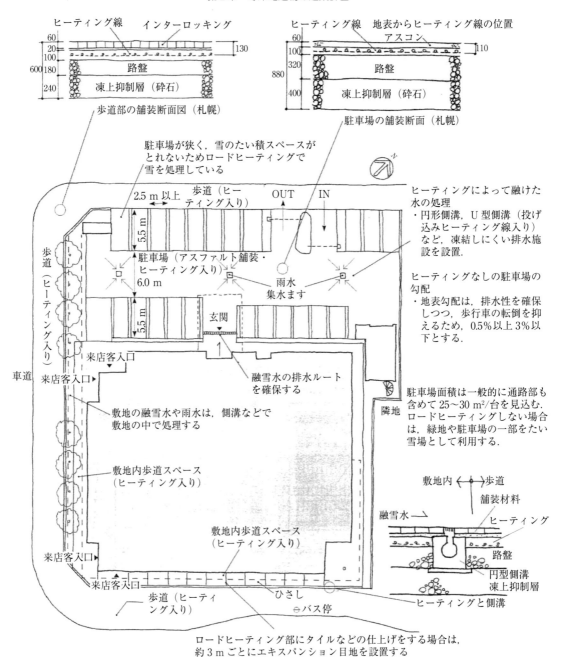

図 2·7 ロードヒーティングの例

[2] ヒーティング線の埋設位置

ヒーティング線（融雪発熱線・融雪パイプ）の深さは、地表から浅すぎると線の周囲しか融雪せず、深すぎると効率が悪くなる。経験上、舗装面から 8～11 cm 程度（インターロッキング舗装では 11～13 cm 程度）とすると万遍なく融雪する。なお、ロードヒーティングされた歩道では、重車両が乗るとヒーティング線が断線するおそれがあるので、堅固な路盤の構築や注意を促すサインなどが必要である。

〔3〕 そ の 他

ロードヒーティングによって融けた水は，再凍結することなく流下させなければならない．それには，融雪設備を施した排水溝や排水ますを近接して設けることが不可欠である．また，熱効率を上げるためヒーティング層下に断熱材を設置することが望ましいが，車が往来するなど荷重が大きい箇所では，ヒーティング保護層が割れるおそれがあるため，歩道に限定されることが多い．

2.2 外 装 計 画

外装設計にあっては，積雪寒冷地であることから留意すべき事項が数多くある．

2.2.1 外 装 材

〔1〕 コンクリート外壁の目地

コンクリート外壁にクラックが発生すると，そこからの浸透水が凍結膨張し，外装破壊につながる．外壁面積が $25\,m^2$ の範囲内に伸縮目地を必ず設ける（「鉄筋コンクリート造のひび割れ対策（設計・施工）指針・同解説」（日本建築学会）による）．

〔2〕 シールの位置

シールは側面シールを原則とし，水のたまる平場のシールは行わない．シールは切れることを前提に，ダブルシールやフラッシング（金属製の雨押え）で水の浸入を防ぐ．また，浸入した場合には，外部へ排水するルートを外装設計時に考慮する（図2・8）．

〔3〕 石の吸水率

大理石や軟石といった吸水率が高い石材の外壁使用は原則的に避ける．あえて使用する場合は，撥水処理をしたり，厚みを十分確保するなどの配慮が必要となる．また，雨がかりを避け，通気層を設けて内部からの湿気もあわせて排出する．

〔4〕 タイルの吸水率と使用箇所

外壁タイルには，原則として吸水率が1％以下の磁器質タイルを使用する．吸水率が低いせっ器質タイルも市販されているが，磁器タイルより寒冷条件に対する信頼性が劣るので外壁に使用することは極力避ける．パラペット天端部や斜めの外壁部，奥行の深い窓の窓台や軒天井部は，浸透水による凍結膨張により，モルタルごと落下する危険があるためタイル張りとしない．ただし開口部上部などで，タイルを巻き込んで張る場合は，ステンレス製の引掛け金物でタイルと躯体面を物理的に固定し，モルタルの接着強度が低下してもタイルが落下しない対策を講じる（図2・8）．

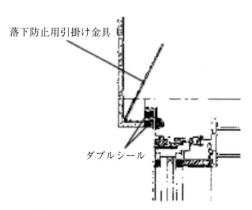

図2・8 サッシ回りのダブルシールの例

〔5〕 屋外の床タイル

屋外の床にタイルを使用するときは，冬季に転倒の危険があるので，表面の平滑なものや大判タイルは避けて凹凸があるなどすべりにくいタイプを選ぶ．

〔6〕 金属部材の防露

外装に金属材を使用する場合は，裏面に断熱材か防露材を施して内部結露の発生を抑える．

〔7〕 水　抜　き

サッシ回りの万が一の漏水や結露水は，水受けを設け屋内配管に導く．外壁での水抜きはつららが外壁に発生して見苦しくかつ危険である．

〔8〕 塗装，防水材料の接着性

温度変化の激しい寒冷地では，金属板や硬質ボード，押出成形セメント板など表面に凹凸がない材料は，塗装面のはく離を防ぐために塗装材とシーラー（塗装下塗材）の相性（接着強度）に注意する．また，シート防水の場合，気温が下がると十分な接着性が得られないおそれがあるので，冬季の施工は避けるのが原則である．

2.2.2 風　除　室

玄関は人の出入りだけでなく物品の搬入にも使われる反面，それに伴って風や寒気も流入するので，寒冷地では風除室を設けるのが原則である．風除室の第一の役割は，屋外の風の吹込みなどによって冷暖房効果を損なわないことであるが，とくに寒冷地では風除室の冬季の役割は重要となる．

〔1〕 風除室の形状

風除室の広さは最低 4×4 m 程度は確保したいが，利用者の歩行速度・使用頻度を考えて寸法を決める．このとき，奥行を十分に確保することがとくに大事である．ちなみに，通行量が多いときに前後の扉が同時に開かないようにするには，扉の間隔は最低 6 m 以上必要とされる．また，建物の用途によっては風除室の二重化が望ましい（図 2・9，2・10）．二重の風除室は風の吹込みを防止するうえできわめて効果的で，風除室前が外来患者の待合ホールになっている医療施設などでは検討に値する．

〔2〕 風除室の扉

強い風を受ける外部側の扉は引戸とする．出入りに必要な開口幅をコントロールしやすく，扉が風に煽られて人や物に衝突する事故を防止できる．扉のレールは凍結するおそれがあるので外部側は融雪ヒータを入れる．下枠のない自動扉はレールの清掃を省けるが十分な気密性を期待できないので，設置場所を考えて用いる．なお，風除室の有無を問わず，強い風圧がかかる出入口では，自重の軽いアルミ製の開き扉は風に煽られて思わぬ事故を起こしかねないので，ドアチェックやフロアヒンジで開閉速度をコントロールする必要がある．

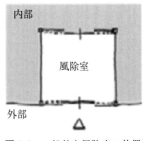

図 2・9　一般的な風除室の位置

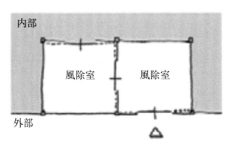

図 2・10　二重化した風除室

2.2 外装計画

〔3〕 風除室の自動扉

風除室の自動扉は引戸を原則とする．引戸には開口幅調整機構付きのものがあり，利用者が集中しない時間帯がある施設には有効と思われる．また冬季の季節風の吹込みを少なくすることができる．ただし，一見便利に思われる機能も，病院のように車椅子の利用やストレッチャーの搬送がある施設では，通行の安全性，利便性から設置しても利用されていないケースも多くみられるため，設置にあたっては施設の特性を十分に把握する必要がある．

自動回転扉は気密性の点では優れており，通行量の少ない建物にはそれなりに小型のものが設置されている．大型回転扉は，車椅子利用者でも通行可能なので寒冷地の病院では採用される例が多いが，事故を起こさないよう，設計時に，国土交通省などの安全基準に準拠するとともに，発注者と管理体制を含めた協議を行い回転扉採用についての同意を得ておく必要がある（図2・11）．

〔4〕 風除室の暖房

玄関のすぐ内側が待合ホールになっていることが多い病院などの場合は，できれば風除室も暖房する．風除室の暖房としては，不凍液回路による床暖房・ファンコイルユニット・パネルヒータなどを用いる．外部のロードヒーティング設備を安易に延長すると降雪のないときは，暖房にならないので注意が必要である．

〔5〕 風除室の結露防止

風除室の扉の枠回りや召合わせ部分にはネオプレンゴムなどのパッキングを設けてすきま風を防止する．このとき，屋内の加湿された空気が風除室に流入して結露が生じないようにするには，内側の扉を気密にし，外側は通気仕様（パッキングをせず外気が流入する程度）とする．

風除室を正圧にして外気の流入を防ぎ，また温度補償の目的から一般の居室用の暖房加湿空気を直接風除室に供給すると，外気と接するガラス面に結露が生じ最悪の場合結氷することもある．その対策としては，ファンコイルユニット，電気または温水（不凍液使用）のパネルヒータを設置し，風除室内温度補償とあわせてガラス面温度を上げることが有効である．

〔6〕 風除室の床仕上げ

床仕上げは，靴底の雪がとれ，防滑性があって吸水性の少ない，そして凍害に強い磁器タイルなどやマット敷きが求められる．さらに，床には防水を施し，排水を設けることが望ましい．

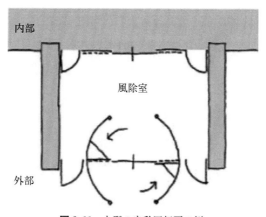

図2・11　大型の自動回転扉の例

2.2.3 出　入　口
〔1〕　通　用　口

通用口には必ずひさしを設ける．夜間や不定時に利用される通用口の回りはロードヒーティングができれば理想であるが，コスト上などの理由で難しい場合は，風・雪の吹込みを軽減するため，できるだけ大きなひさしとしたい．その際の，ひさしの幅・奥行および高さは，図2・12を参考にする．

〔2〕　避難通路と出口

避難経路となる廊下・階段は，単純でわかりやすい位置が望ましい．また，避難出口は日常使用の動線と一致しているほうが，非常時の避難行動がとりやすい．避難出口に限らず出入口は，冬季には短時間で雪にふさがれるおそれがあるので，吹きだまりを避けることのできる位置に設けるようにする．

〔3〕　屋上の避難器具への通路

高層階の足元に大きい低層部をもつ建物の場合，積雪地域では本来望ましいことではないが，避難器具を低層部の屋上に設置せざるをえないことがある．この場合，屋上避難路を示す床面マーキングと手摺の設置が必須であるが，さらに冬季に備えてロードヒーティングなどの積雪対策が必要となる（図2・13）．

〔4〕　屋上の出入口

施設管理者が屋上の設備機器やルーフドレンの点検などを行うために設ける出入口は，外開き扉の場合，積雪時にも扉が開けられるように扉の下端を屋上レベルから60 cm程度上げる．この扉を内開きとする場合もあるが，その場合には建具回りの水仕舞いを確実に行う．できれば屋内に簡易防水した防水パン状の踏み込みを設けるとよい．

〔5〕　出入口の扉

外部に面した扉は，気密性の高い断熱仕様（枠四周：ネオプレンゴムによる完全エアタイト，扉内部：発泡ウレタン充てん，締り：できればグレモン錠）とし，ヒートロスを最小限にとどめるとともに扉表面の結露を防ぐ配慮をする．

開き勝手は，前記の屋上の出入口で触れたように，外開きは積雪により開かないことがあるので，

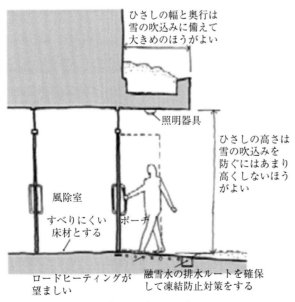

図2・12　通用口回り

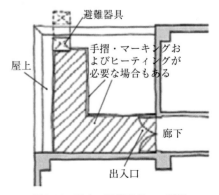

図2・13　屋上の避難器具への通路

2.2 外装計画

特段の事情がなければ内開き，または気密性能が多少落ちてもよければ引戸とする．避難出口のように法令上外開きとせざるをえないなどの場合は，ロードヒーティングやひさしの設置などによって扉開放部の積雪を防ぐ手立てを講じる．

外部に面した扉の取手の表面材は，木・樹脂など熱伝導率の低い素材とする．金属など熱伝導率の高いものだと，きわめて低温時に素手で触ると冷熱火傷のおそれがある．外部に面した機械室や塔屋などの扉を，壁の内部側に取り付けて扉下枠の皿板を壁厚分の幅広（つまり，皿板下部に壁の延長で小壁が立ち上がる格好）にすると，その上面に雪が積もったり凍結したりして，出入りの際に足が乗ったときすべって危険である．皿板下部の小壁は外部側にずらして皿板（屋外部分）を小さくする．やむをえず幅広の皿板となる場合は，皿板の水勾配を緩くし，表面にすべり止め加工（ノンスリップシート貼り付けなど）を行う（図2・14）．

〔6〕 物品の搬出入口（物の出し入れ）

搬出入の対象物や搬送車両の形式，あるいは作業方法などの条件を明確にして開口寸法を設定する．ひさしの高さは，車両上部やひさし下に積もる雪の高さを考慮に入れて決定する（図2・15）．

〔7〕 シャッタ，オーバスライダー

緊急車両の車庫の出入口（消防車・救急車・警察車両など）のシャッタ，オーバスライダーは，床に接する部分が凍結して開かなくなる開放障害を防ぐため，座板およびその周辺の床面などを凍らせないようにする．確実な方法としては，床面に融雪ヒータを設置するのがよい．また，極寒地では車庫などの内部の床排水は，座板部分を凍結させないように，その手前の室内側に排水溝を設けて処理する（図2・16）．

室温を保持する必要がある場合は，断熱仕様のオーバスライダーを採用する．

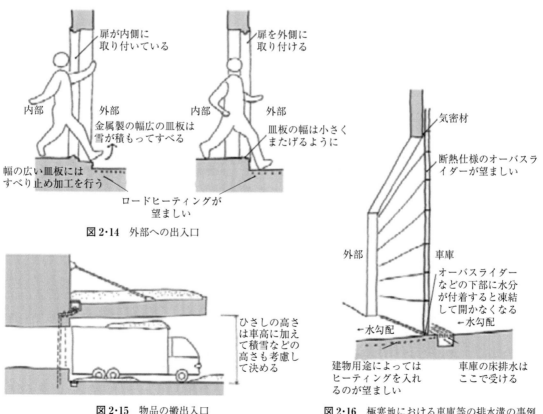

図2・14 外部への出入口

図2・15 物品の搬出入口

図2・16 極寒地における車庫等の排水溝の事例

2.2.4 開口部

〔1〕 窓の皿板と結露受け（開口部のかたち）

窓外部の皿板は，雪が積もらないよう金属板などのすべりやすい素材とするのが原則で，彫込みが深い場合は60°以上の勾配をつける（**図2·17**）．また，室内では，サッシ部材やガラスの結露は避けられないので，サッシ下部に結露受けを設ける．その際，室内湿度が高めに調整される病院建物などのように結露が多いと予想される場合には，幅広の結露受けを設ける．結露水が多い場合には，結露受けに排水管を接続し排水経路に接続する．

〔2〕 ラウンジなどの大開口部

1階玄関ホールやラウンジには大きな開口面がつくられることが多く，そのような開口部には強度上複層ガラスは採用できず単板ガラスにせざるをえないことがある．そうした場合のガラス面からの熱損失とコールドドラフトへの対策としては，開口部下部に放射暖房機（パネルヒータ）を設置する（**図2·18**）．

〔3〕 トップライト・ハイサイドライト

トップライトは雪が積もらない60°以上の傾きとするのを基本とする（**図2·19**）．しかし，60°以上にできない場合，積雪は避けられないため，その前提に立った漏水対策が大切になってくる．基本は，春先までトップライトに雪がそのまま積もっていても問題のない構造とし，雪ぴの成長による荷重割増しを見込んだ設計を行う必要がある．仮にガラス面をフラットと想定した場合，たわみを考慮して，水勾配は1/50以上とすることが必要である．また，太陽光線によるシールの劣化がある一方，都市部ではカラスなどが突つくことによる損傷があり，「シールは切れる」を前提に設計する必要がある．

強度上，強化ガラスの採用も考えられるが，強化処理加熱時の残留ひずみによる遅れ破壊や鋭利な物などで生じるガラス表面の傷による破壊など，予測困難なトラブルが大いに心配である．その観点からは合わせガラスが望ましいが，厚みや重さの点では不利となるため，適切なガラスサイズとなるよう設計する．

ハイサイドライトは，ガラス面が垂直なので明るさはトップライトの1/3程度の効果しかないが，緯度の高い北海道では冬季の太陽高度が東京などに比べてかなり低くなり，室内の奥にまで太陽光が届きやすいので，その特性を活かす工夫をしたい（**図2·20**）．

図2·17　雪を載せない角度とした皿板　　図2·18　パネルヒータの事例

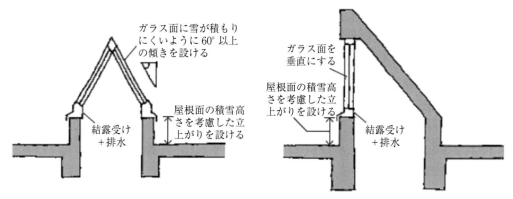

図 2・19 トップライトの例

図 2・20 ハイサイドライトの事例

2.2.5 屋根の雪，雪ぴ，つらら

「つらら」，「スガ漏れ」，「雪ぴ（庇）」，「巻き垂れ（まきだれ）」は北海道の冬季によくみられる現象である．

冬季になると室内の暖房熱が屋根裏に抜けるため，金属板葺の勾配屋根に積もった雪が，融けて流下し，軒先で冷やされて「つらら」ができる．そのつららが軒先で大きく成長し，氷のダムを築いた結果，融けた水が金属板の継ぎ目から屋内に浸入してくる「スガ漏れ」．一方，陸屋根や緩勾配屋根に積もった雪が風下に向かって屋根からはみ出してできるのが「雪ぴ」．それが屋根面からずり下がってきて内側に巻き込んでくるのが「巻き垂れ」．いずれも冬季の屋根に生じるトラブルの代表的なものである．

〔1〕つ ら ら

勾配屋根の軒先にできるつららは北海道の冬季の風景でなじみの深いものである．発生のメカニズムは上述のとおりで，その防止策は，建物全体の断熱性能の向上を図る際に，屋根部分については天井裏面に断熱材を厚く敷き置くとともに，屋根裏を外気温に近い状態に保つよう換気するというのが大原則である（**図 2・21 ～ 2・23**）．新しい建物では，こうした防止対策が浸透してつららをあまり見かけなくなってきている．

— 33 —

つららによる被害には，その成長により生じるスガ漏れと，つららの落下による人や物などへの被害，つららによる軒先の破損などがある．また，つららは屋根に積もった雪の自然落下を，ある温度条件の範囲では食い止める役割を果たしているが，気温の上がった春先などにつららが落下すると，たまっていた屋根の積雪が大規模に滑落し，人身事故や物損事故などにつながりかねない．設計に際してはつらら発生予防の視点からのチェックを怠ってはならない．

〔2〕 スガ漏れ

つららから氷堤（氷のダム）が発生してスガ漏れに発展し，経年とともに屋根葺き材の破損や屋根裏への漏水などへと被害がだんだん大きくなる（図2・24）．断熱工法の普及に伴いつらら発生が少なくなりスガ漏れも減少している．基本的にはつららができなければスガ漏れも発生しないので，つらら防止がそのままスガ漏れ防止となる．屋根断熱の場合は屋根全面が凍結する．とくに軒先に大きな温度むらが生じやすいので，つららやスガ漏れの危険性は天井断熱よりも高くなる．断熱位置で発生のメカニズムが異なってくるので注意を要する．

〔3〕 雪ぴ

陸屋根や緩勾配屋根の積雪位置が風によって移動し，風下側の屋上からひさし状にはみ出すのが雪ぴである（図2・25，2・26）．

雪は粘着性をもっているため大きくはみ出し，自重に耐え切れなくなったときに地上に落下し被害をもたらす．とくに市街地の高層建築では，雪ぴが落下した場合の被害が大きくなると思われるので，雪ぴの発生防止対策を設計時点から考えておく必要がある．

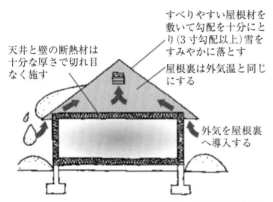

図2・21 つらら，スガ漏れを防ぐ建物の構造（天井断熱）

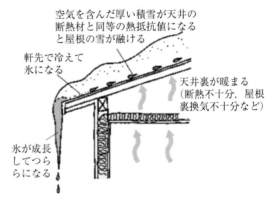

図2・22 つららの発生

図2・23 つららが発生している屋根

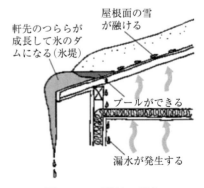

図2・24 スガ漏れの発生

雪ぴの防止対策としては，まず，その地域の積雪量に応じたパラペットの立上がり高さを設定し，予防する方法がある（**図2・27**）．自然現象には想定外のこともあり万全とはいえないが，パラペットの立上がり高さは高いほうが雪ぴの予防には有利である．また，パラペット部分の風速を上げ，雪を吹き飛ばす仕掛けにより雪ぴ発生を防いでいる例もあり，ある程度の効果は期待できる．パラペット笠木に電熱線を仕込み，雪ぴが大きくならないうちに切り落とすなどの方法もある．

ただし，いずれの方法も万全の対策とはいいにくいため，配置計画にあたっては，冬季の卓越風や大量降雪時を事前に調べて屋根に生じる雪ぴの発生場所を想定するとともに，雪ぴの落下が予想される範囲には通路，駐車場，工作物など雪ぴ落下による被害の可能性があるものを設けることは避けるべきである．

〔4〕**巻き垂れ**

勾配屋根に積もった雪が少しずつずり下がり，屋根の軒先から押し出された雪やつららの先端が建物側に向けて曲がってくるのが巻き垂れである．雪ぴの発生と重なれば大きな巻き垂れになる（**図2・28，2・29**）．

先端部につららがついていて，内側に曲がってきた位置に窓があれば巻き垂れの進行とともにつららが窓ガラスを突き破って室内に飛び込んでくるおそれもあり，放置しておけない．

屋根裏と室内との間の断熱が確実になされ，雪がすべり落ちやすい屋根材と適度な屋根勾配を確保すれば巻き垂れは防止できる．

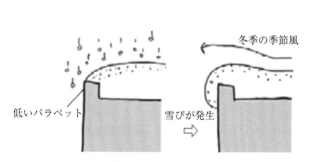

図2・25 雪ぴの発生

図2・26 雪ぴの発生例

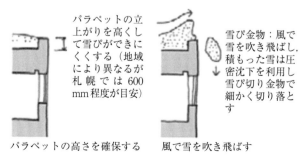

図2・27 雪ぴ防止の方法

図2・28 巻き垂れの発生例

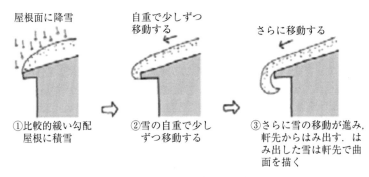

図2・29 巻き垂れの発生

2.2.6 雨水の凍結

　積雪寒冷地における屋根や屋上の雨水処理には，冬季の積雪と凍結に対する慎重な配慮が求められる．東京などの一般地域では常道とされる手法が積雪寒冷地にはそぐわない場合もしばしばで，対応方法をその都度検討しなければならない．

〔1〕　雨水管は室内を通す（屋外に設けない）

　厳寒期に屋根に積もった雪は太陽熱や建物内部からの熱によって部分的に融ける．融けた水はルーフドレンを経由して雨水管に導かれるが，その水が配管内で凍結しないよう暖房室内を通すのが，寒冷地における雨水管計画の大原則である．雨水排水のルートは外部を原則（外で集めた水は外で処理する）とする東京などの一般地域とは異なる．寒冷地の雨水管は結露防止のため断熱巻きを行い，確実な配管工事が求められるので北海道では雨水配管工事は衛生設備工事に区分されるのが一般的である．

　雨水管を，ピロティや外気に接する軒の天井内を横引きするなど，マイナス温度の領域を通さざるをえない場合には，①軒天井内にヒータを設置し氷点下になるのを防ぐ，②凍結防止ヒータ巻きとする，③管内部に投込式電熱ヒータを通すなどの凍結防止対策が必要となる（図2・30，2・31）．

〔2〕　ルーフドレンは2系統以上とする

　ルーフドレンは，ごみや落ち葉などによる目詰まりや冬季の凍結などにより排水不能となることに備え，一つの屋根（雨水分担面）に対して最低2系統以上とする．

　一方，オーバフロー管は，溢れた水が外壁面で凍結してつららを形成し落氷するおそれがあるので，人通りのある面を避けるようにする（図2・32）．

〔3〕　上階の屋根排水を下階屋上に放流しない

　塔屋など上階の屋根排水を雨水管から開放して下階の屋上などに放流すると，下階屋上で凍結して思わぬ事故のもとになるので，開放せずにそれぞれに立ち下げる（図2・33）．

　ただし，共同住宅などのバルコニー排水においては，排水縦管を階ごとに床面上部で開放させる．これは，上階にもバルコニー（最上階は屋根）があるため，雨水（融解水）の量が少なく凍結のおそれがほとんどないからである．また，一般地域にあっては上階からの雨水による水はねを嫌って中継ぎドレンや枝配管が採用されることが多いが，寒冷地ではその連結部で凍結のおそれがあるので開放された排水方法を採用する（図2・34，2・35）．梅雨がなく台風の少ない北海道では「水はね」の問題より凍結対策が優先される．

2.2 外装計画

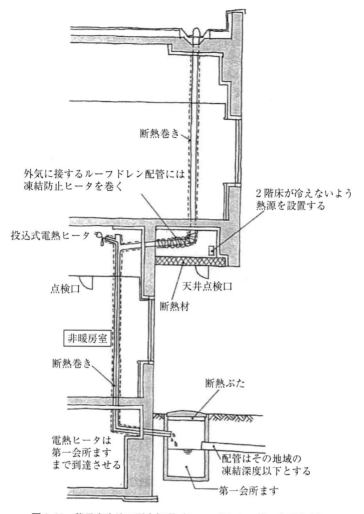

図 2・30 積雪寒冷地の雨水処理（ルーフドレン～第一会所ます）

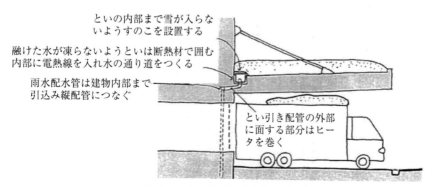

図 2・31 物流倉庫のひさしの例

第 2 章　寒冷地建物の建築計画

図 2・32　オーバフロー管の凍結

図 2・33　屋上の凍結

図 2・34　開放されたバルコニー排水

バルコニードレン

枝配管によるバルコニー排水

グレーチングによる第一会所ます

図 2・35　寒冷地では採用しない雨水処理の例

〔4〕　軒先にといは設けない

　勾配屋根の軒どいは，滑雪による破損や，軒どい内や縦どい内での凍結が避けられないため設置しない（図 2・36, 2・37）．したがって雨水が垂れ流しとなるため，建物への出入りや通行に支障をきたさないように，出入口やアプローチは妻入りとする，軒先を水上にするなどの計画上の配慮をする．軒先を水上にした場合は建物側にといを設けるが，①といの中に雪が入り込まないように，すのこ状のふたを設置する，②とい内部に電熱線を通して水の通り道を確保する，③融けた水が凍らないようにといを断熱材で覆うなどの対策を施す．

　軒どいがない軒からの雨水は，軒下に犬走りなどを設け，これでいったん受けてから暗きょや排水溝に集水し排出する．

〔5〕　雨水管の第一会所ますは断熱ぶたとする

　一般地域の雨水処理では，豪雨時などに会所ます以降の詰まりで排水が逆流して建物側に被害を発生させないよう，第一会所ますのふたはグレーチングなどの開放型としてオーバフローさせるのが原則である．しかし寒冷地で開放型にすると，ふたから寒気が入り込み雨水管内部が凍結するので，第一会所ますのふたは外気に開放させない断熱型とする．これもまた，台風が少ない北海道においては大雨よりも凍結対策が優先される好例といえる（図 2・38）．

図2・36 といのない軒先（1）

図2・37 といのない軒先（2）

図2・38 断熱ぶたによる第一会所ます

2.3 断熱計画

建物の断熱材の役割は，主に以下である．
① 外部から内部への熱的絶縁（断熱性・保温性）
② 結露の防止（表面結露・内部結露の防止）
断熱材の選定にあたっては，外断熱工法，または内断熱工法の選択により適した断熱材の選定を行い，適切な材料の構成，断熱材の厚さ，必要に応じた防湿材の挿入，換気などを考慮しなければならない．

2.3.1 断熱材の種類と性能

断熱材の素材は，無機材料系と有機材料系に分けられる．無機材料系は岩石や金属などを原料とし，有機材料系は合成高分子化合物や天然繊維などを原料とする．一般的に前者は，素材が原理的に安定なため防災や耐火性に優れている．後者は，形状や特性を比較的自由につくることができる特徴をもっている．

形状には，板状，ロール状，シート状，粒状などのほかに，現場発泡や吹込み施工などの不定形のものや，パイプの断熱に専用に用いられ成型加工されたものがある．

一般的に使用されている断熱材と熱伝導率，性能，特性を整理したものを**表2・2，2・3**に示す．

無機系断熱材は不燃性であるが，有機系断熱材は可燃性であるため注意が必要である．また繊維系の断熱材は吸湿すると断熱性能が落ちるため，室内側に防湿層が必要になる．

第2章　寒冷地建物の建築計画

表 2·2　断熱材の特性

	無機系		有機系			
	ロックウール	グラスウール	ビーズ法ポリスチレンフォーム	押出法ポリスチレンフォーム	フェノールフォーム	硬質ウレタンフォーム
略　称	RW	GW	EPS	XPS	PF	PUF
JIS	JIS A 9521	JIS A 9521	JIS A 9511 （A 9521）	JIS A 9511 （A 9521）	JIS A 9511 （A 9521）	JIS A 9511 （A 9521）
熱伝導率 [W/m·k] 以下	0.036 ～ 0.045	0.033 ～ 0.038	0.036 ～ 0.043	0.028 ～ 0.040	0.022 ～ 0.036	0.023 ～ 0.027
燃焼性	不燃	不燃	可燃性	可燃性	難燃性	難燃性
透湿性	大	大	小	小	小	小
吸水性	大	大	小	小	小	小

表 2·3　断熱材の熱伝導率

断熱材の区分	熱伝導率 [W/m·K]	断熱材の種類
A1	0.052 ～ 0.051	吹込み用グラスウール（施工密度 13 K，18 K） タタミボード（15 mm） A 級インシュレーションボード（9 mm） シージングボード（9 mm）
A2	0.050 ～ 0.046	住宅用グラスウール断熱材 10 K 相当 吹込み用ロックウール断熱材 25 K
B	0.045 ～ 0.041	住宅用グラスウール断熱材 16 K 相当，20 K 相当 A 種ビーズ法ポリエチレンフォーム保温板 4 号 A 種ポリスチレンフォーム保温板 1 種 1 号，2 号
C	0.040 ～ 0.035	住宅用グラスウール断熱材 24 K 相当，32 K 相当 高性能グラスウール断熱材 16 K 相当，24 K 相当，32 K 相当 吹込み用グラスウール断熱材 30 K 相当，35 K 相当 住宅用ロックウール（マット，フェルト，ボード） A 種ビーズ法ポリエチレンフォーム保温板 1 号，2 号，3 号 A 種押出法ポリスチレンフォーム保温板 1 種 建築物断熱用吹付け硬質ウレタンフォーム A 種 3 A 種ポリエチレンフォーム保温板 2 種 A 種フェノールフォーム保温板 2 種 1 号，3 種 1 号，3 種 2 号 吹込み用セルロースファイバー 25 K，45 K，55 K 吹込み用ロックウール断熱材 65 K 相当
D	0.034 ～ 0.029	高性能グラスウール断熱材 40 K 相当，48 K 相当 A 種ビーズ法ポリエチレンフォーム保温板特号 A 種押出法ポリスチレンフォーム保温板 2 種 A 種硬質ウレタンフォーム保温板 1 種 建築物断熱用吹付け硬質ウレタンフォーム A 種 1，A 種 2 A 種ポリエチレンフォーム保温板 3 種 A 種フェノールフォーム保温板 2 種 2 号
E	0.028 ～ 0.023	A 種押出法ポリスチレンフォーム保温板 3 種 A 種硬質ウレタンフォーム保温板 2 種 1 号，2 号，3 号，4 号 A 種フェノールフォーム保温板 2 種 3 号
F	0.022 以下	A 種フェノールフォーム保温板 1 種 1 号，2 号

2.3 断 熱 計 画

2.3.2 断 熱 基 準

断熱基準は建築物のエネルギー消費性能の向上に関する法律（建築物省エネ法）に基づき定められた「住宅の省エネルギー基準」（以下，省エネ基準）による．省エネ基準は 1980 年に制定され（旧省エネ基準：等級 2（住宅性能表示基準）），省エネ法の改正に伴い 1992 年基準（新省エネ基準：等級 3），1999 年基準（次世代省エネ基準：等級 4）に改正・強化されている．2013 年の改正で，非住宅建築物および住宅に関する省エネルギー基準を統合した「エネルギーの使用の合理化に関する建築主等及び特定建築物の所有者の判断基準」が制定された．大きな変更点としては，

- ・地域区分を 6 区分から 8 区分へ細分化（**表 2·4**）
- ・外皮の熱性能評価基準の変更
- ・一次エネルギー消費量基準の導入

が挙げられる．

外皮の熱性能評価基準は，いままでの床面積あたりの指標（熱損失係数 Q 値）から外皮面積あたりの指標（外皮平均熱貫流率 U_A 値）へと変更している．今回の改正で新たに導入されたものが一次エネルギー消費量という指標であり，これは設備機器を含め建物全体で消費するエネルギーを建築物省エネ性能の指標にするものである．低炭素住宅・長期優良住宅やフラット 35S などの一定の省エネルギー基準をクリアしなくてはならない補助金などの申請の際には，一次エネルギー消費量の計算が必要となる．

断熱材に関わる基準はいままでどおりである（**表 2·5，2·6**）．

断熱性能は建築物省エネ法に基づく外皮基準を満足させる必要がある．**表 2·5，2·6** の熱抵抗値基準に基づいて断熱性能を決める手法もあるが，**表 2·7** に示す建物用途ごとに年間熱負荷係数（以下，PAL＊）を参考に断熱性能を決める手法もある．これは PAL＊ の値が基準値以下であることを確かめつつ，断熱スペックを決定していく手法である．

表 2·4 省エネ法による地域区分

地域区分	都道府県名
1，2	北海道
3	青森県，岩手県，秋田県
4	宮城県，山形県，福島県，栃木県，新潟県，長野県
5，6	茨城県，群馬県，埼玉県，千葉県，東京都，神奈川県，富山県，石川県，福井県，山梨県，岐阜県，静岡県，愛知県，三重県，滋賀県，京都府，大阪府，兵庫県，奈良県，和歌山県，鳥取県，島根県，岡山県，広島県，山口県，徳島県，香川県，愛媛県，高知県，福岡県，佐賀県，長崎県，熊本県，大分県
7	宮崎県，鹿児島県
8	沖縄県

表 2·5 Ⅰ地域，RC 造の場合の壁の断熱性能基準

	旧省エネ基準	新省エネ基準	次世代省エネ基準
熱抵抗値 [m²·K/W]	1.8（外断熱） 2.3（内断熱）	1.7	1.0

－ 41 －

第2章　寒冷地建物の建築計画

表2·6　地域区分ごとの熱抵抗基準値

熱抵抗値 ［m²·K/W］				地域の区分			
種　類	工　法	部　位		1·2	3	4·5·6·7	8
鉄筋コンクリートなどの単位住戸	内断熱工法	屋根または天井		3.6	2.7	2.5	1.6
		壁		2.3	1.8	1.1	
		床	外気に接する部分	3.2	2.6	2.1	
			その他の部分	2.2	1.8	1.5	
		土間床などの外周部分の基礎	外気に接する部分	1.7	1.4	0.8	
			その他の部分	0.5	0.4	0.2	
	外断熱工法	屋根または天井		3.0	2.2	2.0	1.4
		壁		1.8	1.5	0.9	
		床	外気に接する部分	3.2	2.6	2.1	
			その他の部分	2.2	1.8	1.5	
		土間床などの外周部分の基礎	外気に接する部分	1.7	1.4	0.8	
			その他の部分	0.5	0.4	0.2	
木造の単位住戸	充てん断熱工法	屋根		6.6	4.6	4.6	4.6
		天井		5.7	4.0	4.0	4.0
		壁		3.3	2.2	2.2	
		床	外気に接する部分	5.2	5.2	3.3	
			その他の部分	3.3	3.3	2.2	
		土間床などの外周部分の基礎	外気に接する部分	3.5	3.5	1.7	
			その他の部分	1.2	1.2	0.5	
枠組壁工法の単位住戸	充てん断熱工法	屋根		6.6	4.6	4.6	4.6
		天井		5.7	4.0	4.0	4.0
		壁		3.6	2.3	2.3	
		床	外気に接する部分	4.2	4.2	3.1	
			その他の部分	3.1	3.1	2.0	
		土間床などの外周部分の基礎	外気に接する部分	3.5	3.5	1.7	
			その他の部分	1.2	1.2	0.5	
木造・枠組壁工法または鉄骨造の単位住戸	外張断熱工法または内張断熱工法	屋根または天井		5.7	4.0	4.0	4.0
		壁		2.9	1.7	1.7	
		床	外気に接する部分	3.8	3.8	2.5	
			その他の部分				
		土間床などの外周部分の基礎	外気に接する部分	3.5	3.5	1.7	
			その他の部分	1.2	1.2	0.5	

2.3 断 熱 計 画

表2·7 建物用途別のPAL*基準値

建築用途		PAL* (MJ/m²·年)							
		1地域	2地域	3地域	4地域	5地域	6地域	7地域	8地域
事務所		430	430	430	450	450	450	450	590
ホテルなど	客室部	560	560	560	450	450	450	500	690
	宴会場部	960	960	960	1 250	1 250	1 250	1 450	2 220
	病室部	790	790	790	770	770	770	790	980
	非病室部	420	420	420	430	430	430	440	670
物品販売業を営む店舗など		610	610	610	710	710	710	820	1 300
学校など		390	390	390	450	450	450	500	690
飲食店など		680	680	680	810	810	810	910	1 440
集会所など	図書館など	540	540	540	550	550	550	550	670
	体育館など	770	770	770	900	900	900	900	1 100
	映画館など	1 470	1 470	1 470	1 500	1 500	1 500	1 500	2 100

2.3.3 部位別断熱計画

一般的に外気と室内を区分する境界部分（断熱ライン）に断熱材を施工する．建物内部でも平面的に非暖房空間と暖房空間があり，必要に応じて非暖房空間と暖房空間の境界に断熱材を施す必要がある．断熱材の位置を明確にしないと，設備計画の統一がとれないばかりか保温性が確保できず，凍結事故や結露の発生につながる．

〔1〕 水回り・パイプシャフト

水回りやパイプシャフトは断熱ラインの内側に配置されるべきである．断熱ラインの内側に設置されていても，外壁に接する便所，湯沸し室などの水回りの室温は，暖房を停止するとかなりの低下が予想される．建物中心部にあるほうが温度が低くなりにくく，配管の凍結リスクが低下するので配置上望ましい．未使用時に凍結しない程度の温度（0℃以上）に保てなければ，加熱や水抜きなどの設備的対策で凍結防止を行う必要がある．パイプシャフトの配置も同様に外壁に接すると配管凍結のおそれがあるので避けたほうがよい．とくに外壁の風上にある隅角部は風による温度降下が大きく建築的にも凍結を受けやすい．パイプシャフトは建物内部に取り込むか，できない場合は配管を加温するなどの設備的対策で凍結防止を行う必要がある（**図2·39**）．

〔2〕 外壁・屋根

外壁・屋根の断熱手法として，躯体の室内側に断熱層を設ける内断熱工法と外部側に断熱層を設ける外断熱工法がある．

内断熱の建物は，断熱ラインの外側に躯体があるため暖まりやすく冷えやすい．また，外壁には内壁や床などの接続部が多いため断熱ラインが切断されヒートブリッジとよばれる冬季冷却しやすい部分がつくられる．ヒートブリッジになる部位は表面結露の危険性が高いため，断熱補強を行うなど，断熱材の施工方法について十分検討しなければならない（**図2·40，2·41**）．

断熱ラインが切断されやすい内断熱工法の欠点を補う工法として外断熱工法がある．外断熱の建物は，断熱ラインが躯体の外側で連続しているため躯体の熱変動が少なく熱伸縮による亀裂などを防止できることがある．また，断熱ラインの内側に躯体があるため，躯体の熱容量分蓄熱の効果があり，暖まりにくく冷めにくい特徴があり，室温変動の少ない室内環境になる．しかし外断熱工法を採用する場合，断熱材を保護する外装材が必要であり，その材料（防炎・耐候性）や納まりについて検討が

– 43 –

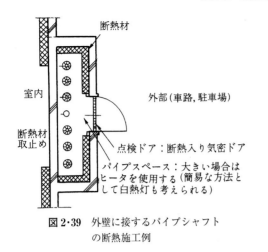

図 2·39 外壁に接するパイプシャフトの断熱施工例

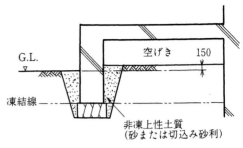

図 2·42 犬走り・ピロティなどのスラブ凍上防止例

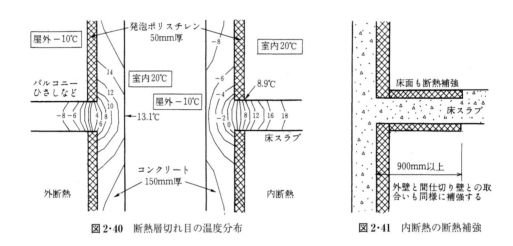

図 2·40 断熱層切れ目の温度分布　　　　**図 2·41** 内断熱の断熱補強

必要である．また外装材下地が必要であるため，建設費が割高になる．

〔3〕 **基　礎　・　床**

　スラブ下に空気層のある場合は，スラブ下および建物外周基礎・地中ばりには，防湿性のある断熱材を施す．土間スラブの場合は，地業の上に防湿層を設け，その上に硬質押出発泡ポリスチレン板をすきまなく敷き並べる．なお，支持地盤・埋戻し土の凍結に十分注意する．犬走り，ピロティなどのスラブは凍上により浮き上がり，沈下を生じやすい．スラブの端部は基礎を回し基礎底は凍結深度以下とし，非凍上質の砂または切込み砂利で置換する．できればスラブ下は空気層を設け基礎断熱も検討する．片持ち形状で出寸法の少ない犬走りなどの場合は，スラブ構造とする（**図 2·42**）．

2.3 断熱計画

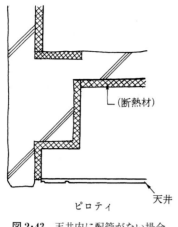
図2・43 天井内に配管がない場合

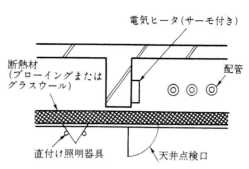
図2・44 天井内に配管を行う場合

〔4〕 ピロティ

ピロティ上部の部屋では，スラブが冷やされるために足元が寒くなる．断熱は原則としてスラブ下に行う．また，ピロティ天井内への配管は凍結対策上行わないほうがよい．やむをえず配管を行う場合は，天井面で断熱を行い，天井内にすきま風が入らないように照明器具は直付けにする．天井点検口にも断熱・気密性をもたせる．天井面積が大きい場合は，電気ヒータ（サーモ付き）の設置も検討する．ただし，その場合は所轄の消防署への確認が必要である（図2・43，2・44）．また二重スラブ化し，その中に配管する方法もある．

2.3.4 建物用途別の留意点

建物用途別の留意点を以下に示す（表2・8）．

〔1〕 個人住宅（戸建住宅・別荘）
・凍結防止のため配管は断熱ラインの内側に設ける．
・給水・給湯配管は水抜きができるようにする．
・床下配管のある場合は，床断熱ではなく基礎断熱とし，配管の凍結防止対策を行う．

〔2〕 集 合 住 宅
・パイプシャフトは断熱ラインの内側に設ける．
・ピロティや駐車場の天井裏配管凍結対策を十分に行う．
・外壁への水配管を避ける．
・外部設置タイプの機器は，凍結や雪氷害の影響を十分に考慮する．

〔3〕 事務所ビル・商業（飲食）ビル・物販店舗など
・間欠暖房の建物が多いため実際の施設運用を考慮した計画が必要である．
・受水槽などは屋内に設置し，室温が0℃以下にならないようヒータなどを考慮する．
・パイプシャフトは外部に接することを避け，点検扉は断熱材を裏打ちし，エアタイトとすることが望ましい．
・シャッタBOX回りは冷気侵入防止のため断熱・気密に十分配慮する．
・風除室天井からの冷気侵入防止のため天井裏断熱と天井裏での区画を検討する．

第2章 寒冷地建物の建築計画

表2·8 建築用途別凍結防止計画の留意点

建物用途	副用途	建築計画		露出配管となりやすい	熱的脆弱性		運用面		
		断熱ライン外の配管となりやすい	非暖房空間となりやすい		窓面積/室面積＝大	生外気・すきま風流入断熱性能脆弱	定期的（土日祝日）に暖房が停止される	使用時間が変則的長期未使用もある	冬期間閉鎖
個人住宅（別荘）	居住室				○	△		(△)	(△)
	浴室・便所					○		(△)	(△)
	物置・車庫	◎	◎			○		(△)	(△)
	屋外散水栓			◎					
集合住宅	居住室				○	△		△	
	シャフト（メータ室）	◎	◎			○		△	
	水槽室・機械室	◎	◎			○		△	
	屋上・屋外散水栓			◎					
事務所ビル	ロビー					○	○		
	事務室				△		○		
	便所・湯沸し室					△	○		
	水槽室・機械室	◎	◎			○	○		
	駐車場	◎	◎	○		○	○		
	屋上・屋外散水栓			◎					
飲食ビル	ロビー					○			
	店舗部分				○	○			
	ちゅう房					○			
	荷捌室	○	○			◎			
	便所・湯沸し室					△			
	水槽室・機械室・ごみ庫	◎	◎	○		○			
	駐車場	◎	◎	△		○			
	屋上・屋外散水栓			◎					
物販店舗	店舗部分					○			
	作業室					○			
	荷捌室	○	○			○			
	便所・湯沸し室					△			
	水槽室・機械室・ごみ庫	◎	◎			○			
	駐車場	◎	◎	◎		○			
学校	職員室				○	△	○		
	一般教室				○	△	◎	◎	
	特別教室（理科・家庭科）				○	△	◎	◎	
	体育館		○		○	△	◎	◎	
	プール								◎
	ちゅう房					○	○	○	
	便所・湯沸し室					○	○	○	
	水槽室・機械室・ごみ庫	◎	◎			○			
	屋上・屋外散水栓			◎					
病院	ロビー・待合室				○				
	病室・診察室				△				
	食道				○				
	ちゅう房					○			

－ 46 －

2.3 断 熱 計 画

表 2·8 （つづき）

建物用途	副用途	主な留意点							
		建築計画		露出配管となりやすい	熱的脆弱性		運用面		
		断熱ライン外の配管となりやすい	非暖房空間となりやすい		窓面積/室面積＝大	生外気・すきま風流入断熱性能脆弱	定期的（土日祝日）に暖房が停止される	使用時間が変則的長期未使用もある	冬期間閉鎖
病院	水槽室・機械室・ごみ庫	◎	◎						
	駐車場	◎	◎	○					
	屋上・屋外散水栓			◎					
宿泊施設	フロント・ロビー				○				△
	宿泊室				△				△
	レストラン・食堂				○				△
	ちゅう房					○			△
	露天風呂	◎		◎	◎				△
	水槽室・機械室・ごみ庫	◎	◎						△
	駐車場	◎	◎	○					△
	屋上・屋外散水栓		○	◎					
ゴルフクラブハウス	フロント・ロビー				○				◎
	レストラン				○				◎
	ちゅう房					○			◎
	ロッカー・浴室・便所		△						◎
	水槽室・機械室・ごみ庫	◎	◎						◎
	カート置場	◎	◎	○					◎
	屋上・屋外散水栓		○	◎					◎

◎：きわめて可能性が高い　　○：可能性が高い　　△：可能性がある

〔4〕 学 校

・冬休みを考慮した水回りの凍結対策を行う.

・窓面が多く熱損失が大きいため暖房を停止すると室温が低下しやすいことを考慮する.

・冬休みの長期休止期間は設備による局所的対策を主体とし，週末などの短期間については断熱・気密化などの建築的な対策を主として考える.

・水回りは，方位を考えた配置にすることや，部屋の外壁面が多くならない平面計画を検討する.

・パイプシャフトを断熱ラインの内側に設ける.

〔5〕 病院・宿泊施設

・一部の部屋のみ水抜きを行うことは管理上大変なため，基本的に建築的に断熱および気密性能を上げるようにする.

・消火設備や施設運用上必要な設備の凍結防止対策のため，暖房を間欠的に運転することも考慮する.

〔6〕 ゴルフクラブハウス

・シーズンオフは暖房を停止し，建物内部でも室温は氷点下になることを考慮する.

・配管内の水抜きを考慮し，末端への水抜き栓設置や配管勾配に対して配慮する.

・水系消火設備に対しては乾式の採用も考慮し，所轄の消防署との協議を行う.

2.4 構造計画

2.4.1 地盤の凍結と凍上

　凍結深度とは冬期間に凍結する表土の深さであり，地中温度が0℃となる位置までの深さとして定義される．凍結深度以浅の土中水分が凍結することによって土の体積が膨張し，地表面が盛り上がる現象が「凍上」である（図2·45）．建物基礎，地中埋設管などが凍結深度以浅にある場合には地盤の凍上により，以下のような被害が発生する可能性がある．

・建物が局部的に押し上げられて鉛直方向に強制変形を受けることによる構造体・ポーチ床などの損傷（図2·46）
・門・塀などの傾斜
・水平方向に強制変形を受けることによる擁壁類の倒れ（図2·47）
・土中埋設管の不陸，断裂などの発生

　上記のような被害を防止するためには基礎，地中埋設管を凍結深度以深に設置することが重要であるが，凍結深度には地域性があり，当然のことながら温暖な地域よりも極寒地域で深くなる傾向にある．図2·48は道内各都市で設計上考慮すべき建物に対する凍結深度図である．なお，土中埋設配管，道路などを敷設する場合に想定すべき凍結深度はこの値とは別に各地域ごとに設定されているので注意が必要である．

図2·45　凍上による道路の隆起

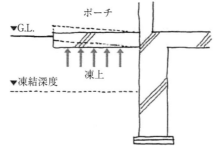

図2·46　凍上によるポーチの損傷

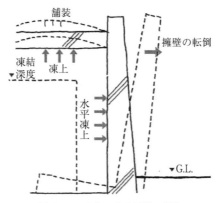

図2·47　凍上による擁壁の倒れ

2.4 構 造 計 画

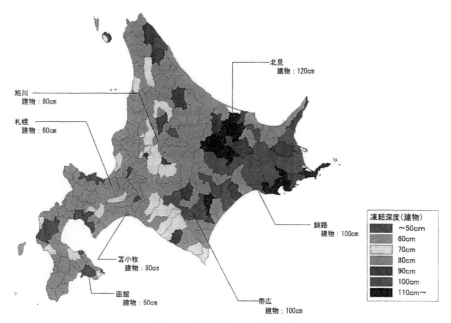

図2・48 北海道各地の凍結深度

2.4.2 凍 上 対 策

ポーチなどの凍上により局部的に強制変形を受けやすいスラブの端部は，基礎をまわし基礎底を凍結深度以下とする（**図2・49**）．また，擁壁や塀などの地盤に高低差がある場合は，水を容易に排出できる位置に水抜き穴を設け，擁壁側面の土中水分が凍結するのを防止する．やむをえず基礎底を凍結深度以浅にせざるをえない場合は，凍結による土の体積膨張を吸収するために，基礎下部を透水性のよい切込み砂利などで置換して凍上抑制層を設けるなどの配慮が必要である（**図2・50**）．

建物の凍上対策が必要となるのは寒冷地のみとは限らない．室内温度が地盤よりも低温となる場合には温暖な地域でも地盤が凍上を起こし，床が盛り上がるなどの現象が起こる可能性がある．したがって長期間にわたって低温が持続するスケートリンクや冷凍倉庫など建物内部を冷却する建物では，地盤を直接冷却しないようにすることが原則である．その対策として床部に適切な厚さの断熱材を入れる，床下にピットを設け十分な換気を行う，高床式として地盤と熱的に縁を切るなどの方策が有効である（**図2・51**）．

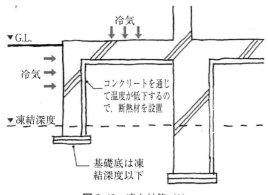

図2・49 凍上対策（1）

- 49 -

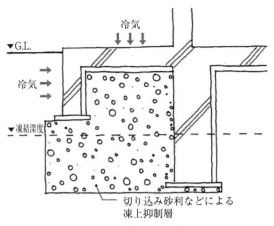

図 2・50 凍上対策 (2)

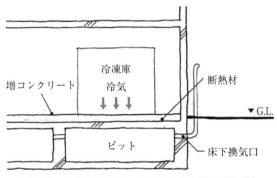

図 2・51 建物内部からの冷気に対する凍上対策 (3)

2.4.3 免震建物における注意点

免震建物で使用される積層ゴムアイソレータは，使用する温度条件に幅がある．釧路における基礎免震建物の実績では，免震層（ピット）内環境が0℃を下回ることはなかったが，中間層免震や冷凍冷蔵倉庫など，免震装置の温度が0℃を下回るような状況が想定される場合は，注意を要する．

2.5 設備計画

2.5.1 屋内機器

建物の断熱ライン内側を暖房空間として全体を均一に暖房することが，凍結防止や結露防止のうえでは大切である．建物用途や使い勝手によって，暖房方式や運転時間も変わる．連続暖房の建物（ホテル，病院など）では，建物内での凍結対策はほとんど不要である．事務所や商業ビルのような間欠暖房運転の建物や，年末年始休止するような建物は，建物内の凍結対策を十分に考慮しておく必要がある．

2.5.2 屋外機器

建築設備の積雪や凍結による障害は，保守通路が確保できなくなるなどの問題から，設備機器の変形・破損による機能低下や機能停止する重大なものまである．積雪寒冷地では，極力，屋外に設備機器を配置しないようにしたいが，さまざまな条件下では屋外に設置せざるをえない状況もある．

2.5 設備計画

〔1〕積　雪　量

　設備機器を屋外設置とする場合，各地の積雪深度を考慮し，機器が埋没しないように配慮する．場所によっては吹きだまりとなったり，落雪・除排雪のため積雪深度以上となることもあり，積雪深度だけでなく風向きその他も重要な検討条件となる．

- エアコンの室外機のように空気を吸い込んだりするものや上部にファンが付いている機器には，防雪フードを設置したり，基礎架台を積雪深度以上とし，雪の吸込み防止，吸込み面への雪の付着，結氷を防止する（図2・52）．ただし，設置高さを積雪深度以上としても，周囲を目隠しなどで囲われた場合は，除排雪が可能なスペースの確保などの対策が必要となる．
- 冬期間使用しない屋外設置機器は，養生シートなどで雪や凍結から保護する（図2・53）．
- FF暖房機器の給排気トップは積雪で埋没すると，不完全燃焼による一酸化炭素が室内に逆流し，死亡事故につながるおそれもあるため，必ず積雪深度より上部になるよう設置する（図2・54）．
- 太陽光発電パネルや太陽光集熱パネルの設置方位は真南で，傾斜角度は当該地域の年間最適傾斜角とするのが効率上有効である．しかし，積雪地域においては，着雪によるパネルの効率低下を防ぐため，傾斜角は降雪後の自然落下が期待できる45°以上（集熱パネルのメーカー推奨値は55°）とする（図2・55）．

図2・52　防雪フードの例．架台を設け機器を積雪深度以上に設置する

図2・53　冬期間使用しない機器．冬期間使用しない屋外機器はシートなどで保護する

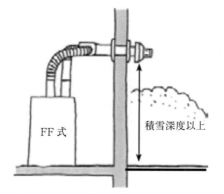

図2・54　FF暖房器具の給排気トップの位置

図2・55　太陽光発電パネルの設置例．このケースでは傾斜角度を60°としている

〔2〕 積雪荷重・沈降力

積雪が設備機器に及ぼす力は,「積雪荷重」のほかに,雪が自重によりゆっくり圧縮・変形する際の「沈降力」があり,後者は前者よりはるかに大きい力となる場合がある.したがって,積雪による被害を避けるためには,屋外での架空配管は,その地域の最大積雪深度より上にする必要がある.とくに細い冷媒配管を架空配管とする場合には,標準仕様書などの基準では支持間隔 1.5 m 以下となっているが,積雪荷重・沈降力などでたわみが発生することがあるので,支持間隔を 1 m 以下にするか,もしくは配管カバーにより保護するのが望ましい.

〔3〕 落雪・落氷

積雪がひさし端部などで直下に落下せず,板状のまま内側に巻き込んで垂れ下がる「巻き垂れ」が生じることがあるので,防雪フードなど外壁に突起物を設ける場合は,その配置や形状,強度などについて注意する必要がある.

〔4〕 融雪・氷結

積雪が,融解・凍結を繰り返すと,氷塊状に固まるので,外部に設ける機器弁類などには,積雪・氷結防止のカバーを被せる.屋上の機器設置場所は,周囲への配慮から目隠し壁やルーバで囲んだり,設置する機器の上部にはりなどの構造体があったりする場合がある.そのようなとき,上部から落下した雪により機器が破損したり,その融雪水が機器周辺にたまり,氷結・融解を繰り返すことで氷が成長し,メンテナンスに支障をきたすことがある.機器設置に際してはこうしたことにも十分注意する必要がある(**図 2・56**).

〔5〕 排水路の閉塞

雪は断熱性能が高いため,積雪が深いほど地盤・地中温度は,外気温の影響を受けにくくなる.排水側溝や集水ますが雪で塞がっているとき,積雪表面が暖気や降雨で多量に融けると,排水が追いつかなくなり,いわゆる融雪洪水が生じる場合がある.また,設計時における時間あたりの想定降雪量を超えた場合に,融雪設備の能力が追いつかず,一時的に融けた雪がシャーベット状にたまることもある.道路・歩道面の勾配や側溝・集水ますの位置を設定するときには,こうしたことにも留意する必要がある.また,施設の引渡し時には,日常の除雪・排水溝などの保守管理について文書で要点を引き継ぐなどの配慮が必要である.

〔6〕 設備機器の保守用通路

保守が必要な屋外設置の設備機器への通路は,冬季積雪時においても確保されなければならない.除排雪によって通路を確保する場合には,除雪作業や排雪スペースに配慮する.冬季でも,建物から出る排気が融雪に十分な温度を有することから,排気の種類に配慮しつつ,ガラリを意識的に保守用通路の近傍に配置することも工夫の一つとして考えられる(**図 2・57**).屋外機をルーバなどで囲む場

図 2・56 屋外キュービクル.上部構造体からの融雪水が滴下しキュービクル基礎部分で氷塊となり,扉が開かなくなった例

図 2・57 排気熱による融雪の例

2.5 設 備 計 画

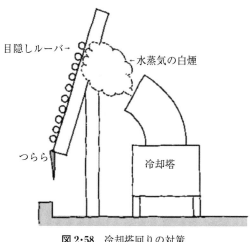

図 2・58 冷却塔回りの対策

合は，雪に埋もれないように留意する．

また金属製の目隠しルーバなどが近接している屋上の冷却塔においては，冷却塔から出る水蒸気がルーバ表面に結氷しつららが発生して地上に落ちるおそれがある．それには，次の点に注意する（図2・58）．

・ルーバに水蒸気が当たらないようにする．
・ルーバを結氷してもつららがパラペットを越えて落下しない位置・構造にする．
・目隠しルーバ自体，雪が載るような形状にしない．
・ルーバは着雪により開口部を塞がないようにルーバ間隔を考慮するとともに，着雪凝固したものが融解応力により破損しないようにルーバ強度にも考慮する．

2.5.3 ガ ラ リ

冬季における，建物への冷気の流入は室温低下やドラフトを招くだけでなく，時には凍結などによる障害をもたらす．積雪寒冷地では，給排気ガラリは建物にとって冷気流入の弱点となりやすいので，基本的には，冬季の卓越風を考慮して，極力，風下側に，あるいは建物形状を考慮して負圧側に設けることが望ましい．また，厳寒期に降る粉雪は，外気とともにガラリを通過し，そのままフィルタに付着凍結して機器の作動不良を招くことがあるが，給排気ガラリからの雪の吹込みを100％防止することは困難であるため，ガラリから空調機にいたるダクト内の止水対策などに十分配慮する必要がある．

〔1〕 外気ガラリ（ガラリ部分）
・風上方向への設置は避ける．やむをえない場合は，以下の方法を検討する．
① 風速を抑える（1.5～2.0 m/s）
② 外壁の凹部分に配置する
③ ガラリ前面に防風板を取り付ける（図2・59）．また，吹きだまりに配慮してガラリの設置位置を決める．
・給気チャンバ内部に仕切り板を設け，ダクトをチャンバ上部に接続し雪の吹込みを少なくする方法も効果がある（図2・60）．
・結露防止のため，ガラリチャンバの断熱は防湿層を確実に施工する．点検口枠も断熱する．
・雪が空調機まで吹き込むおそれがある場合，空調機の外気チャンバは，ステンレス製のドレンパン付きとし，融水が外部に漏れないよう周囲をシールするとともに確実に排水をとる．

第2章　寒冷地建物の建築計画

図2・59　外壁ガラリ防風板の例．防風板で雪の吹込みを軽減する

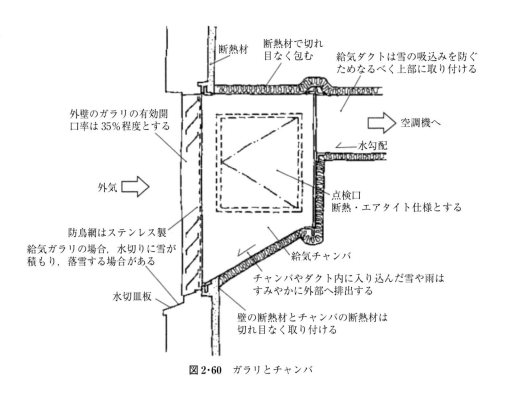

図2・60　ガラリとチャンバ

〔2〕　排 気 ガ ラ リ
・排気ガラリを軒天井面に設置すると，排気の結露水が滴下して，また冬季にはそれが凍結して通行上の支障になることがあるので留意する．

〔3〕　共 通 事 項
・ガラリ下端は，最大積雪深度や，落雪・風向きを考慮して有効開口が確保できる高さとする（**図 2・61，2・62**）．
・防鳥網は，雪が付着し目詰まりすることがあるので，目詰まりしにくい網目（1～1.5 cm 目）を選定し，ガラリ内面に取り付ける．
・ガラリ接続チャンバは，耐腐食性をもつステンレス製で点検口付きとし，融雪水排水のため，外壁側へ勾配をとる（**図 2・60**）．
・外気遮断用のダンパは，高気密性とし，空調機停止時に連動して閉鎖するようにする．

- 54 -

2.6 施 工 計 画

図2·61 排気ガラリの望ましくない例．排気の熱でガラリ前の雪が融け，空間が確保されることも確かだが，空調機が運転していないときに大雪が降ったり，あるいは落雪や除雪などにより一気にガラリ前に雪がたい積することも想定される．ガラリは積雪深度よりも上部に設置するのが大原則

図2·62 積雪深度を考慮したガラリの例．積雪で埋もれないよう，ガラリ下端は積雪深度よりも高い位置とする

図2·63 セルフードの位置．セルフードは落雪のおそれがない妻側に設置する．場合によっては屋根に雪止めの設置を検討する

〔4〕 換気セルフード
・セルフードは雪が吹き込みにくい深型フードまたは防風板付きとし，外壁面の汚れ防止のため水切り付きとする．また，落雪などの被害を受けないよう配慮する（図2·63）．
・接続ダクトは，内部に浸入した雨水・融雪水排水のため，水がたまらないよう外側に向かって下り勾配とする．
・給排気ダクトの外壁側には，MD（モータダンパ）またはCD（チャッキダンパ）を設置して機器停止時の外気流入を防止する．

2.6 施 工 計 画

建物をつくりあげるのに通常約40工程を要するといわれるが，冬季工事の場合，そのうちの20以上の工程が安全・品質に特別な配慮を要する対象となり，工期についての調整も必要になる．
工事をどう進めるかは施工者の検討事項であるが，監理者として助言や指導を行う必要がある．その観点から，冬季工事における主要な留意点を以下に述べる．

2.6.1 冬季養生

施工環境と品質・安全が冬季における工事運営のキーワードである．寒い時期の施工環境対策として，シートで覆う（熱を逃がさない），施工現場を暖める（採暖）といった現場仮設がその時々の状況に応じて必要になる（**図2・64～2・67**）．また，敷地内の除・排雪対策，養生時の積雪荷重対策，火災防止対策などにもあわせて配慮が必要である．

仮設工事，土工事，地業工事や外部での給排水，ガス，さく井などの設備工事では，土が凍って掘削しにくくなり，雪が降ると除雪などの作業が増えるなどから工期に影響が出るおそれがあるので，あらかじめ考慮に入れておく必要がある．

鉄筋工事・型枠工事・鉄骨工事などで，鉄筋，型枠，鉄骨などの上に雪が積もったり凍ったりした場合には，品質や作業の安全性に支障が生じないよう除去してから進めるようにしなければならない．

図2・64 上屋養生状況

図2・65 寒冷時のコンクリート打設状況（内部）

図2・66 寒冷時のコンクリートこて押さえ状況

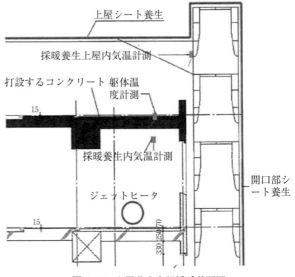

図2・67 上屋養生内部採暖計画図

2.6 施工計画

2.6.2 寒中コンクリート

コンクリート工事は，構造躯体という大事な部位をつくるものであり，また手戻りがきかない工程でもある．その意味では，できるだけ冬期間の施工を避けたいところだが，とくに民間工事などでは冬期間も施工する通年施工が多く行われている．それには事前の施工計画が大変重要となる．

北海道のコンクリート工事にあっては，1年の半分強（10月末～5月初）において温度補正を要する，いわゆる寒中コンクリートの適用期間である．寒中コンクリートの品質を守るためには低温，乾燥，急激な温度変化などを防ぐ施工上の配慮が必要となる．

寒冷時のコンクリート工事には多くの対策と気配りが必要になる．コンクリート打ちにあっては，まず事前に仮設足場上での作業の安全性を確認するとともに，躯体不良の原因となる雪や氷を打設箇所から除去しなければならず，こうした準備が温暖期に比べ余分に発生する．また，打設までの時間がコンクリート品質に直接影響する．寒冷地特有のツルツル路面や吹雪などによる道路事情の悪化によって生コンの現場到着が遅れることも考えられるので，気象や道路事情を随時把握したうえで，輸送経路について事前に迂回路を検討しておく，あるいは輸送車両や生コン工場と連絡を頻繁にとるといった対策を講じてコンクリートの品質を確保するようにしなければならない．

コンクリートの打設中あるいは打設直後に雪が降ってコンクリートに雪が混ざったりするとコンクリートの品質を低下させるのでシートによる養生を行う．また低温対策として練り混ぜ水に温水を使用するなど，急激な温度低下に対処する．コンクリート打設後3日間は初期凍害を受けないようにし，圧縮強度 $5\,\text{N/mm}^2$ が得られるまで採暖などの養生をする．低温による強度発現に遅れが出た場合には，その状況を把握し，計画的に温度補正，保温養生あるいは養生期間の延長を行う．そうした観察・記録には，コンクリートの温度を遠隔で確認できる温度計を利用すると便利である（**図2・68～2・70**）．

寒冷期のコンクリート打設に際し，養生のために施工現場を暖めるため，（相対）湿度がかなり低くなる．そのため，コンクリートの水分の蒸散が激しく，結果としてクラックが多発する傾向にある．

図2・68 寒冷時のコンクリート打設状況

図2・69 上屋養生内部の採暖状況

図2・70 外気温度の計測状況

養生中はコンクリートが乾燥しないように注意し，乾くおそれのある場合には散水などによって保湿に努める．外断熱工法の一環としてコンクリート打設時に断熱材を一緒に打ち込む工法があるが，養生時のコンクリートの保温と乾燥防止に有利となるので，冬季工事の関連で検討に値する．

2.7 維 持 管 理

2.7.1 結 露
積雪寒冷地では「夏の結露」よりも「冬の結露」がむしろ問題になる．その背景には，前述のように，暖房室の温度に対応した湿度条件とするには加湿が不可欠だという事情がある．また，住宅では植栽を室内多く持ち込んでいたり，換気扇を十分に利用していないなど，生活環境に左右される場合も多いので，取扱説明を十分にする必要がある．

以下に，その空間特性との関連で，部屋単位で結露に配慮すべき事項について述べる．

〔1〕 会議室・応接室

これらの部屋は間欠的に使われるのが一般的なため，非使用時に結露が生じる場合があり，換気を単独運転できるようにする．

〔2〕 浴 室・便 所

外部に面した水回りは一般室より熱損失が大きい．そのため冬季の夜間，休日，とくに正月休みに暖房が休止したときに備え，配管や排水トラップなどの凍結防止対策が必要となる．これには，単独設置の電気ヒータなどが一般的であり，平面計画の際にその設置場所を考慮する．

〔3〕 倉 庫・物 品 庫

これらの部屋は暖房設備がないのが一般的なため，外部に面して設けられる場合は外壁内面に結露が発生するおそれがあり，その予防には外壁断熱と換気を行う．

〔4〕 北 側 の 外 壁

北側外壁は，日射が当たらないうえに北風で冷やされるなどほかの方位に比べると条件が厳しいため，同じ断熱仕様を施しても，ここだけ結露が発生しやすい．住宅などでこの壁に沿って家具などを配置すると，壁際の空気の対流が阻害されさらに結露が発現しやすくなるので，空気の流れが起こるよう（3 cm 程度）壁から離して配置するなどの配慮が必要になるが，そうしたアドバイスを居住者に対して行うようにする．

〔5〕 押 入 れ

押入れは，使用後の布団などが湿気を持ち込むとともに空気の対流がないために結露を起こしやすいので，外壁に面しては設けないことが望ましい．やむをえない場合は，スノコ状の木製内壁（できれば床も）を設ける，押入れ扉の上下に換気口を設けるなどの配慮が必要である．

2.7.2 水 落 と し
凍結のおそれのある部分の配管は容易に水抜きができるようになっているが，長期に留守となる場合などは適宜判断して水落としをする必要がある．

第 2 章 参考文献

1）日本建築士事務所協会連合会/北海道建築構造行政資料集 1985 年版
2）北海道日建設計/北海道の建築積雪寒冷地の設計技術ノート〔2016〕（2,3 を除くすべての図版）

第3章
給排水衛生設備の凍結事例と対策

　人間が生活を継続するうえで，生活水の供給・生活排水の建物外への排出は欠かせない．21世紀に暮らすわれわれ日本人にとっては，全国津々浦々，必要なときに必要量の湯が1年中供給されることは当たり前の生活となっているが，それがいかに恵まれていることであるかと感じる人も少なくなっているように思える．このことは先人たちによって繰り返しなされた試行錯誤によって培われた技術の賜物である．

　とくに3～4カ月の長期にわたり継続的に厳しい風雪氷環境にさらされ続ける北の大地・北海道においては，ちょっとした油断が確実な給水・給湯供給・使用後のすみやかな排出を妨げる可能性が大きいため，特異な留意が欠かせない．

3.1　凍結防止の歴史と動向

3.1.1　水落とし
　北海道には室町時代のころから道南地域（松前，江差など）に居住区があったようだが，稲作に適さない地であったため，水産物を主体とした交易拠点として江戸時代までそれほど多くの人は暮らしていなかった．

　明治になり，屯田兵による開拓が道内各地に広がりをみせたが，一般の人々の住まいは本州の風通しのよい建築様式がそのまま持ち込まれたため，冬季の寒さはかなりの負担となっていたものと想像される．

　開拓は川の流域から始まり徐々に内陸に進むにつれ，生活水の確保のための井戸が掘られ，手押しポンプによりそれを汲み上げる生活が営まれた．冬季になると，使用しない夜間に汲み上げ管にたまった水をそのままにしておくと凍ってしまうため，毎晩，ポンプの底の逆止弁を指で開け，水を落とす必要があった．翌朝には再び水をはって水を汲むため，呼び水用の水を用意することも重要な手順の一つになっていた．当時の住まいは自然の冷蔵庫のようなものであり，早朝これを融かして，呼び水として使用していたものと思われる．

3.1.2　技術の進歩
　水道の歴史を紐解くと，横浜に次いで全国で二番目に北海道函館市において水道事業が始まった．1889（明治22）年のこととされる．これは，函館が陸繋島であり井戸に恵まれなかったことと，貿易港としての歴史が古く外国人が多く訪れる地であったことに起因すると思われる．このときが凍結との闘いの始まりであった．事業開始と時を同じくして「給水栓寒防の試験」の記録が残っており，防寒材料として馬糞，土，藁の比較が行われている．

　水抜き栓，不凍給水栓については，事業開始の15年後の1904（明治37）年に日露戦争で大連にいた旭川第七師団によって持ち帰ったとされるが，確証のある話ではない．

- 59 -

その5年後の1909（明治42）年，事業開始の20年後に「新田目式防寒共用栓」が特許を取得，1911（明治44）年，小樽市の水道事業において9種類の水抜き栓が同市の委員会の選定を受けている．これらのことから，1900年代初期から水抜き栓，不凍給水栓の歴史が始まったといえそうである．

第二次大戦からの復興を果たすまで大きな技術革新はなかったが，1967（昭和42）年にはワンタッチ式，1973（昭和48）年には電動遠隔操作式，その10年後の1983（昭和58）年には全自動水抜きシステムが開発された．

機械的な改良によって使い勝手の向上，コンパクト化が進み，21世紀を迎え電気・電子部品の目覚ましい発展により，全自動水抜きシステムは更なる性能向上を遂げている．

3.1.3 水抜き装置の分類

水抜き栓は，給水・止水・水抜き（排水）の機能を備えた特殊な三方弁で，凍結深度以下の地中に埋設する不凍栓と，埋設せずに建物内に設置するドレンバルブの2種類に大別される．不凍栓はさらに不凍水抜き栓，不凍水栓柱，不凍バルブに分類される．

〔1〕 不凍水抜き栓

不凍給水栓が外とう管と揚水管が兼用されているのに対して，不凍水抜き栓は各々分離された構造となっている．外とう管が別であることから，操作部のハンドルを床あるいは壁など任意に選ぶことが可能で，電動開閉装置を組み合わせることができ，現在の主流を占めている．給水配管ばかりではなく給湯配管用の接続を追加し，1台で水も湯も抜くことができるタイプも開発されている（**図3・1**）．

〔2〕 不凍水栓柱

不凍給水栓にきわめて似ているが，流出部に直接，カランなどの水栓器具が取り付けられており，揚水管内の水を凍結深度以下の地中に排水する構造となっている．主に屋外の散水用として使用される．柱が常時立っているのが不都合な場合は，流出部が伸縮し，使用しないときはボックス内に収納できるタイプもある（**図3・2，3・3**）．

〔3〕 不凍バルブ

構造上は不凍水抜き栓と似ているが，操作部とバルブ本体が外とう管を介さずに直接つながっている．水道メータの直近のボックス内に設置される（**図3・4**）．

〔4〕 ドレンバルブ

パイプシャフトや地下ピットに設置し，屋内の給水管や設備機器内の水をドレン方式で排水管に排

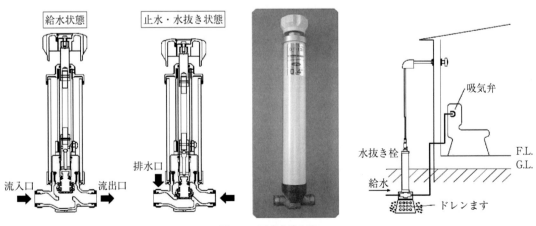

図3・1　不凍水抜き栓

3.1 凍結防止の歴史と動向

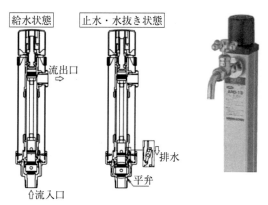

図 3・2　不凍水栓柱

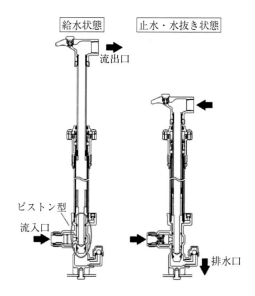

給水時
（使用時）

水抜き時
（収納時）

図 3・3　伸縮散水栓

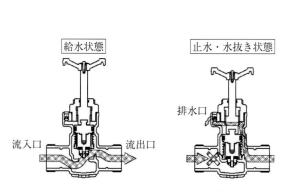

図 3・4　不凍バルブ

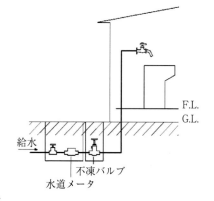

― 61 ―

第3章 給排水衛生設備の凍結事例と対策

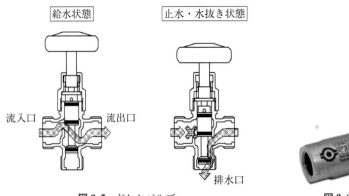

図3·5 ドレンバルブ　　　　図3·6 凍結防止弁

水する水抜き栓である（図3·5）．集合住宅では各戸ごと，学校などでは理科実験室，調理実習室などの部分的な水抜き管理が可能となる．不凍水抜き栓同様，給湯配管用もあり，操作部の設置場所を任意に選べ，電動開閉装置の組合せも可能である．

〔5〕 凍結防止弁

通常は温暖な地域でもまれに寒波が来襲する．その備えとして凍結防止弁（別名，低温作動弁）があり，配管に挿入して取り付ける（図3·6）．動作室内の水は配管中の水に比べていち早く確実に凍るように設計されており，動作室下部に設けられる排水口は排水弁（スプリング式）によって閉止状態が保たれている．周囲温度が低下すると動作室内の水が凍結し，その際の体積の膨張により発生する応力で排水弁を押し開ける．このとき，周囲の水が浸入し，動作室内の氷を融かすことにより復帰閉弁し止水される．氷点下で周囲温度が継続する地域での使用は排水が凍るため推奨できない（西日本向き）．

3.2 給水設備

3.2.1 概　要

給排水衛生設備の中で，最も凍結しやすい設備は給水設備である．理由は，使用を停止した状態で供給配管内に停滞する水が外部温度の影響を受け，その周囲温度が低温であればあるほど，凍結の可能性が増すためである．凍結しやすい箇所は，図3·7のとおりである．

北海道地方では，山間部や盆地だけなく，海岸部でも寒流の影響を受け，地域の平均日最低気温は厳冬期の1・2月では−10℃を，12・3月でも−5℃を下回る．

北海道地方では，受水槽や高置水槽の貯水設備を屋外に設置することを基本的に計画するべきではない．24 h，365日使用する集合住宅であっても，水の使用は昼夜が主体で，深夜帯の水の使用はほとんどないため，給水管内の水は停滞する．管内水温が10℃で周囲温度が−10℃のとき，5 h凍結を回避するために必要な保温厚さは口径が25 Aで51 mm，20 Aで71 mm，10 h回避なら114 mm，132 mmとの試算もある．よって，北海道地方では，貯水設備は屋内に設けることが前提となる．

建物の断熱性能は，ZEB（Zero Energy Building，以下ZEB）を目的とする政策効果もあり，かなりの速さで進んできている．一昔前までは，外壁に近い場所には配管を設けないこととされたが，ZEB化によって建屋内の凍結の危険性はかなり軽減されるようになった．

3.2 給水設備

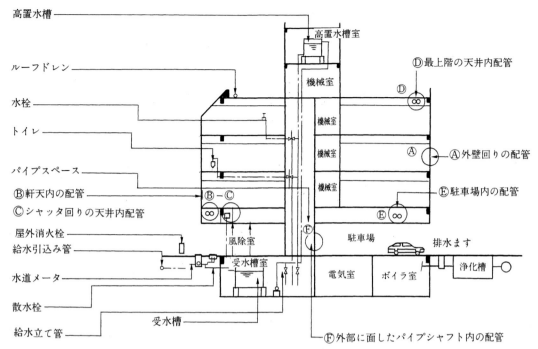

図3・7 事務所および商業ビルの凍結しやすい箇所と建物部位

3.2.2 屋内給水管

建物の高気密・高断熱化が進んでいるとはいえ，パイプシャフトは要注意箇所である．断熱構造，周囲の暖房状況にもよるが，冬季の長期休暇中に凍結する可能性がある．集合住宅では，量水器の収納を兼ねたパイプシャフト内の配管や量水器も凍結しやすい．

住宅用マンションやリゾートマンションの水抜きは，図3・8のようにパイプシャフトで行う．これは，北海道内で用いられる給水管や給湯管を図3・9のようなオーバヘッド（鳥居）配管にした場合に有効である．本州で一般的に施工に用いられるコンクリート躯体スラブ上の転がし配管に適応しても意味をなさない．

通路が回廊として計画され，屋外となっている場合は各段の注意が必要となる．パイプシャフト兼用の量水器ボックス内の給水管は凍結防止ヒータによる凍結防止対策がとられる．この場合，電源系統を住戸とは切り離し，住戸の電源ブレーカーを切っても作動できる系統（一般には共用系統）から供給されていることが重要となる．

一方，室内側の留意点もある．シャフトから分岐した配管は各戸の要所に配管されるが，集合住宅（とくに分譲タイプ）の配管は，所有権区分や保守対応性，騒音対策などの理由から横引き管が上下階にまたがって施工されることはなく，排水管はコンクリート躯体スラブ上の転がし配管で施工されることが多い．ほかの配管に比べ管径の大きい排水管があるために，納まり上，ほかの配管と交差しにくくなるため，北海道内では給水管や給湯管などはオーバヘッド配管で施工される．この場合，パイプシャフト内の水抜き用弁1箇所で，住戸内の水のすべてを水抜きしきれないことが多い．洗面器や流し台で多用される立て水栓や台付き水栓の下部が水抜きできない箇所になりやすい．この部分の凍結防止のために，最下部に水抜き用に横水栓を設ける．

単身赴任者や独身者用共同住宅では，帰宅時間が遅い傾向にあり，帰省の機会も多くなりがちなため長時間暖房が停止されやすい特徴がある．このような形態の集合住宅の場合，プランニングである

— 63 —

第3章　給排水衛生設備の凍結事例と対策

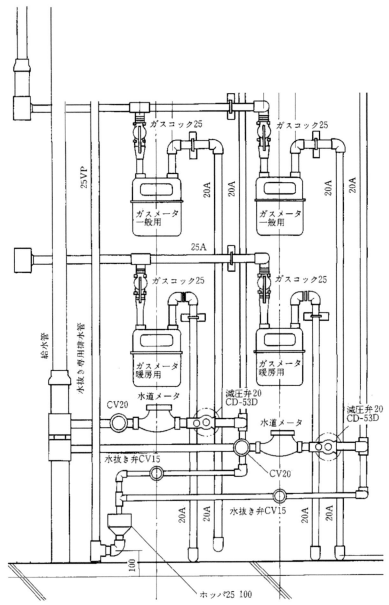

図3・8　集合住宅での水抜き用弁設置例[1]

程度水回りを集中させることが必要である．パイプシャフトと給水・給湯箇所を結ぶ配管を壁横引き配管とし，パイプシャフトで水抜きするように考慮した例も見られる（図3・10，3・11）．

給水管の凍結には，建築的な特徴もある．採光重視の室は室面積に対するガラス面の比率が高くなる．住戸の居室，学校教室などはその傾向が高い．ガラスの断熱性能は目覚ましく向上しており，とくに北ヨーロッパでは法的制約もあるため，サッシを含めて総合的に高断熱なガラス部材が普及している．

わが国は，伝統的な住まいづくりの思想，こだわりの違いや，コスト面での制約もあり，一般的に使われている窓部材は躯体の断熱性能に比べて1/5～1/3程度のものとなっているようである．よって，窓ガラスの多い建物は熱的性能の観点からは脆弱性が高いといわざるをえず，暖房を停止した場

- 64 -

3.2 給水設備

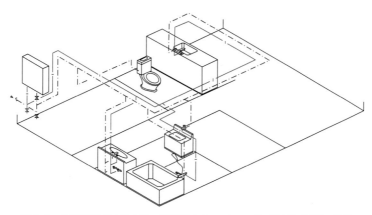

図 3・9 共同住宅での給水管・給湯管のオーバヘッド（鳥居）配管の例[2]

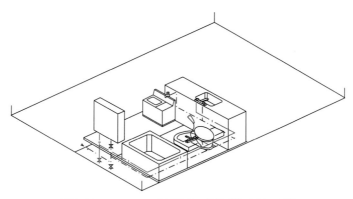

図 3・10 ワンルーム共同住宅の壁横引き配管の例[2]
（3 点セットユニットバス以外の例）

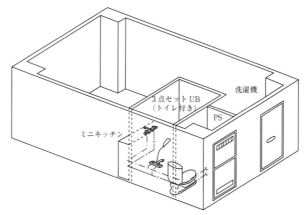

図 3・11 ワンルーム共同住宅の壁横引き配管の例[2]
（3 点セットユニットバスの場合の例）

合の室温の低下速度が速い．
　これら凍結事故につながる条件が潜在的に存在する中，新鮮空気の取入れ口である換気口も重要なポイントとなる．一昔前までの建物において外気は玄関ドア，窓サッシのすきまから分散して侵入し

— 65 —

第3章 給排水衛生設備の凍結事例と対策

ていたが，近年は建物が高気密化したために余分なすきまがほとんどなくなってしまった．そのため外気の侵入経路はあちらこちらのすきまから入ってくるのではなく特定の場所に限定される．

排気装置（レンジフード，天井扇など）が設置される台所，浴室エリアと換気口の間は侵入外気の通り道となる．換気口から侵入する外気は冬季においては温度が低いため比重が重く，室内に流入すると下降して床面を這って排気箇所まで到達する．その途中に温水機への接続配管がある場合に凍結するリスクが高い．その他大きな窓が器具近傍に設置される場合，その面積が大きければ大きいほど，窓からの冷ふく射効果並びにコールドドラフトが凍結事故要因となるリスクが増すことになる．

凍結防止対策の基本は，「使用しない場合は，管内にたまった水を抜く」ことで，その場合は水栓を開放後，不凍水抜き栓を作動させてそれをできるだけ排水することである．必要箇所に水抜き栓を設置して，水が抜けきらない箇所をつくらないことを考慮すべきである．

オーバヘッド配管とした場合，適切な位置に吸気弁や水抜き用水栓を設けないと，水が抜けにくい．図3・12のような配管では，斜線部分に水が残る．札幌市水道局で，水栓を開放した状態（流水状態）で，水抜き栓を閉栓した場合で試験したところ，図3・13の斜線部分に残水した．図3・14のように水抜き用の補助水栓を設けることが重要である．

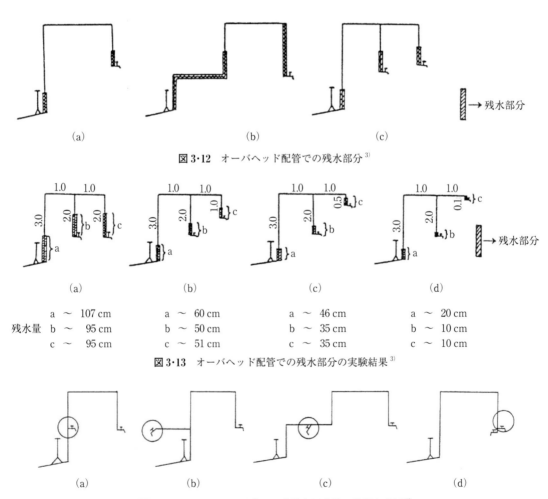

図3・12　オーバヘッド配管での残水部分[3]

図3・13　オーバヘッド配管での残水部分の実験結果[3]

図3・14　オーバヘッド配管での水抜き用水栓の設置参考図[3]

3.2 給水設備

給水管の配管計画に配慮することも基本的な凍結対策の一つである．断熱ラインの外側に配管を通すと凍結事故が起こりやすい．このような場所は，ピロティや荷捌き室，駐車場とその通路，風除室などの天井部分が挙げられる．

ピロティや荷捌き室などは上階のスラブの下に断熱材を入れるため，それらの天井内は，断熱ラインの屋外側になり温度的には外気と同等になり凍結に対して要注意箇所になる．

ポンプ室，ごみ庫なども断熱ラインの外側になることが多く要注意箇所となる．機械発熱が期待されない場合は，電気や温水の暖房器の設置を考慮する．このときの設置容量決定は，室温が0℃以下にならないように選定すればよいが，温められた空気は軽くなり上下の垂直温度分布に差が生じる．機械室は天井がなく，階高が高いので，5℃を目安とすることが多い．

極寒冷地での事例はないが，準寒冷地では照明電球の発熱に期待することもある．LED照明化が進んでおり，照明効率のよいLED照明の発熱に凍結防止を期待することは推奨できない．ZEBに取り組む東京に建設された建物の報告で，照明をLED化したことにより年間の照明費用は大幅に削減されたが，冬季の暖房費用は増加したという報告もある．

3.2.3 屋外給水管

冬季外気温度が昼夜連続して長期間0℃以下であることが継続する地域では屋外給水管を露出して配管することを極力避ける．凍結深度以下の深さに埋設して横引き，接続器具の近傍に立ち上げ，立上がり部分の管内水は，使用後にすみやかに抜く必要があり不凍給水栓や不凍水抜き栓などを設置する（図3・15）．

流水状態であれば凍結リスクは低減するが，24時間稼働の製造作業ラインなどの例外は別として，大方の建物の夜間の使用水量は減少し，管内水が停滞する時間帯が発生する．

保温されていても周囲への放熱はされており，管内水が停滞した場合は熱的供給が遮断され，管内水温度は周囲温度に近づく．管が細ければ細いほど保有水量が少ないため凍結にいたるまでの時間が短い．

風速の上昇は熱伝達率の上昇を招き，周囲への放熱量を増大させ凍結を加速させる．

雪のたい積は初冬には融解して消滅していても残水が夜間に氷結し，その繰り返しが少しずつその範囲を拡大させる．駆動部分などを覆えば，その機能を果たすことができなくなる．テープヒータを稼働する部分に直接巻くことも難しい．暴風雪にさらされているうちに損傷する可能性も高い．

厳冬期であっても，北海道地方で平均日最低気温が−5℃を下回らないような地域であれば，受水槽を屋外に設置している事例があり，凍結事故は多発していない．

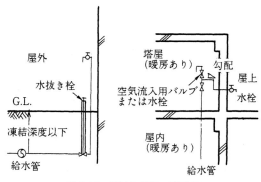

図3・15 屋外と塔屋の配管例

第3章　給排水衛生設備の凍結事例と対策

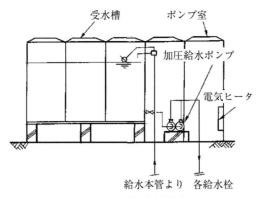

図3・16　屋外設置受水槽

　ポンプ室を受水槽と一体として設け，槽〜給水ポンプ間の配管は，ポンプ室内に納める．ポンプからの配管は屋外露出とせずに凍結深度レベル以下の土中埋設によって建物まで横引きするのがよい（**図3・16**）．

　札幌市水道局の「給水装置工事設計施工指針」での小口径量水器（口径13〜25 A）の収まりは**図3・17**で，中ぶたを量水器きょうの中間部に取り付ける大口径のものは**図3・18**である．寒さの厳しい地域や積雪地では，量水器の設置深さを大きくとる．検針がしにくいことや，積雪により検針できないため隔測指示式量水器（**図3・19**）とすることが多い．札幌市水道局では，検診員の持つハンディターミナルで指示値を読み取る無線式（**図3・20**）を導入しつつある．

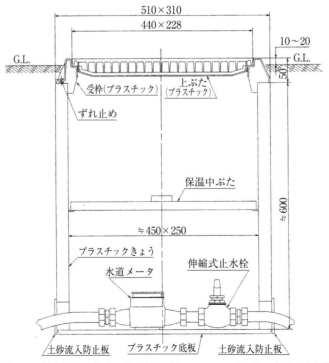

図3・17　量水器きょう（Ⅳ型（改）口径13〜25 A　平成15年度から）[3]

3.2 給水設備

メータ口径	L寸法	備考
40 A	1 000 mm	
50 A	1 400 mm	
75 A	2 400 mm	継輪を含む
100 A 以上	設 計	継輪を含む

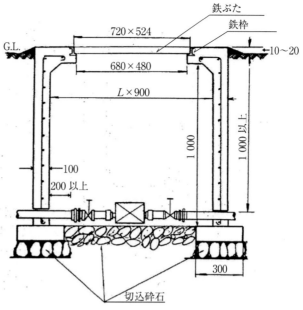

図 3・18 量水器きょう（口径 40 A 以上）[3]

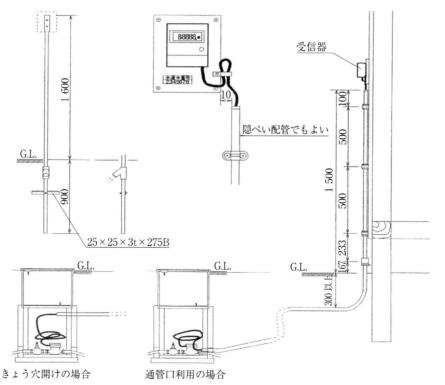

図 3・19 遠隔指示式量水器の設置例[3]

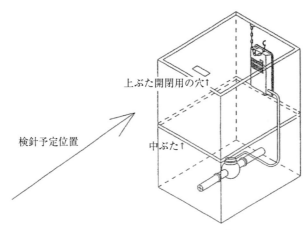

図 3・20　無線式量水器の設置例[3]

3.2.4 貯　水　槽

北海道地方では，受水槽や高置水槽を建物内に設置して，屋外露出給水管を避けることがほとんどである．

貯水槽やその周辺の配管の凍結防止対策では，気温を基準に考慮しがちではあるが，暴風や暴雪による影響は予想以上に大きい．受水槽への給水管や溢水管（オーバフロー管）もポンプ室に配管すべきだが，有効水位の確保，清掃対応，槽内流路などを考慮すると外部露出配管とならざるをえない．

高置水槽方式は加圧給水ポンプの普及により，揚程上の制約のある場合を除いて，BCP 対応の建物でも採用されることが少ない．また，過去の実績からしても，寒冷地で高置水槽方式を採用している建物の屋上に露出して設置している例は見当たらない．高置水槽を設置する場所が，暖気が見込めない場合は，パネルヒータ（電気，または温水式）を設置して，室温が零下になるのを防ぐ．

本州の民間建築物は山間地に建つ場合や重要性の高い施設を除き，貯水槽を屋外に設置することが多い．このため，貯水槽やその周辺が，外気に直接暴露するため，貯水槽水面や水の動きが少ない揚水管等が凍結することが多い．

貯水槽水面の凍結のメカニズムは，溢水管から冷やされた外気が貯水槽に侵入して，通気口から抜けて貯水槽の気層部が冷却されるもので，図 3・21 のとおりである．

この要因による水面凍結を防ぐために，溢水管にエアハンドリングユニット型空調機のドレン管に取り付けるためのドレントラップ（逆流防止機能付き排水金具）が有効である．図 3・22 は，岩手県内の厳寒地の給食センターに設置した事例である．年末年始の長期休暇があっても，凍結した報告はない．

溢水管に S 字型や P 字型，U 字型のトラップを設けて凍結防止を図っている事例が見受けられるが，次のことから避けるべきである．

・トラップの封水が凍結して，溢水した場合，溢水管の機能を果たせない．
・トラップ部の凍結防止のためにヒータ加温をすると封水が蒸発しやすく，封水が切れる．
・トラップに封水を充てんする手間がかかる．排水トラップに用いられる自動補給水装置もあるが，凍結しやすい箇所になる．
・封水は浄水ではなく，汚水ととらえるのが妥当である．溢水管には吐水口空間を設けなければならず，これに違反する．

3.3 給湯設備

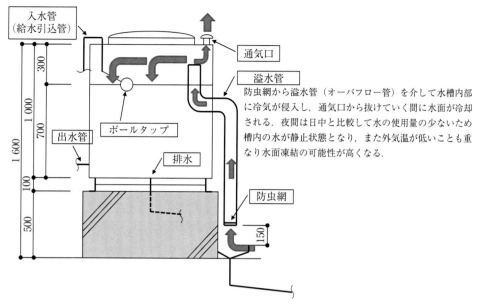

図 3·21 貯水槽気層部の自然通風（換気）による水面凍結のメカニズム[7]

図 3·22 溢水管にドレントラップを設置した例

3.3 給湯設備

3.3.1 概要

　湯は温められているので凍る心配がないように認識されていることもあるが，給湯配管の周囲温度や機器の運用方法によって多少の差異はあるものの給水設備同様，凍結防止対策が必要となる．

　熱源を使用箇所ごとに分散して設置する局所給湯方式のほか，熱源と貯湯槽を1箇所にまとめて設置して建物の各所に供給する中央式給湯方式がある．使用湯量の変動が大きい場合は，給湯温度を安定させることができ，供給量に応じられやすい貯湯槽を備えた中央式給湯方式が採用されることが多い．

　近年は，コンパクトな湯沸器も多様な機種が開発され，局所給湯方式の採用範囲に拡大傾向がみられる．北海道地方では，集合住宅用では給湯機能のほか，暖房機能も備える機種の採用がほとんどとなっている．

3.3.2　屋内給湯配管・機器
〔1〕　局所給湯方式

　給湯配管の凍結防止対策は，給水配管と同様である．北海道地方では，給湯器は屋内設置型の採用を基本とする．屋内設置型を採用しても瞬間式給湯器で冬季に長期間使用せず，その間室内暖房を停止する場合は，本体の水抜きが必要となる．

　貯湯式給湯器の場合は本体のサーモスタットにより随時加熱して凍結防止をはかることが可能であるが，電源を落とす場合は水抜きを行う．

　FF式（強制給排気式）やFE式（強制排気式）の器具を使用する場合は，給排気トップが積雪，落雪によって埋もれない高さが確保されているか，落雪や氷柱による破損の可能性はないかの確認が必要となる．

〔2〕　中央式給湯方式

　北海道では，給湯器（熱源機），貯湯槽，膨張水槽などの給湯機器は屋内の機械室に設置するが，機械室換気の給気設備に起因する事故が発生している．給気系の吹出し口近傍に設置される機器または配管が留意する対象となる．とくに，空気抜き弁やゲージ類の短管部分などに厳冬期の空気が直接当たる場合は，すぐに凍結する．

　再生可能エネルギーとして普及が目覚ましい太陽熱給湯方式は，集熱パネルと貯湯槽の間の配管に不凍液を入れて循環させる間接集熱方式とする（**図3・23**）．真空式集熱パネルの場合，水温が高くなり不凍液の性能劣化が激しいので，濃度管理をきちんと行う必要がある．

　寒冷地では，開放式膨張水槽を用いてはならない．24時間稼働している宿泊施設や医療施設などでは，膨張管内に流れが生じないことが多く凍結しやすいためである．膨張水槽は，密閉式として，**図3・24**のとおり給水側から分岐する．密閉式膨張水槽の封入圧力を確認するために，切替え弁を二つ設置する必要があるが，管内の水が動かないので凍結防止に留意する．

　給湯管の枝管は，捨て水の量を少なくして，湯が出るまでの待ち時間を短くするために，最上階を除いて給水管より管径を細くする[12]．管径が細いと凍結しやすいために，外壁に近い箇所を配管する枝管は，支持金物のとり方，断熱の材質と厚さに注意する．

　冬季の流入経路を夏季と切り替えて発熱のあるところを経由する，換気量を極力抑えるなどの配慮をすることが望ましい．熱源機本体には凍結防止機能が具備されているので電源を落とさない限り凍

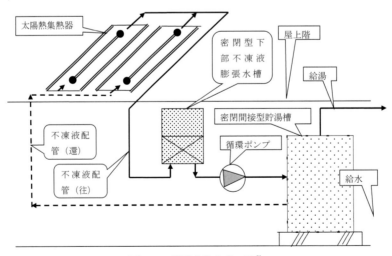

図3・23　間接集熱方式の例[9]

3.3 給湯設備

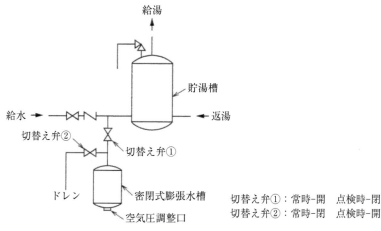

図3・24 密閉式膨張水槽の配管[11]

結の心配はないが，長期間運転を停止する場合は水抜きを行う必要がある．

3.3.3 屋外給湯配管・機器

　北海道地方でも，集合住宅などでベランダに給湯暖房熱源機を設置している事例がある．また，エコキュートの採用も増えている．いずれも機器本体では凍結防止対策はとられているので，電源を落とさない限り凍結事故の可能性は低くなっている．しかし，機器周辺には接続配管が屋外露出状態として存在しており，停電時に対処の不備があれば凍結事故が発生する．外部露出配管部のヒータ巻(この電源系統は単独で通電可能なこと）として，機器本体並びに周囲配管の水抜きが完全にできる配管方法が必要となる．

　中央式給湯方式では，貯湯槽から供給先の間は湯が常時循環しているので，凍結の可能性は低い．しかし，返湯管での流量は偏ることが多く，図3・25や図3・26のように返湯管に定流量弁を設ける．また，リバースリターン配管を行うことも考えられるが，給湯管は，冷温水管と摩擦抵抗が異なるために意味がなく，無駄に配管長が長くなり，放熱量が増えるだけなので採用していない場合が多い．とくに，ピロティなどの条件の悪い部分に返湯管を配管すると，管径が細いことから凍結事故が発生しやすい．

　中央式給湯方式の配管を上向き供給方式にすれば，ピロティ部の配管は，太い管径の給湯管（往管）となり，凍結しにくくなるが，途中で管内に気泡が発生して循環できないトラブルが発生する原因に

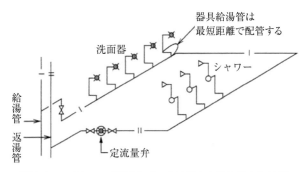

図3・25　一管ループ配管方式に定流量弁を取り付けた例[11]

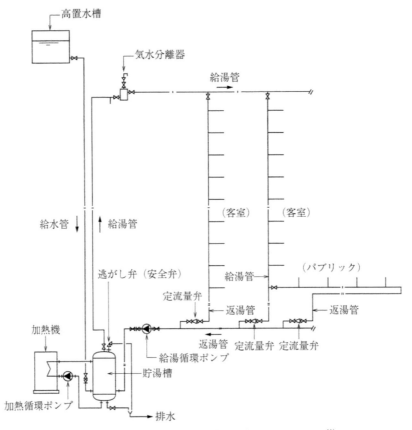

図3・26 下向き供給配管方式に定流量弁を取り付けた例[11]

なるので避ける．図3・27のような下向き供給方式として，頂部に流量変動に左右されない気水分離器（図3・28）を取り付ける．これにより，円滑な給湯循環ができ凍結防止につながる．

本州では，ビジネスホテルチェーンの建物を中心に，屋外や屋上に給湯器（熱源機），貯湯槽，密閉式膨張水槽などを設置することが多い．密閉式膨張水槽と接続する配管内の水は，流動しないことが多いので，屋内に設置するか，凍結防止ヒータで加温する．

密閉式貯湯槽は，鋼製やステンレス製を用いることが多く，槽の外部を断熱材とラッキングカバーで保護している．しかし，断熱材が圧縮されたり，雨や雪などでぬれたりして断熱性能が極端に落ちる．FRP製貯湯槽の外側に断熱材とFRP製の保護層を設けた製品があり，断熱性や耐候性に優れている（図3・29）．屋外や屋上に設置する密閉式貯湯槽は，寒冷地に限らずFRP一体型を採用する．

密閉式貯湯槽は，つり上げ用フックやマンホール，銘板などが冷橋になり，放熱しやすいことが実験でわかっている．貯湯槽設置後に，発泡系の断熱材で，熱的脆弱箇所を保護する．

屋外や屋上，屋内でも温度低下を招きやすい箇所では，不要なバイパス回路やブロー管などを極力避ける．

給湯設備の凍結防止対策は，給湯回路内の湯温の低下を防止することから，レジオネラ症対策にもつながり，衛生管理上も望ましい．

3.3 給湯設備

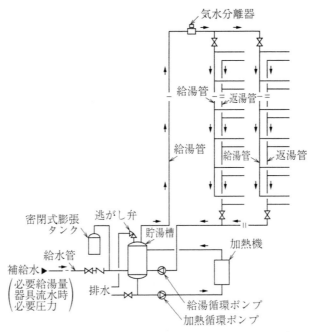

図3・27 下向き供給方式の例(加熱装置が下階の場合)[11]

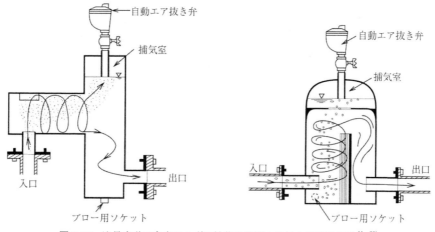

図3・28 流量変動に左右されずに性能を発揮する気水分離器の例[11, 28]

3.3.4 エコキュート
〔1〕凍結対策の概要

エコキュートはCO_2を冷媒としたヒートポンプ式電気給湯機として知られており,家庭用から業務用までラインナップされている.機器は主にコンプレッサと水-冷媒熱交換器などを搭載した室外機ユニットと,密閉式貯湯槽および循環ポンプを搭載したタンクユニットの二つで構成される(図3・30).

この構成は,家庭用エコキュートと業務用エコキュートではおおむね変わらないものの,業務用エコキュートの中でも小容量タイプの製品の一部では家庭用機器の並列連結タイプのものがあることから,家庭用・業務用それぞれについて解説する.家庭用と業務用の機器の主な特徴を,表3・1に示す.

第3章　給排水衛生設備の凍結事例と対策

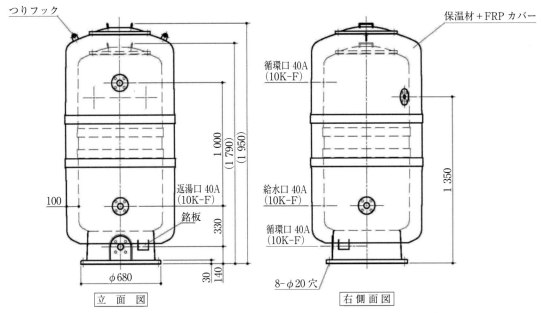

図3・29　FRP保護層により断熱性能を維持できる密閉式貯湯槽の例[18, 19]

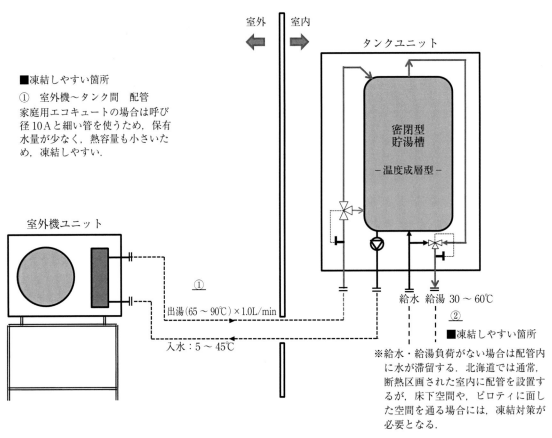

図3・30　エコキュートの構成

3.3 給 湯 設 備

表 3・1　家庭用と業務用エコキュートの特徴

	家庭用	業務用
循 環 ポ ン プ	循環ポンプはタンクユニットに内蔵	循環ポンプは室外機に内蔵
タンクユニット	密閉式貯湯槽（370，460 L） 貯湯槽の断熱は一体成型品	開放式か密閉式が選択可能 1 〜 12 t までラインナップ

CO_2 冷媒のヒートポンプサイクルの特徴は，「大温度差加温」と「高温出湯（90℃）」である．運転に関する基本コンセプトは，電力負荷平準化の観点から安い料金が適用される夜間時間帯（おおむね 22 時〜朝 8 時の 10 h）を使って日中に使う量を沸かして貯湯していくものである．

家庭用のエコキュートは，夜間の沸き上げ運転時は約 1 L/min 程度と小流量の水を貯湯槽から循環ポンプで室外機へ送水して，65 〜 90℃程度にまで加温してタンクへと貯湯する一過式である．室外機とタンクのユニット間循環系配管は，おおむね 10 A の細い管径，風呂湯張りや給湯配管など流量が求められる接続配管管径は 20 A が一般的である．

業務用のエコキュートは，開放式貯湯槽を採用した場合に貯湯槽内の温度が均一化することを踏まえ，給水管が室外機にも直接給水できるような三方弁回路とする施工が指示される．しかし，基本的な回路構成は家庭用と同一である．流量が少ない配管は細い管径で保有水量も少なく，熱容量が小さいことから凍結にいたりやすい．このため，十分な断熱が必要である．

家庭用エコキュートで凍結リスクは，次の 3 点である．

・室外機ユニット内の水配管
・室外機ユニットとタンクユニット間の配管
・タンクユニット内外の配管

業務用エコキュートで凍結した事例を据付施工時と竣工時に分けて，**表 3・2** と **表 3・3** に記載する．

〔2〕 個別の凍結・雪対策

〔a〕 屋外配管凍結対策（現場施工部）

屋外に暴露される配管は，メーカー指定の保温施工を行う．配管径に応じて異なるが，原則は給湯管のほうが厚めの施工が指示される（**表 3・4** 参照）．また，省エネルギー法で I 地域に指定され

表 3・2　業務用エコキュート据付け施工時の凍結

事　象	試運転調整中に室外機の水-冷媒熱交換器の出入口付近で凍結
原　因	配管の保温をする前に貯湯槽および配管内に水を注水してしまい，機器の試運転（加熱運転）まで時間を要したことから，滞留水が凍結したもの
対　策	試運転の準備がすべて整った段階で水を注水すること

表 3・3　業務用エコキュート竣工後の凍結

事　象	室外機-貯湯槽間の配管凍結
原　因	室外機-貯湯槽間の配管は外気に暴露された環境となるため，保温筒の施工が必須である．断熱保温だけでは凍結対策とならないことから，低温の水が滞留し凍結することを防ぐため，低外気温時は循環ポンプが定期的に動作し，流動による凍結対策が行われるものの，外気温が低すぎたため，断熱欠損部から凍結し，ポンプが停止にいたったもの
対　策	圧力計，温度計，およびフランジ，弁類なども全体を覆うように断熱施工すること（**図 3・31**）

第3章　給排水衛生設備の凍結事例と対策

表3·4　給水給湯配管の保温厚さの目安

呼び径	給　水	給　湯
15 A 未満	20 mm	20 mm
20 A	30 mm	30 mm
25 A		30 mm
32 A		40 mm
40 A, 50 A	40 mm	50 mm

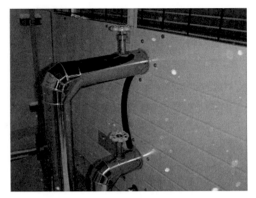

図3·31　バルブの保温が不足している例

るような厳寒地では、凍結防止ヒータを巻きつけた上から保温筒を巻き、凍結防止ヒータは、サーモスタット付きを採用し、省エネルギー化にも配慮する．

顕著な施工不良事例としては、貯湯槽（タンクユニット）→室外機ユニットの2配管（入水管・出湯管）を断熱しないまま束にしたうえで断熱していた例がある．

また、屋外配管に取り付けるブルドン管圧力計も首まで断熱する．図3·32は内部凍結のため、圧力指示値が振り切れてしまっている事例である．

〔b〕　室外機ユニットの対策

除霜運転時のドレン水の氷結を防止するためベースに電気マットを設置することも考慮する．

小型の業務用エコキュートの室外機ユニットを複数台設置する場合、室外機を上下に重ねて設置するとドレン水の凍結による結氷で下部設置の室外機に不具合が生じる場合があるので、注意が必要となる（図3·33）．

多雪地域では、降雪量、風向などの気象条件、建物の配置や屋根の形状を考慮し、積雪・着雪・落雪による雪害対策を講じる．室外機ユニットに防雪フードを取り付け、吹出し側フードにてファンを雪から守り、吸込み側フードにて雪の吹込みを防止する．吹出しフードの開口方向は冬季の季節風に対し反対側（下流側）とする．架台・基礎の高さは地域の積雪深度以上を確保する（図3·34）．

設置基礎底の深さは、凍結深度以上とし、基礎の凍上を防止する（図3·35）．

図3·32　内部凍結したブルドン管圧力計

図3·33　ドレン水結氷対策[25]

- 78 -

3.3 給湯設備

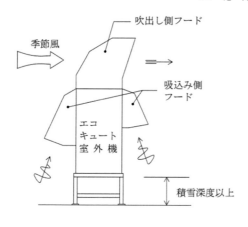

図 3・34 防雪フードの設置例[25]

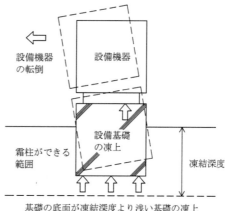

図 3・35 設備機器基礎の凍上[23]

[c] 停電時の凍結対策

　家庭用エコキュートは，凍結防止ヒータによる配管や熱源装置の保護と給湯装置による自動的な凍結防止運転（流水による浴槽配管の凍結保護など）が充実しており，電源が供給される限り安全である．使用者による日常の水抜きなどの対策も不要なケースが多い．

　一方で，エネルギーに頼らない凍結対策を施すには，何らかの対策を装置に組み込むような対応が必要となる．厳冬期にエネルギー供給が途絶えた場合の対策として，屋外機ユニットから貯湯槽への戻り配管に専用の電動弁を設け，停電信号で開弁して流水にて熱交換器内の凍結を防止して，復電時に閉弁して復旧する装置[23]（図 3・36）も提案されているが，あまり普及していない．

　こうした非常時への備えは，凍結に限らず災害時の水の確保やその後の復旧のための総合的な安全装置として，研究開発の余地があるように考えられる．

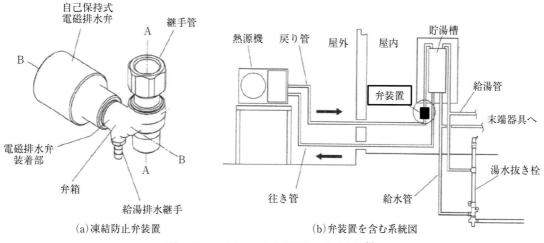

(a) 凍結防止弁装置　　(b) 弁装置を含む系統図

図 3・36 エコキュート用凍結防止システム[24]

3.4 排水・通気設備

3.4.1 概　要
排水管は勾配を付けて施工される．これによって各所の排水は自然に下流側に移動し，建物外さらに敷地外に送り出される．しかしながら，臭気防止や油脂・特殊な固形物などの捕集を目的とする各種トラップ装置，下水道本管に直接接続できない場合に設置する排水槽などには常時排水が滞留しており，周囲環境によって凍結防止対策は欠かせない．

3.4.2 屋内排水通気管
寒冷地の山間部では冬季に道路が封鎖されるエリアが少なからず存在する．このようなエリアにある施設はその期間，閉鎖せざるをえない．

北海道のゴルフ場は11月から翌3月まではクローズとなるところが多く，クラブハウスも管理部門などに限定して使用されているところもあるようだが閉鎖されるところが多い．

リゾート施設では営業内容によって異なるが，冬季向けのエリアに限定して使用される．凍結防止の観点からは，閉館時においても暖房設備の設定温度を低くして運転するのが望ましいが，多くの場合は暖房を停止するので，建物内でも室温は0℃以下となる．

このような場合には衛生排水器具のトラップ部分に不凍液を注入する必要がある．不凍液は環境汚染物質であるので，使用再開時には残らず回収し，適正な処分が必要となる．冬季使用しない施設でもトラップ封水をすべて汲み上げて越冬することは厳禁である．

ちゅう（厨）房排水で設置されるグリーストラップについては使用終了時の清掃は衛生上欠かせないが，不凍液の注入までは行われていない．これはほとんどがステンレス製で強固な製品であり，上部が大きく開放されているので，凍結しても膨張圧力が逃げやすい構造であることによる．ただし，屋外設置は避けるべきである．定期的に清掃を行うことは不可能となる．

見落としがちな凍害例は通気設備にある．通気口から出る湯気が外壁面に悪さをする．近年は外壁貫通不要の通気弁の採用事例が多いが，在来工法では北面に通気口を設けた場合に温排水の湯気が上がり，それが通気口付近で冷やされ氷柱が発生する．経年劣化により外装材の耐水性能が落ちてくると吸湿された水分が凍結し，外壁面が膨れたり割れたりする．通気口は極力北側を避けて設置することが望ましい．通気弁設置の際は，屋内でも凍結しにくい場所に設置する．もしくは，保温の必要性を検討することが必要である．

3.4.3 屋外排水配管
屋外排水は当該自治体が認可する指定業者が行う．自治体では下水道法に基づき定めた条例が作成されており，そのエリアに適した要件（埋設深度など）を満たす施工が前提となる．屋外排水は生活排水と雨水排水に分けられる．下水道が合流方式では敷地内のどこかで両者を合流させることになるが，生活排水系の途中に接続することはせず，最終ますで行う．これは凍結の観点ばかりでなく，昨今頻発するゲリラ豪雨対策としても有効である．ますは地熱の影響を受ける．とくに鉄ぶた部分は雪が融け，周囲との段差が生じる．転倒などの事故の原因にならないように鉄ぶたますは玄関などの出入口は避ける．

ガソリンスタンドには敷地外への油脂の漏えいを防止するためにガソリントラップが設置される．自動洗車機がある場合は相応の容量が必要となるが，周囲部分，とくに上面については埋設深度を確保し盛土などにより断熱の強化をはかる．

3.5 雨水設備

3.5.1 概要

寒冷地における冬季の屋上は氷の世界と化す．初冬においては降雪の一部が融け朝方の冷え込みによって凍結する．その繰り返しにより，たい積した雪は寒さが本格化するころには堅固な氷塊に成長する．成長した氷塊は落下すれば事故につながる．寒冷地の住宅にはといは不向きで，設置しても氷結により破壊されるので設置しないことが多い．

屋上の塔屋や出入口の屋根の集水を下階屋上レベルの敷石上に放流すると雨水管端部と敷石の空間を相応に確保しても，厳冬期のころには管端部と敷石の間は氷でつながってしまう．

屋外の敷地集水を行う道路側溝や集水ますは冬期間降雪があるとグレーチングぶたから雪が浸入する．側溝内は浅く時間を経ずして雪で埋まり，間もなく氷塊で埋まる．集水ますではグレーチングぶたからは管路に寒風が吹き込み，建屋の屋上のルーフドレン金物の間は雨水立て管を介して寒風が行き交う状況となる．

3.5.2 屋内雨水配管

暖房エリア上部に設置されるルーフドレン金物については大きな問題は発生していない．非暖房エリア（倉庫，工場，塔屋部分など）においては，凍結防止ヒータ，投込み型ヒータを設置する．配管に凍結防止ヒータを巻き付ける場合はその外側をさらに保温材で仕上げるが，断線などの不具合が生じた際には余分な手間がかかるため投込み型とすることが多い（**図3・37**）．

ルーフドレン金物本体はもちろん，横引き部分では侵入たい積する砂じんが核となり氷塊が成長する可能性や勾配が不足気味な場合も考慮して管路全体を，さらに，外部管路から冷気が吹き込むことを考慮して第一ますまで敷設範囲とする．

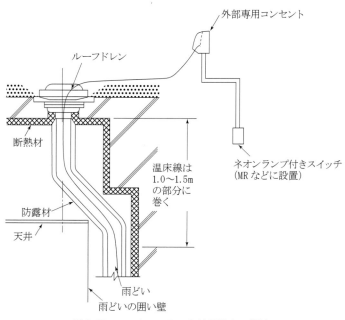

図3・37 ヒータコンセント外部設定の事例

電源コンセントは屋内に設置しやすい．ルーフドレン金物の近傍に専用コンセントを設け，Y管などの継手から管路に挿入後，ルーフドレン金物までいったん立ち上げてから再び立ち下げて，第一ますまで施工する．この方法は金物本体並びに管路の有効開口面積を損ねてしまうので許容流量を減らす欠点がある．また，最悪の（ヒータの断線や取扱不備などで通電が遮断された）場合，管路の凍結閉塞に気付かないまま雪融けを迎え，その水が管内に徐々にたまり水位が上昇した結果，止水方法が軟弱なヒータ挿入口から溢れるという事故が多く発生している．屋根面積が広い建物では外部コンセントの設置場所の選定も容易ではないが，ルーフドレン金物から挿入する方法が望ましい．雨水受けますを設け，ます内雨水立て管管末よりルーフドレンに凍結防止ヒータを挿入する方法もあるが経年劣化による漏電に注意をする必要がある．

凍結防止ヒータの消費電力は1mあたり20～25W程度であるが，冬季以外の通電は不要である．専用コンセントとし，ネオランプ付きスイッチにて通電を確認できるようにする．凍結防止ヒータの付属サーモスタットの多くが外気温5℃程度（実測すると8℃の製品もある）で通電停止になるため冬季の電力デマンドの隠れた一つになる．付属サーモスタットに頼らない制御の検討も必要である．

集合住宅のバルコニー排水管については排水量も少ないことから凍結防止ヒータを考慮せずに管の下端を30cm程度あける．管材は鋼管とし，端末はソケットにて保護を行う．保温は行わない．氷が成長することはあるが，床面に黒または茶褐色の塗装を行えば，太陽熱によって自然融解が期待できる（図3・38，3・39）．

3.5.3 屋外雨水配管

冬季の雨水排水系は寒風の風洞と化している．よって，**3.4.3項**の記述のとおり，生活排水系の中継ますにはしない．

ロードヒーティングを行っている場合，融雪水が排水路の途中で氷結すると問題が発生する．排水溝・排水ますの周辺もヒーティングを敷設する必要がある．

リスク管理上重要な排水経路は放流先の深さが可能な限り凍結深度以下になるように埋設する．

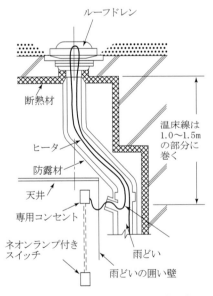

図3・38 ヒータコンセント内部設定の事例

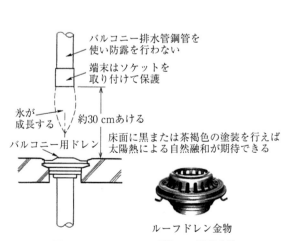

図3・39 バルコニーの縦どいの設置方法

3.6 衛生器具設備

3.6.1 概　要
寒冷地用と称されても衛生器具の種類，方式により詳細は異なる．現在では高気密・高断熱化が進み，あまり意識されていない方も多いと思われるが，その特長を理解し凍結事故を極力防止することが肝要である．

3.6.2 各器具の寒冷地仕様の種類
〔1〕 大　便　器
〔a〕 トラップ分離型便器

　常時水が滞留するトラップを設けないタイプ．トラップは凍結のおそれがない場所に設置する．トラップまでの道中が長ければ長いほど臭気対策が難しい．

　（注）　現在，対応している製品は LIXIL のみ．

〔b〕 ヒータ付き便器

　トラップ部分にヒータを設置するタイプ．

〔c〕 流動方式便器

　常に流水するタイプ．

〔2〕 小　便　器
〔a〕 ヒータ付き便器

　大便器と同様．

〔b〕 流動方式便器

　大便器と同様．

〔c〕 無水トイレ

　便器下部に比重の軽い特殊液の入ったカートリッジが入っており，この特殊液が尿のふたとなり，排水部のアンモニア臭をやや減らす仕組み．

〔3〕 水　栓　類
〔a〕 給水栓

　通常のこま式水栓ではハンドルを開放してもこまの位置が変化しない．水抜き栓を動作させても吸気が行われず，内部に水が残る．固定こま式の水栓はハンドルの開放に合わせて，こまが上昇して吸気される．つりこま式も寒冷地仕様となる．

〔b〕 混合水栓類

　止水ハンドルや温度調節ハンドルを操作することで吸気は行えるものが多く，水抜き栓を動作させれば配管内の水は落水させることができる．ただし，本体の水は構造的に抜けきらない製品が多く，水が残る部分に水抜き用のつまみが設けられている．

3.7 浄化槽・水処理（除害）設備

3.7.1 概　要
　20 世紀には，都市部でも設置されることが多かった浄化槽も 21 世紀に入って 20 年にもなろうとする現在，下水道インフラの整備がかなり進み，その設置例は限られているが，人口密度が低い農村部においては浄化槽が設置されている．また，リゾートホテル，ゴルフ場，郊外に建設される工業団

地群などにも設置される．

　浄化槽・水処理施設は広域な施設であればあるほど，下水管の埋設深度が深くなる．本体の土被りを 300 mm 以上確保できれば本体の凍結はほとんどないが，点検用マンホールのふたはヒートブリッジになるため断熱材を張り付ける．ただし，積雪がある場合は雪よけを設置することも検討する．

　既成の FRP 製浄化槽で地盤面にコンクリートスラブを造作する場合は，その基礎を凍結深度以下とし，基礎の凍上被害を回避する．

　ばっ気用ブロワやポンプ，ろ過装置などは室内に設置し，送気管経路は積雪を考慮して決定する必要がある．

3.7.2　小型浄化槽の凍結深度以下の設置

　浄化槽はほとんどが微生物を活用した処理を行っている．そのため低水温になることを避けるため，凍結深度以下に浄化槽を設置して微生物処理を円滑にする必要がある．とくに窒素除去浄化槽は水温 13 ℃ 以上でないと微生物の活動に影響して放流水が所定の窒素濃度を得ることができない．したがって，図 3・40 に示すようにピット工事を行い凍結深度 30 cm 以下に設置する．これにより，低水温対策となり，同時に浄化槽管理が容易となる．

3.7.3　維持管理のしやすさ

　浄化槽は定期的に維持管理が必要で，冬季においても例外ではない．図 3・41 に示すように雪よけを設けることによって，マンホールの開閉が容易となる．

3.7.4　水処理機器

　砂ろ過装置やポンプなどの水処理装置は凍結すると破損することにつながる．砂ろ過装置には三方弁，圧力計，流量計内，ポンプ内に水が滞留しているため，凍結すると機器の破損に結び付くため，室内に設置する必要がある．また，配管内が常に流動している配管は凍結しないが，間欠搬送する場合がある返送汚泥管，水位制御している調整槽からの移流管などは室内に設置する必要がある．

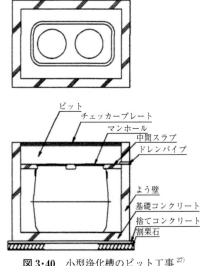

図 3・40　小型浄化槽のピット工事[27]

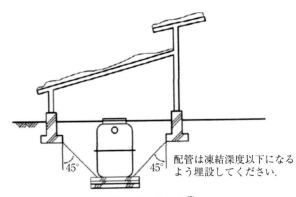

図 3・41　雪よけ[27]

3.8 ガ ス 設 備

3.8.1 概 要
ガス設備については，地域のガス会社が認定する専門業者が施工を行う．

ガス供給は埋設配管により行われている．ガス自体が凍結することはないが，土被りが不足すると地盤の凍上によって埋設配管に予想外の応力がかかる危険性がある．そのため，凍結深度以下に埋設することが規定されている．

屋外のガス設備として，ガス配管のほかガスメータ，緊急遮断弁などが設置される．ガスメータの設置場所には配慮が必要となり，定期の検針が容易に行える場所が望ましい．ガスメータは一般住宅では屋外に設置される場合が多く，ガス配管やガスメータは，屋根からの落雪や氷塊の落下により破損されることのない場所を選定する．また，ガスメータを設置する高さについても積雪による影響が少ない位置で設定する．大型のガスメータは床置き設置のため，屋外に設置する場合は，ガスメータを積雪・落雪から保護するためにメータボックスを設置し，その中に納める場合もある．その他，ガスメータによっては安全装置を有するものがあり，ガス漏えい時や供給圧力の低下，地震などの災害発生時にガスを自動的に遮断するため，その復旧について，積雪・落雪の影響で作業が困難となる可能性もあり，設置場所を選定する際はガスメータまで容易に辿り着くことができることも条件とする必要がある．また，緊急遮断弁についても同等の考慮が必要である．

3.9 消 火 設 備

3.9.1 概 要
特殊消火は別として消火剤には水が使われるため，寒冷地においては管内水の凍結が発生する可能性が高い．建物全体が対象となり断熱エリアの内外を問わず規定される場所に設置を義務づけられるため，凍結しやすいエリアであってもその設置は免れることはできない．そこで凍結の発生しやすいエリアについては相応の対策が地域独自で認められている．所轄消防署と事前に協議して指示を仰ぐ必要がある．

3.9.2 各設備の留意点
〔1〕 屋内消火栓設備
・外壁回り，駐車場内，軒天井内，ピロティなどの凍結しやすい箇所に極力配管を通さない．
・消火ポンプ室は0℃以下にならない配慮を施す．また，冬季の換気は停止する．
・テスト弁は水が抜けるよう配管ワークを行う．
・冬季使用しない非暖房の建物にあっては乾式配管が可能か所轄消防署と打合せを行う．
　（注） ポンプ起動から放水までの時間的制約がある．
〔2〕 屋外消火栓設備 （図3・42～3・44）
・屋外の埋設配管の深さは凍結深度以下とする．
・自立式屋外消火栓は不凍式とする．
・ボックス式屋外消火栓でポンプが配管より下部にある場合は，バルブ部分の水を抜く．
・消火ポンプ室は零下にならない配慮を施す．また，冬季の換気は停止する．
・乾式とする場合は所轄消防署と打合せを行う．

－ 85 －

第3章 給排水衛生設備の凍結事例と対策

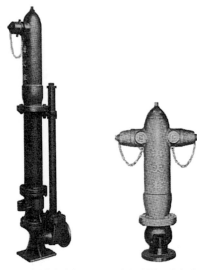

単口（副弁付き）　　地上式双口地上式
図 3·42　不凍消火栓

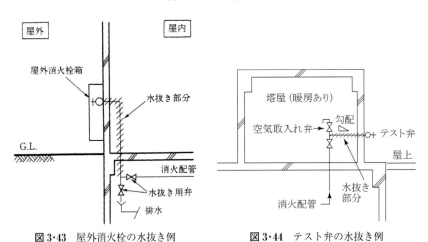

図 3·43　屋外消火栓の水抜き例　　図 3·44　テスト弁の水抜き例

〔3〕 スプリンクラ設備
・建物内で部分凍結する可能性がある場合は凍結防止ヒータを巻く．
　（注）　所轄消防署によっては不凍液注入が認められる場合もあるが，必ず打合せを行い確認すること．
・冬季に使用しない建物，非暖房の多い建物は乾式スプリンクラ設備とする．
　（注）　乾式配管については，所轄消防署と打合せを行う．

〔4〕 駐車場の消火設備
・駐車場は屋外同様最も凍結しやすいエリアであるので，水噴霧，泡消火設備はできる限り避けたい．粉末消火などの特殊消火の採用が望ましいがコスト・開口率などの法規上の制約から泡消火設備を採用する場合，乾式にするなど凍結対策を考慮する必要がある．
　（注）　乾式配管については，所轄消防署と打合せを行う．

〔5〕 連結送水管設備
・屋内消火栓との併用は避け，単独に乾式とすることが望ましい．
・放水テスト後には完全に水が抜けるよう配管最下部に水抜き部分を設ける．

3.10 公衆トイレ設備

3.10.1 概　要
公園などに設置される公衆トイレは冬期間閉鎖されるところが圧倒的に多い．使用できる場合はその周辺の除雪対策も整っていることが必要で，郊外の公園はたいていの場合，雪に埋もれている．

主要道路に面し，治安上問題のないエリアに冬季も使用できる公衆トイレを見かける．基本的には，給水は遮断され衛生器具はトラップ分離型のものが採用されている．

高速道路の普及に伴いパーキングエリアのトイレはかなり増えた．凍結防止対策は万全，かつ，衛生上も整っている．

3.10.2 具体的な凍結防止対策
〔1〕 使用時通水方式

未使用時は給水管の水抜き弁から衛生器具までは空の状態とし，押しボタンあるいは人感センサによって使用を察知したとき，電動水抜き弁を作動させて衛生器具から吐水する．吐水終了時，自動的に水抜き弁から配管内の水を排水し，再び配管内を空にする．各器具と水抜き弁は1対1で設置される．夏季は水抜きを行う必要がないので，夏・冬の切替えモードを設定して対応する（**図3・45**）．

〔2〕 全室暖房方式

寒冷地においては便所内を常時暖房することは欠かせない．室温は5℃以上を確保する．暖房方式はパネルヒータが主流となっている．凍結防止の観点から選択すれば床暖房方式も選択の一つではあるが，床面積に対する外壁面の比率が大きいことからふく射効果を期待する床暖房方式よりも対流効果の大きいパネルヒータ方式が多く採用される．

温水式と電気式があるが，熱源機器，不凍液対策などが不要な電気式を採用することが多い．

3.11 寒冷地，準寒冷地および非寒冷地の凍結防止対策の比較

第1章で寒冷地と準寒冷地の定義がされている．それによれば，寒冷地は最寒月の日最低気温の平

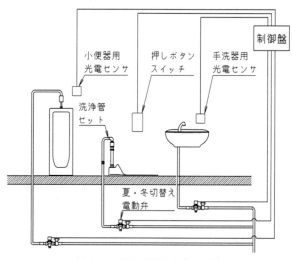

図3・45　使用時通水方式の事例

均値が−4〜−5℃で，準寒冷地は0〜−1℃であり，4〜5℃の差がある．この差は受水槽など貯水量の多い設備で多少対策が異なるだろうが，水は氷点下で凍結することを考慮すると，給排水衛生設備の凍結対策は基本的には準寒冷地も寒冷地と同等の防止対策をとることが望ましい．

しかしながら，給排水設備は生活に密着した設備で，屋外を除いた屋内設備はほとんど生活空間内にあり，建物断熱性能や暖房する室内環境のほうが凍結に対する影響が大きい．また，外気温度が0〜−1℃である準寒冷地の条件から考えて，寒冷地と同程度の凍結対策をすべて考慮する必要はないと思うが，その判断は地域の気象特性や生活様式などを把握したうえで，設計者が行うべきものであり，ここではその判断の参考としての指針を以下の比較表に示す．

また，準寒冷地以外でも気温が氷点下に下がる大寒波は，日本のほとんどの地域で起こり，氷点下に下がらない地域は沖縄県くらいである．

したがって，準寒冷地以外でも，沖縄県を除いた地域では，突然の寒波で凍結する可能性があり，とくに給水管の裸管で屋外に露出したものは凍結しやすい．ここではその注意を喚起する意味で，非寒冷地として扱い，準寒冷地と同様に比較表で凍結対策を参考として表す．

給排水衛生設備は生活になくてはならない設備であり，凍結により使用できなくなったり，破損してさらに長時間使用できなくなることは，ぜひ避けたいものである．

3.11.1 給 水 設 備

		寒冷地	準寒冷地	非寒冷地
屋外給水	引込み・土中埋設配管は凍結深度以下にする	同左	とくに考慮しなくてもよい
	水道メータは保温中ふたを設けるなどの防凍対策を行う	同左	同上
	屋外露出管は避けること	基本的に屋外露出は避けること．やむをえず露出する場合には，保温＋凍結防止ヒータを巻いて凍結を防ぐ	とくに考慮しなくてもよいが，寒波による凍結防止のために保温することが望ましい
	散水栓など屋外で使用する給水器具には，水抜き栓を設ける	同左	とくに考慮しなくてもよいが，寒波による凍結防止のために水抜き栓を設けることが望ましい
屋内給水	住宅系の建物は，水が抜けるように水抜き装置を設ける	同左	とくに考慮しなくてもよい
	外壁には埋設せず，軒天井内，ピロティ，駐車場など凍結のおそれのある部分に配管をしないようにする．やむをえず配管する場合には，凍結防止ヒータを巻く	同左	外壁には埋設しない．軒天井内，ピロティ，駐車場などの部分には，寒波による凍結防止のため保温することが望ましい
	外壁に面したトイレ内は電気ヒータなどで暖房する	同左	とくに考慮しなくてもよい
	学校，倉庫，集会場など冬季に使用しない建物には，使用用途ごとまたは系統ごとに水抜き装置を設ける	同左	同上

3.11 寒冷地，準寒冷地および非寒冷地の凍結防止対策の比較

	寒冷地	準寒冷地	非寒冷地
屋内給水	ちゅう（厨）房など換気によって凍結するおそれがある場合は，外気を加温する	同左	とくに考慮しなくてもよい
	受水槽，給水ポンプなど機器は屋内に設け，0℃以上に暖房する	基本的には同左．やむをえず屋外に設置する場合は，電気ヒータや受水槽内の水を循環するなどの対策を行う．ただし，ポンプは屋内に設け，0℃以上に暖房する	同上

3.11.2 給 湯 設 備

	寒冷地	準寒冷地	非寒冷地
給湯設備	ボイラ，湯沸し器などの機器類は屋内に設置する．ガス給湯暖房用熱源機の一部はバルコニーに設置のタイプもある．給排気トップは雪に埋もれない高さとし，かつ，落雪で破損しない位置にする	屋内に設置することを原則とする．ただし，マンションでの給湯器は凍結防止運転が可能な機器として，バルコニーに設置してもよい	標準品で，屋外に設置してもよい．ただし，山間部など地域によっては凍結防止を考慮した機器が望ましい
	給湯配管の凍結対策は給水と同様に行う	同左	非寒冷地の給水と同様に行う

3.11.3 排水・通気設備

	寒冷地	準寒冷地	非寒冷地
雨水配管	屋内配管を原則とする	同左	とくに考慮しなくてもよい
	暖房のない倉庫や工場，または屋外露出配管には凍結防止ヒータを巻く．配管は鋼管を使用する	保温をして防止対策を行う．地域により凍結防止ヒータが必要な場合は考慮する	同上
	屋上雨水排水とバルコニー排水とは系統を分ける．バルコニー排水は排水量が少ないので，凍結防止ヒータは不要としてよい	同左	同上
屋外排水管	側溝，集水ますなどは凍結してもほかの排水に支障のないように生活排水の中継ますとしない．トラップますには断熱ぶたなどを取り付け，凍結しないようにする	同左	同上
	ガソリントラップ・グリーストラップなどの阻集器が凍結しないように，断熱材を貼るなど対策を行う	同左	同上
	ますは凍上しないように，ますのあごが外にない形状とする	棟上については，とくに考慮する必要はない	同上

第3章　給排水衛生設備の凍結事例と対策

		寒冷地	準寒冷地	非寒冷地
屋内排水管		駐車場など屋外に面する場所は避けてシャフトなどを設ける. やむをえず配管するときは凍結防止ヒータを巻く	やむをえず屋外に面する場合は, 保温して凍結対策を行う	とくに考慮しなくてもよい
		冬季に使用しない建物の排水トラップは不凍液を入れるなどの凍結防止対策を行う	同左	同上
通気管		屋上スラブから立ち上げるときは積雪を考慮する	同左	同上
		ちゅう房・浴槽などの温排水が流れる排水管の通気口金物は, つららが発生するので北側の外壁面を避ける	できるだけ避けたほうが望ましい. またはドルゴ通気を採用する	同上
		ドルゴ通気を採用する	とくに考慮しなくてもよい	同上
		横走り配管は通気口へ先上り勾配とし, つららの発生を少なくする	同左	同上
浄化槽		凍結を防止するために凍結深度以下に設置する, または, 盛土を300 mm以上行い, マンホールふたや点検口には断熱材を貼り付ける	同左	同上
		FRP製浄化槽で地盤面にコンクリートスラブを施工する場合には, 凍上防止として基礎を凍結深度以下にする	同左	同上
		ばっ気用ブロアは室内に設置し, 送気管経路は積雪を考慮して決定する	同左	同上

3.11.4 衛生器具設備

	寒冷地	準寒冷地	非寒冷地
大便器	寒冷地仕様としてトラップ分離型, ヒータ付き便器, 流動方式便器がある. しかし, トイレを暖房している場合には, 一般仕様のものを使用してよい	同左	一般仕様でよい
小便器	寒冷地仕様としてトラップ分離型, トラップ内蔵ヒータ付きがある. 小便器洗浄水栓は固定こま式や不等式小便器洗浄水弁がある. しかし大便器と同様に, 暖房している場合には一般仕様のものを使用してよい	同左	同上

3.11 寒冷地，準寒冷地および非寒冷地の凍結防止対策の比較

	寒冷地	準寒冷地	非寒冷地
水栓類	水が抜けやすいつりこま式を使用する	やむをえず屋外に面する場合は，保温して凍結対策を行う	一般仕様でよい
	住宅などのシャワーバス水栓や洗面器などの給水・給湯管に取り付ける止水栓は，水抜きができる寒冷地用を使用する	同左	同上

3.11.5 ガ ス 設 備

	寒冷地	準寒冷地	非寒冷地
配　管	屋外埋設配管は，凍上対策として凍結深度以下に埋設する	同左	とくに考慮しなくてもよい
メータ	ガスメータは屋体設置している場合もあるが，積雪対策として車庫・倉庫などの屋内設置が望ましい	同左	同上

3.11.6 消 火 設 備

	寒冷地	準寒冷地	非寒冷地
屋内消火栓設備	配管は駐車場内，軒先など凍結しやすい箇所は避ける	同左	とくに考慮しなくてもよい
	消火ポンプは屋内に設置し，電気ヒータなどで0℃以上に保つ	同左	同上
	屋上に設けるテスト弁は水が抜けるようにしておく	同左	同上
	冬季に使用しない建物や暖房のない建物は，乾式配管にする．ただし，所轄消防署との打合せが必要	同左	同上
屋外消火栓設備	屋外の埋設配管は凍結深度以下にする	同左	同上
	消火栓は，不凍式自立型やボックスタイプの水抜きなどで凍結対策を行う	同左	同上
	乾式配管を検討し，所轄消防署と打合せを行う	同左	同上
	消火ポンプは屋内消火栓と同様に行う	同左	同上
スプリンクラ設備	風除室など屋内で凍結のおそれのある部分には不凍液を注入するか，凍結防止ヒータなどの対策を行う	同左	同上

第3章　給排水衛生設備の凍結事例と対策

	寒冷地	準寒冷地	非寒冷地
スプリンクラ設備	冬季に使用しない建物や倉庫，工場など暖房しない建物は，乾式スプリンクラにする．ただし，所轄消防署との打合せが必要	同左	とくに考慮しなくてもよい
駐車場の消火設備	駐車場の消火は泡消火などの水系は避け，粉末消火やガス消火などを採用する	水系消火を採用する場合，配管を乾式にしたり，また，不凍液を入れるなどの凍結対策が必要になる．ただし，所轄消防署との打合せが必要	とくに考慮する必要はないが，寒波によって凍結しやすい箇所には凍結対策を行う
連結送水管設備	単独とし，乾式配管とする	同左	とくに考慮しなくてもよい
	放水テスト後の配管の水抜きができるようにしておく	同左	同上

3. 11. 7　公園など公衆トイレ

	寒冷地	準寒冷地	非寒冷地
公衆トイレ	公園など公衆トイレの凍結防止対策として，使用時通水方式や全室暖房方式を行う	同左	とくに考慮しなくてもよい

第3章　参考文献

1）空気調和・衛生工学会：建築設備の凍結防止 計画と実務（1996）

2）赤井仁志：給水設備，東北地方の給排水衛生設備と空調設備の凍結対策 SHASE-M 0008-2005（2007），pp.47～61，空気調和・衛生工学会

3）札幌市水道局：給水装置工事設計施工指針，平成29年4月1日改訂版（2017）

4）赤井仁志，田中和則，斎藤俊幸，草刈洋行，岡田誠之，前田信治，福井啓太，久住知裕：屋外貯水槽の凍結防止対策の実験的検討（第1報）目的と予備・簡易実験，空気調和・衛生工学会東北支部学術・技術報告会論文集（2016-3），pp.87，88，東北工業大学

5）斎藤俊幸，赤井仁志，田中和則，草刈洋行，岡田誠之，前田信治，福井啓太，久住知裕：屋外貯水槽の凍結防止対策の実験的検討（第2報）本実験計画，空気調和・衛生工学会東北支部学術・技術報告会論文集（2016-3），pp.89，90，東北工業大学

6）田中和則，斎藤俊幸，草刈洋行，赤井仁志，岡田誠之，福井啓太，前田信治，久住知裕：屋外貯水槽の凍結防止対策の実験的検討（第3報）本実験結果と考察，空気調和・衛生工学会東北支部学術・技術報告会論文集（2017-3），pp.105，106，東北学院大学

7）赤井仁志，田中和則，斎藤俊幸，草刈洋行，岡田誠之，前田信治，福井啓太：屋外設置貯水槽の凍結防止対策の実践研究，空気調和・衛生工学会大会学術講演論文集，第1巻（2017-9），pp.165～168，高知工科大学

8）1）に同じ

9）黒澤正志：給湯設備，東北地方の給排水衛生設備と空調設備の凍結対策 SHASE-M 0008-2005（2007），pp.62，63，空気調和・衛生工学会

10）小川正晃：給湯設備，給排水・衛生設備 計画設計の実務の知識 第3版（2010），pp.90～92，空気調和・衛生工学会

11）松村佳明：給湯設備，給排水・衛生設備 計画設計の実務の知識 第4版（2017），pp.79～110，空気調和・衛生工学会

12）小川正晃：給湯設備，空気調和・衛生工学，81-8（2007），pp.19～26

第 3 章　参考文献

13) ASHRAE：Chapter 50 - Service water heating, 2015 ASHRAE HANDBOOK HVAC Applications (2015), p.508

14) 赤井仁志, 松鵜悟実：膨張水槽, 中央式給湯設備の設計方法 R 2027-2015 (2013), pp.11 ～ 14, 空気調和・衛生工学会

15) 増田喜憲, 鉾井修一, 五井努, 吉田修, 近藤修平：宿泊施設における給湯配管熱損失の測定, 空気調和・衛生工学会近畿支部学術研究発表会論文集 (2012), pp.167 ～ 170

16) 増田喜憲, 鉾井修一, 森本研二, 五井努：ビジネスホテルにおける給湯システムからの熱損失と保温改修, 空気調和・衛生工学会近畿支部学術研究発表会論文集 (2013), pp.5 ～ 8

17) 増田喜憲, 鉾井修一：ビジネスホテルの給湯システムにおける熱損失の評価と保温改修：給湯配管および貯湯槽の伝熱解析と熱損失低減方策, 日本建築学会近畿支部研究報告集, 環境系 (2014), pp.265 ～ 268

18) 山崎森, 赤井仁志, 濱田靖弘, 小原雄輝, 豊貞佳奈子, 周潔, 鉾井修一, 伊庭千恵美, 竹内進：貯湯槽の断熱性能向上に関する研究（第 1 報）FRP 製と鋼製貯湯槽の断熱強化による損失熱量の変化, 空気調和・衛生工学会東北支部学術・技術報告会論文集 (2017-3), pp.111 ～ 114

19) ショウエイ技術資料

20) 山崎森, 赤井仁志, 濱田靖弘, 小原雄輝, 豊貞佳奈子, 沈瓊, 鉾井修一, 伊庭千恵美, 竹内進：貯湯槽の断熱性能に関する研究（第 1 報）FRP 製と鋼製貯湯槽の断熱強化による損失熱量の変化, 空気調和・衛生工学会大会学術講演会論文集, 第 1 巻 (2017-9), pp.133 ～ 136

21) 赤井仁志：給湯設備, レジオネラ症防止指針 第 4 版 (2017), pp.94 ～ 100, 日本建築衛生管理教育センター

22) 赤井仁志：レジオネラ症防止指針 第 4 版 付録 6 給湯設備について (2017), pp.137 ～ 140, 日本建築衛生管理教育センター

23) 斎川路之：家庭用 CO_2 冷媒ヒートポンプ給湯機 "エコキュート" の開発経緯と最近の動向, Journal of the JIME 44-5 (2009)

24) 光合金製作所, 北海道電力：特許 4568900 号, ヒートポンプ式給湯機の凍結防止システムとその凍結防止弁装置

25) 高松康二：寒冷地・積雪地での留意事項, 中央式給湯設備の設計方法 R 2027-2015, 中央式給湯設備設計方法検討小委員会成果報告書 (2013), pp.178 ～ 184, 空気調和・衛生工学会

26) 小林光, 菅原正則, 赤井仁志, 飯沼靖彦, 田原誠：大規模災害時の停電による空調・給排水衛生設備の凍結事例予測と対策の検討（第 3 報）給湯熱源設備と消火設備, 空気調和・衛生工学会東北支部学術・技術報告会論文集 (2015-3), pp.59, 60, 東北大学

27) アムズカタログ資料

28) コンチネンタルシルマー技術資料

第4章
空調・換気設備の凍結防止と雪対策

　近年，空調・換気設備における凍結事故は，設備それ自体に与える損害だけでなく，建物の内装材，電子・電気機器，じゅう（什）器備品，商品など，その被害が及ぶ範囲は増大しつつある．

　凍結事故の原因としては，設計・施工上のほかに，人為的な操作ミスや装置の故障などと判断されることもあり，とりあえず応急処置のみ行い，真の原因が究明されないまま処理されることが多かった．したがって，毎年同様な凍結事故が繰り返されることになった．このことから凍結事故対策は信頼性が高く，できるだけシンプルなシステムが望ましい．

　本章では，空調・換気設備の凍結しやすい状況とその凍結防止対策について，計画・設計から維持管理まで述べる．なお凍結防止に関しては，寒冷地はもちろんのこと寒冷地以外の地域でも，設備の重要性により地域ごとの気象条件にあわせて考慮する必要がある．

4.1　空調・換気設備の凍結防止の考え方

4.1.1　凍結しやすい箇所
〔1〕　凍結しやすい箇所および建物部位
　図4・1に，空調・換気設備の凍結しやすい箇所および建物部位を示す．
〔2〕　冬季に使用しない建物での注意点
　建物は，用途によって冬季も休みなく使われるものと，北海道のゴルフ場のクラブハウスや学校のように長期間使われないもの，一般の事務所ビルのように年末年始の間休むものなど，いろいろである．そのため建物の使用期間ごとの留意事項がある．詳細は4.2節に示す．

4.1.2　凍結しやすい空調・換気設備
　ここでは，最も凍結事故の多い空調機，外調機のコイルの凍結原因について〔1〕に，その他の凍結事例について〔2〕に述べる．
〔1〕　空調機，外調機のコイルの凍結原因
〔a〕　冷温水コイル
　冷温水コイルの選定は，一般的に冷水側で選定するため，温水コイルとして使用する場合，冷水流量よりも温水流量のほうが少なくなる．
　これは，対数平均温度差とぬ（濡）れ面補正によるもので，条件によっては通過風量，処理熱量が同じ場合，温水量が冷水量の50%程度で足りることもある．またコイルチューブを流れる流量は同じではなく，温水の場合はとくに流量むらが多いと考えられる．これは，図4・2に示すようにヘッダ部で温度によるドラフトが生じ，コイル上部に多く流れるためと思われる．
　このように，冷温水コイルは，温水コイルで使用しているときは冷水コイルで使用しているときより流量が少なくてすむことと，コイルチューブ内の流量むらにより，通過空気温度がマイナスで，

第4章　空調・換気設備の凍結防止と雪対策

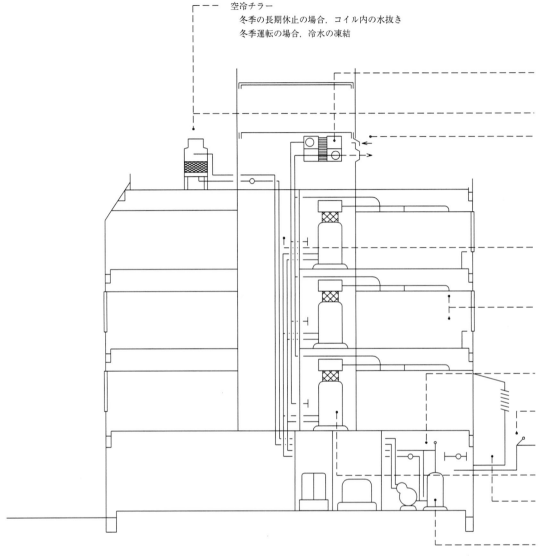

・風除室
　冷風が入り込まないようにする
　風向きを検討する
・外部シャッタ回り
　冷気の侵入による天井内の温度低下による
　水配管の凍結
　建物内が負圧の場合，建物内に侵入した冷
　気が外部シャッタ回り風除室天井開口すき
　まから天井内に侵入することあり
・軒天井内
　天井内の温度低下による水配管の凍結
・冬季間使用しない建物の外壁回り
　温度低下による水配管の凍結
・最上階の天井内
　躯体の断熱材の有無による温度低下による
　水配管の凍結

・外気取入れ用コンクリートダクト内
　水配管の凍結
　（トラップのない排水金物の使用）
・ボイラ室
　換気口側の水配管の凍結
　室内温度低下
・ピット内
　ピット内温度の低下，とくに免震の場合，免
　震部分のすきま（可動部）に注意が必要
・外調機室
　室内温度低下
・空調機室
　室内温度低下
・駐車場，ピロティ
　天井内の温度低下による水配管の凍結
・建物 Exp. J
　すきまからの冷気侵入による水配管の凍結

図 4・1　凍結しやすい

4.1 空調・換気設備の凍結防止の考え方

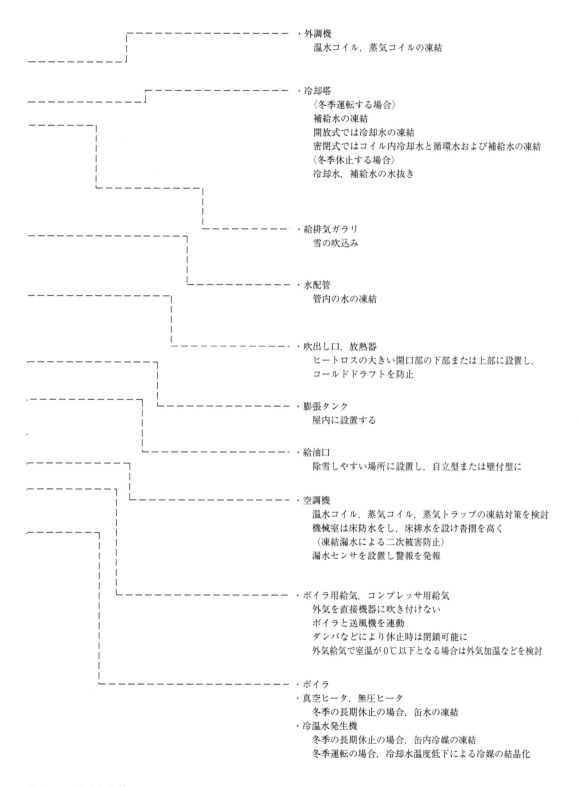

- ・外調機
    温水コイル，蒸気コイルの凍結
- ・冷却塔
    〈冬季運転する場合〉
    補給水の凍結
    開放式では冷却水の凍結
    密閉式ではコイル内冷却水と循環水および補給水の凍結
    〈冬季休止する場合〉
    冷却水，補給水の水抜き
- ・給排気ガラリ
    雪の吹込み
- ・水配管
    管内の水の凍結
- ・吹出し口，放熱器
    ヒートロスの大きい開口部の下部または上部に設置し，
    コールドドラフトを防止
- ・膨張タンク
    屋内に設置する
- ・給油口
    除雪しやすい場所に設置し，自立型または壁付型に
- ・空調機
    温水コイル，蒸気コイル，蒸気トラップの凍結対策を検討
    機械室は床防水をし，床排水を設け沓摺を高く
    （凍結漏水による二次被害防止）
    漏水センサを設置し警報を発報
- ・ボイラ用給気，コンプレッサ用給気
    外気を直接機器に吹き付けない
    ボイラと送風機を連動
    ダンパなどにより休止時は閉鎖可能に
    外気給気で室温が0℃以下となる場合は外気加温などを検討
- ・ボイラ
- ・真空ヒータ，無圧ヒータ
    冬季の長期休止の場合，缶水の凍結
- ・冷温水発生機
    冬季の長期休止の場合，缶内冷媒の凍結
    冬季運転の場合，冷却水温度低下による冷媒の結晶化

箇所および建物部位[1]

第4章　空調・換気設備の凍結防止と雪対策

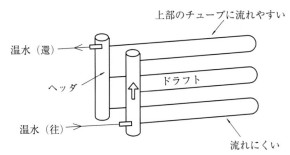

図4・2　コイル内の流れの不均一[24]

温水量が自動弁により絞られているときには凍結するおそれがある．

〔b〕　冷水コイル＋温水コイル

除湿・再熱制御をする場合，空調機は図4・3のように冷水コイル（前段）と温水コイル（後段，再熱）を設ける．

暖房運転のとき，冷水コイル入口空気温度がマイナスのとき，冷水コイル内の水抜きが完全でないと凍結するおそれがあるため，寒冷地では温水コイル（予熱）＋冷水コイル＋温水コイル（再熱）を配置する方法を検討する必要がある．

〔c〕　蒸気コイル

蒸気コイルは，凍結したときの被害は温水コイルに比べると小さいが，蒸気の性質上，温水に比べて熱容量が小さいために凍結しやすい．

負荷が小さいときの蒸気コイルは，自動弁が絞られてコイル内には蒸気と凝縮水が混在している．このときに，凝縮水をすみやかに排出できないと，通過空気温度がマイナスのときには，凝縮水のたまっているコイル底部で，凍結することになる．

蒸気は，冷却により流入体積の1/1 700に凝縮する．つまり，コイル内は空気側温度の飽和圧力まで下がることになる．還水管は，真空ポンプにより－13～－33 kPa程度の真空に保たれているが，たとえば0 kPa［100℃，98.1 kPa］の飽和蒸気が10℃に冷却されると，1.226 3 kPa（－100 kPa～水銀柱）の真空となり，還水管内よりコイル内真空度のほうが大きく，ドレンはコイルから排出されないことがわかる．表4・1に，飽和蒸気表を示す．ドレンの排出方法など，蒸気コイルの具体的な凍結防止方法は，4.3節に示す．

〔d〕　コイルの形状

前項の冷水コイルの水抜きで，コイルの形状が図4・4のようにチューブ相互の距離の関係から，

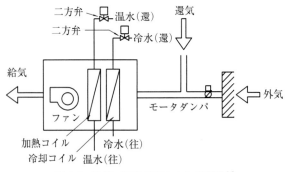

図4・3　除湿・再熱制御をする空調機[24]

4.1 空調・換気設備の凍結防止の考え方

表 4・1 飽和蒸気表

飽和温度 t [℃]	飽和圧力 P [kPa]	真空度 Hg [kPa]	真空度 Aq [kPa]	飽和温度 t [℃]	飽和圧力 P [kPa]	真空度 Hg [kPa]	真空度 Aq [kPa]
0	0.608 2	−101	−97.1	70	31.196	−70	−67.7
10	1.226 3	−100	−97.1	80	47.382	−54	−52.0
20	2.334 8	−99	−96.1		67.983	−33	−32.4
30	4.247 7	−97	−94.2	90	70.142	−31	−30.4
40	7.377 1	−94	−91.2		87.996	−13	−12.8
50	12.361	−89	−86.3	100	101.337	0	0
60	19.914	−81	−78.5	110	143.324	+43	+42.2

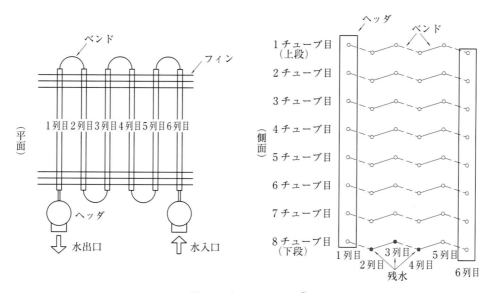

図 4・4 水コイルの形状[2]

列数を水平に組み立てずに上下2段分を1本のチューブでチドリにつくるため,完全な水抜きができないので注意を要する.

蒸気コイルは,**図 4・5** のように横型の場合,コイル内蒸気分布が不均一なので,最小供給量が確保されないチューブが発生したり,伸び量のばらつきによりコイルが破壊されたり,それらによって凍結したりする.具体的な対策は,**4.3 節**に示す.

〔e〕 コイル能力が過大

コイル能力が過大であれば流量が設計値以下でも十分な能力が出るため,自動弁で流量が絞られコイル内流速が遅くなるなどし,結果的に凍結するおそれがある.

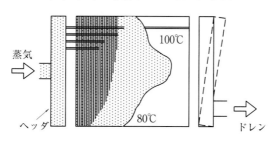

図 4・5 蒸気コイル内の蒸気分布[3]

− 99 −

一般的に，コイル能力は設計外気温度で選定するため，それより外気温度が高いときや，外気温度が低いときでも室内発熱が大きく加熱要求が少ないときには，同様に流量が絞られ凍結するおそれがある．**図4・6**で，流量が50%でもコイル能力は50%以上となり，コントロールするためには，相当量の流量を絞らなければならず，コイル内の流速が遅くなり，凍結するおそれが生じる．

〔f〕 コイル入口の偏流

コイル入口温度がプラスでも還気と外気のミキシングが完全でない場合，局部的にコイルにマイナス温度の空気が通過していることがある．とくに，**図4・7**のように外気ダクトがミキシングチャンバ下部に接続されている場合，〔a〕に記したがコイル下面の温水が流れにくいため，一層凍結しやすくなる．

〔g〕 モータダンパのリーク

外調機運転停止時，外気が外調機内に流入してくるのを防ぐために，モータダンパを外気ダクトに取り付け，停止時にファンと連動し，モータダンパを閉にする必要がある．ただし，一般的なモータダンパを使用する場合は風量調節ダンパと構造が同じであるため，外気を完全に遮断できない．そのリーク量によっては，コイル内の温水が凍結するおそれがある．

〔h〕 外調機の室内温度制御

外調機は，送風温度制御する場合と，室内温度制御する場合がある．室内温度制御では，〔e〕に記したが外気温度が低くても，室内発熱の大きいところにサーモスタットがあると，加熱要求が少ない場合があり凍結するおそれがある（**図4・8**）．

〔i〕 凍結防止サーモスタットの位置

凍結防止サーモスタットの取付け位置が適正でないと，凍結防止の自動回路が適切に作動しない場合がある．また，サーモスタットは，温度変化に十分追従できるものを選定する必要がある（**図4・9**）．

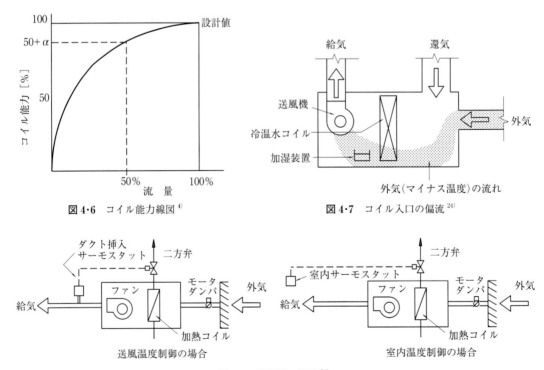

図4・6 コイル能力線図[4]　　図4・7 コイル入口の偏流[24]

送風温度制御の場合　　　　　室内温度制御の場合

図4・8 外調機の制御[24]

4.1　空調・換気設備の凍結防止の考え方

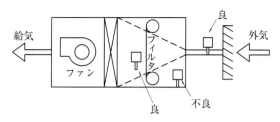

図4・9　サーモスタットの取付位置[24]

〔j〕　電気ヒータの容量

　凍結防止のために，外調機内に電気ヒータを取り付けることがある．その容量は，外調機停止中のコイル凍結防止のための必要最小限にすることが多い．外調機運転中の外気の予熱に必要な容量で選定すると大容量になってしまい，ランニングコストが増大してしまうためである．

　多くの凍結事故が外調機運転中に発生していることを考慮すると，電気ヒータは，外調機停止中に外気ダクトのモータダンパからリークする空気で，外調機内が凍結しない温度に保つためにあると考えるべきである．

〔k〕　設計外気温度より低いとき

　設計外気温度は，その地域のTAC 2.5％（超過確率）または5.0％を採用するのが一般的である．したがって，外気温度が設計値以下になることも当然ありえることになる．

　全熱交換器や顕熱交換器を内蔵して外気と排気を熱交換させ，コイル入口温度をプラスにして凍結防止をしている例も多くみられるが，設計外気温度より極端に外気温度が下がったときに，熱交換後のコイル入口温度がマイナスになることがある．

　このような場合には，前記〔a〕〜〔c〕，〔e〕のような状態のときにコイルが凍結するおそれがある．

　また，外気温度が−20℃以下となる場合は熱交換器能力からコイル入口温度がマイナスとなる可能性が大きい．

〔l〕　蒸気加湿

　外調機で温水コイルおよび蒸気加湿器があり送風温度を制御している場合，外気温度が低く，温水コイルの自動弁が開かなければならないのに，閉に近い状態で運転していることがある．

　これは，外調機起動時に蒸気加湿の自動弁と温水コイルの自動弁が同時に開方向に動作し，先に加湿の蒸気によりダクト内の挿入サーモスタットが加熱され，温水コイル側の自動弁が開く途中で安定し，加熱要求が満足されてしまうことによる．

　このようなときに加湿要求もなくなってしまうと，コイルが凍結することもありえる（図4・10）．ただしDDC方式の自動制御を採用する場合は加湿禁止給気温度を設定することで凍結の可能性が下がる．

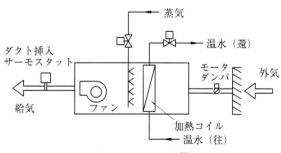

図4・10　蒸気加湿[24]

〔m〕 外調機起動でコイルの自動弁が開く場合
　一般的に，外気取入れモータダンパとコイル側の自動弁が外調機起動と同時に開いていくとき，各々1 min 程度で全開するので，凍結するおそれはない．しかし，図4・11のように，水を流動させても，供給熱量が少なければ凍結することがあり，注意を要する．蒸気コイルの場合は，起動時にドレンの排出量が多いので，ドレンの処理にとくに注意する必要がある．
　なお，外調機までの蒸気配管が長い場合，自動弁が開動作していても，実際に蒸気がコイルまで供給されていないこともあるので，注意を要する．

〔n〕 フィルタが目詰まりしたとき
　外調機のフィルタが雪で目詰まりすると供給外気量が低下し建物内が負圧となる．その場合，風除室などから冷気が侵入し建物内配管などが凍結する可能性がある．

〔o〕 外気取入れ口の位置
　外気取入れ口が外調機と同一か下階にあり，給気場所が上階にあるとき，ダクト内のドラフトや建物内の負圧によりモータダンパのリーク量が多くなり，外調機が停止中でも機内のコイルが凍結する可能性があるので注意を要する（図4・12）．

〔p〕 屋外設置
　屋外に外調機を設置する場合は，運転中・停止中も外調機本体が外気にさらされることになる．この場合，運転中よりも停止中の凍結防止にとくに注意を要する．原則屋内設置とする．

〔2〕 凍 結 事 例
〔a〕 外気ダクトのモータダンパ
　ガラリチャンバに接続していた外気ダクトのモータダンパが，結氷して動かなくなった．

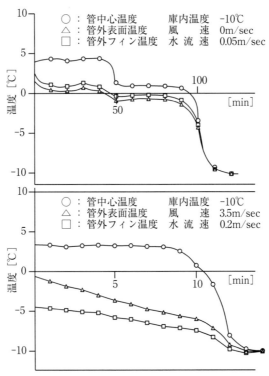

図4・11　管内温度変動[5]．図はアルミフィン付き銅コイル有効長 1,000 L で，流動水の凍結にいたるまでの時間を測定した結果である

4.1 空調・換気設備の凍結防止の考え方

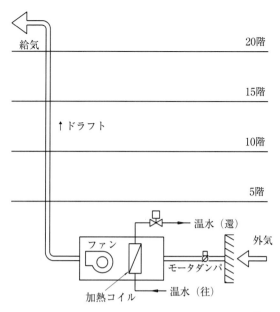

図4・12 コイルが凍結しやすい外気取入れの位置[24]

〔b〕風除室天井裏の配管の凍結
　風除室ドアのすきまおよび天井のすきまから冷気が入り，天井裏の冷温水配管が凍結した．
〔c〕全熱交換器内蔵外調機の凍結
　設計外気温度よりも大幅に気温が下がり，温水コイル入口温度がマイナスになって，コイルが凍結した．
〔d〕軒天井内の配管の凍結
　天井裏に断熱材を敷設していたが，天井内の温度がマイナスになり，配管が凍結した．
〔e〕コイル自動弁の最小開度
　電気式の自動弁で温水の最小流量を確保するため，ポテンションメータで50％にしていたが，電気式では実際の自動弁の開度が25％になり，流量が不足しコイルが凍結した．
〔f〕ドレン垂れ流しの蒸気コイルの凍結
　工場で，蒸気コイルからのドレンをそのまま外部に放出していたため，ドレンが蒸気コイルに吸い上げられ，排出されず凍結した．
〔g〕冷温水発生機の凍結
　缶水の水抜きを忘れたため凍結した．
〔h〕ロードヒーティングの凍結
　ヒーティングコイル内の不凍液の濃度が薄くなり，凍結した．
〔i〕排気側フィルタの目詰まり
　全熱交換器を内蔵していたが，排気側のフィルタが目詰まりしていて外気への熱交換量が少なく，コイル入口温度がマイナスになり，コイルが凍結した．
〔j〕Y形ストレーナの目詰まり
　コイルに流れる温水量がY形ストレーナの目詰まりにより少なくなり，コイルが凍結した．
〔k〕保護装置の電源停止
　節電のために凍結防止の保護装置の電源を切っていたため，凍結した．

〔1〕 温水管の水量不足

　何らかの理由で管内の水抜きをしたが，管内に空気が残っていたためコイルへ温水が流れにくくなり，コイルが凍結した．

　上記のうち〔g〕以下は，保守管理上の問題といえる．

4.1.3　凍結事故による被害とその影響

　空調機コイルが凍結すると，その系統の暖房ができないということはもちろんとして，温水コイルの場合は，漏水により下階へより多大な被害を及ぼすことになる．病院などで高額な機器に水損事故が発生する可能性がある場合，工場空調のように生産工程に影響が出る場合は，とくに注意する必要がある．

　また，熱源機器が凍結により停止することで，建物全体が空調できなくなり被害の程度ははかりしれない．空冷ヒートポンプチラーおよび空冷ヒートポンプエアコンの屋外機などの凍結・雪害対策は，十分な検討をして対応する必要がある．

　冬季は使用しない機器でも，屋外に設置されている冷却塔や冷水コイルなどが凍結した場合は，冷房開始時に思わぬ被害が出ることもあるので，同様な注意が必要である．

4.2　建物用途別の留意事項

4.2.1　事 務 所 ビ ル

　事務所ビルの凍結防止は，階数，規模または各階の床面積の大小により，その考え方は異なる．いずれも，本節で述べている留意事項に従って，建築計画の段階で凍結防止をはかることが重要である．

　大規模または中規模の事務所ビルは，熱容量が大きく，新築ビルでは建物が高断熱化され，コンピュータ機器や照明などからの発熱もあり，空調停止後も室内の温度が高く，ビル内部での凍結事例はほとんど聞かれない（今後，省エネルギー化に伴う発熱密度の低下に注意したい）．

　小規模の事務所ビルや倉庫，工場に付属している事務所は熱容量が小さく，トイレや湯沸し室が非暖房空間に計画されていることもあり，冬季は空調停止後の室温が低下しやすいことも予測され，これら諸室の凍結防止を考慮することが必要である．

　これらの事項は，ほかの用途の建物にも共通するところがある．以下に，事務所ビルにおける留意事項を述べる．

①　ピロティや車路の上部に空調用の水配管を通すことは，できるだけ避ける

　ピロティや車路天井裏の温度が，外気の温度とほぼ同じになることが考えられ，この部分には水配管を設けてはいけないことがわかる．しかし，やむをえず配管を設ける場合は，建築的断熱強化が必要なほか，配管の保温材の厚みを増し，機器の運転停止後の凍結にいたる時間を稼ぐ対策を行い，さらに間欠的に配管内の水が自動的に流動するように，循環ポンプの運転制御を行う配慮が必要である．

②　空調停止後に，建物が負圧にならないようにする

　取り入れる外気量より排気の量が多いと，建物内が負圧になり，玄関ドアやエレベータの扉から外気が引き込まれ，いわゆる「笛ふき音」が発生することがある．

　空調の設計では，空気バランスを計算し，建物内が負圧にならないように配慮している．しかし，トイレや湯沸し室あるいは駐車場の排気ファンなどは，空調停止後も運転をしていることがあり，このような場合は，停止している空調機の中に外気が誘引され，冷温水コイルや加湿装置の凍結を引き起こす可能性がある．

4.3節で述べているが，送風機と連動した外気遮断ダンパを設けることは，寒冷地の空調設備としては必須条件である．

しかし，ダンパは完全気密ではないことを考え，まず建物が負圧になることを避けなければならない．

③　玄関ホールの天井内に，ファンコイルユニットなどの水熱源機器を設置しない

シャッタのすきまなどから天井内に冷気が侵入し，夜間停止をしている機器や周囲の配管を凍結させるおそれがある．また，建物が負圧になっているとき，風除室の冷気がファンコイルユニットの内部を通って誘引されることで，コイルの凍結を引き起こすことが考えられる．

図4·13は，実際に起こった凍結事故の例である．この事例では，夜間にコイルが凍結し，破損していたところに，空調運転開始とともに温水を循環させた．コイルの中は氷で閉鎖されており，この時点では温水は流れないが，伝熱により徐々に温度が上がり，始業後2時間ぐらい経ったころ突然温水が噴き出す事故となってしまった．

④　個別分散型空調では，非暖房空間に注意する

マルチヒートポンプなどの個別分散型空調の場合，ともすれば，倉庫や書庫の用途の室には室内ユニットを設置しないことがある．外壁に接したこれらの室は，年末年始の長期休止期間中に凍結温度まで室温が低下する可能性がある．したがって，これら諸室には，空調用水配管や衛生設備の配管は行わないことが賢明である．

長期休止期間中に間欠暖房を行い，極端に室温を下げないことも対策となる．

⑤　空調機械室を外気のチャンバにしない

空調機械室の外壁に外気取入れ口を設け，機械室内を経由して外気を直接空調機に導いている設計を見かけることがある（図4·14）．とくに，中小建物などで空調機械室がせまい場合に，安易にこの方法を採用しがちであるが，空調機械室内の水配管や加湿装置の凍結を引き起こし，時には階下に漏水し大きな被害が発生することがある．寒冷地および準寒冷地では，外気はダクトを用いて空調機へ導入すべきである．

⑥　ビル内駐車場の配管は要注意である

ビルの自走式駐車場や立体駐車場の車路部分は，外気温度に近く，水配管は極力避けるように配

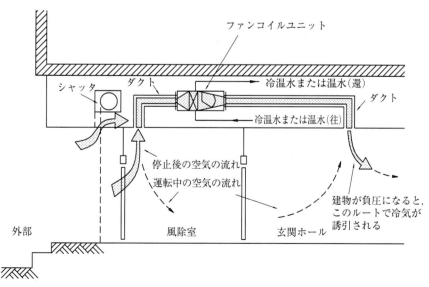

図4·13　1階玄関天井内に設置したファンコイルユニットの凍結事例[24]

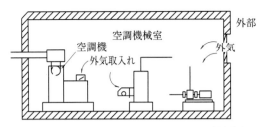

図 4・14 空調機械室を外気チャンバとした凍結防止の
うえでは危険な例[24]

慮する.

⑦ 年末年始など休日対策が必要である

事務所ビルでは，年末年始の連休中に 1 週間も暖房を停止するケースがある．この時期の凍結事故はことのほか多く見受けられる．建物の断熱や気密性の確保により，執務空間の凍結に対してはあまり心配することはないが，空調機械室および空調機内部の熱交換器（コイル）などには，何らかの対策を講じておく必要がある．

一例として，温水器などの熱源機器を無人で運転することが可能であれば，これらを自動的に間欠運転し，装置内の循環水を 0 ℃以下にならないように保つことは有効である．

トイレおよび湯沸し室には，電気ヒータを設置し，冬季間は電源を切らないようにしておく．

⑧ 空き室が多い建物には，対策を講じる

大部分のテナントが入居せず，暖房を供給しない場合は，室内のファンコイルなどのコイルが凍結することも考えられる．各階ごとに，空調系の水が抜けるようにしておくことが理想である．

⑨ 飲食店テナントに対する凍結防止は，**4.2.2 項**を参照されたい．

4.2.2 商業ビル

商業ビルには，物品販売店舗，飲食店およびこれらの雑居複合ビルがあり，その性格上，冬季に長期にわたって休業することは少ない．したがって，室内の凍結についてはそれほど心配することはないと考える．ただし，温度管理がラフな場所，ちゅう（厨）房排気による建物内が負圧となりやすい建物（飲食店）もあり，以下の点に留意して，建築および設備計画を行う必要がある．

また，事務所ビルと共通点も多いことから，**4.2.1 項**で述べた事項は省略する．

① 物品販売店舗では，バックヤード部分の凍結に注意する

物品販売店舗のバックヤードは，ある時間帯に集中して，納品のためにシャッタを開放して使用していることが多い．そのため，バックヤードの室温は，外気温度に近くなると考えるのが妥当であり，この部分で水を熱源とする空調システムの採用は極力避け，天井面に遠赤外線の放射暖房機（電気，ガス，石油）や空冷ヒートポンプなどを設置するほうが無難である．

とくに，バックヤードの上の階に事務室があるような建築計画の場合は，その事務室に設置される床置型空調機の水配管の小口径枝管を通さないような配慮が必要である．

② ちゅう房給気用外調機は，フェールセーフ設計を行う

ちゅう房の給気に，外気を加熱して供給する外調機を設置する例がある．凍結対策として外調機の加熱コイルに，不凍液を混合した温水を使用する．外調機コイル通過後の空気を一部コイル手前の空気と混合させコイル入口空気温度を常時プラス温度とする方法がある．小型ちゅう房の場合は空冷ヒートポンプ外調機の使用も効果的である．コイル制御の自動弁に最低開度設定する方法もあるがちゅう房内の温度制御に難点がある．

4.2 建物用途別の留意事項

さらに，気密性の高いダンパを外気の取入れ側に設けフェールセーフ設計を心がけることが必要である．ダンパは，送風機の停止とともに閉鎖するように，連動制御を設けておくことが大切である（**図4・34**）．ちゅう房の空気バランスが負圧とならないよう計画することが重要である．

③　外気冷房空調機は，冷温水兼用コイルの凍結に注意する．

デパートや飲食店舗では内部発熱が大きく，真冬といえども冷房運転を要求される．北海道のような寒冷な外気がある地域では，空調機に取り入れる外気量を増やして外気冷房を行うことが多い．

冷温水コイルの場合，一般的にコイルの大きさは冷房負荷で決まる．つまり冷温水コイルに温水を循環させる場合負荷に比べコイルが大きく，コイルの中の温水はほとんど動かず，凍結を起こしてしまうことがある．

冷温水兼用コイルの凍結破損は，コイルの下側のチューブに発生することが多い．このことは，導入された寒冷な外気の量が多い場合には，外気と還気とが空調機内部で十分混合されず，外気が空調機の底部を偏って流れることに起因していると考えられる（**図4・7**）．対策は**4.3.1項**を参照されたい．

4.2.3　ホ　テ　ル

ホテルは，都市型ホテルとリゾートホテル，およびその両方の機能をもつものに大別される．さらに，規模の大小や純和風の旅館などがある．

都市型ホテルは，冬季といえども休業することはないので，商業ビルに準じた凍結防止を考えればよい．一方，リゾートホテルは，スキー場周辺など気象的に大変厳しい地域に位置していることが多く，宿泊客は週末には満杯になるものの平日には極端に減ることもあり，空き室の暖房停止が考えられる．空調設備，とくに冷温水などの配管の凍結防止を十分行うことが必要である．

①　客室系統の外調機には予熱コイルを設ける

客室系統の外気は，冷却と加熱を必要とするために冷温水兼用コイルが使われることが多い．また，外気温度が最も低くなる深夜から明け方にかけても運転しており，温水が循環していて，凍結に対しては注意が必要である．

外調機には，全熱交換器を用いて，取り入れる外気に予熱を行うか，不凍液使用の予熱コイルを設けるなどの対策が望ましい．

②　リゾートホテルでは，客室系統の冷温水循環ポンプは停止しないようにする．また，ポンプの故障は，直ちに凍結につながるので，必ず予備ポンプを設けておく．

4.2.4　学　校

寒冷地の学校建築は，冷房設備のあるものは少なく，凍結防止の対象は冷暖房設備ではなく暖房設備が中心になる．過去には，蒸気や温水を用いた暖房システムが多かったが，維持管理上の理由から，最近では，FF式（強制給排気式）暖房機や電気暖房機，寒冷地向けヒートポンプエアコンの採用例もある．

学校建築は，開口部の面積が大きいうえに，1日のうちの暖房運転時間が短い．そのため夜間，教室内の温度が低下することもある．また，北海道のように1カ月もの長い冬休み期間中は，暖房はほとんど行われず，建物は完全に冷え切り，ピットの中でも凍結のおそれがある．

学校付属の体育館は地域に開放することが多く，その暖房システムは，凍結を十分考慮したものでなければならない．温風暖房機を採用するケースが多いが，ガスまたは灯油による天井放射暖房もある．

長期の休み対策としては地球温暖化対策からも建物の高断熱化および休み期間中の間欠暖房が望ましい．

− 107 −

4.2.5 集 合 住 宅

　寒冷地と非寒冷地では，集合住宅における断熱や気密性能，および設備のグレードが若干異なっている．ここでは，凍結防止の観点からその留意点を述べる．

　北海道の集合住宅では，断熱および気密性能が著しく向上していることもあり，日常生活において住戸内部での凍結事例は非常に少ない．また，大半の集合住宅には暖房の設備が備わっており，それも集中暖房が普及してきているが，戸別暖房もある（民間の賃貸アパートや公営の住宅の中には，ストーブを持ち込まなければならないタイプのものもある）．

　したがって，凍結については，とくに個別暖房の住宅には共用部分の衛生設備機器や配管の対策を行うことが必要で，すでに**第3章**で述べているので参照されたい．

　一方，本州の寒冷地の集合住宅では，北海道ほどの断熱および機密性能が高くないことが多い．そのため，片廊下に面した PS 内の配管には凍結防止ヒータを設けたり，給湯器や室内の配管には水抜きができるようにしている．

〔1〕　暖房用熱源機器の設置場所

　集合住宅の暖房の方式として普及してきたものに，FF 式給湯暖房機を使用した戸別温水暖房がある．この方式は，熱源機である給湯暖房機から温水を床に埋設された細い管を通して端末機器（ファンコンベクタなど）に循環させて暖房を行うものであり，燃料には，都市ガスや集中供給された灯油を用いている．

　この熱源機器は，非寒冷地では片廊下に面した半戸外やバルコニーに設置されているが，北海道のような寒冷地では，凍結を防止する観点から，住戸内に設置することが標準になっている．したがって，燃焼に伴った空気や排ガスは専用の給排気トップを用いて，各戸の外壁まで導いている（**図4・15**）．

〔2〕　未入居または空き室の対策

　建物の完成時期が冬季にかかるものは，入居が春先になることがある．また，何らかの理由で入居者が少ない建物（売れ行きの悪いマンション）もある．このような建物は，暖房が行われず自然温度のままで冬季を越すことになり，凍結防止の配慮をしなくてはならない．

　前述の FF 式給湯暖房機を使用する方式では，床に布設した細い管の中の水を試運転終了後に抜いて，凍結防止をはかることが重要である．一般的な方法としては，エアコンプレッサを用いて管内の水を吹き飛ばす．

〔3〕　FF 式暖房機の給排気筒の雪害対策

　図4・16は，集合住宅最上階のひさしのないバルコニーに突き出した FF 式暖房機の給排気トップが，夜間の暖房機が停止している間に雪の吹きだまりに埋まり，翌朝の暖房に支障をきたした事例である．

　最上階は，斜線制限や日影の規制から，バルコニー上部に屋根またはひさしを設けないことがあり，雪の吹きだまりを予測し，給排気トップを高い位置に設けるかバルコニーのない側壁に給排気トップを出すような配慮が必要である．

〔4〕　FF 式給湯暖房機の給排気トップの氷塊対策

　都市ガスを燃料にしている給湯暖房機は，燃焼の際の生成物である水分が外部の給排気トップ部分で冷却され，氷塊やつららになることがある（**図4・17**）．周囲温度が上昇することでこの氷塊ははがれて落下する．自宅のバルコニーや建物周囲の植込みなどに落下すれば問題は少ないが，給排気トップが通路の真上や駐車場の出入口の上にあると大変危険である．

　上記二つの事例は，設計図を作成するとき，住戸詳細図を共通の図面としているところに起因していることが多い．

4.2 建物用途別の留意事項

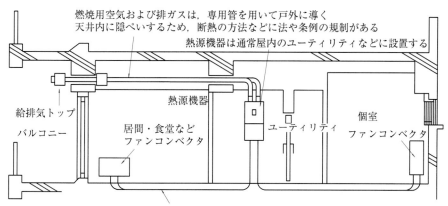

図 4・15 集合住宅の暖房用熱源機器設置の例[24)]

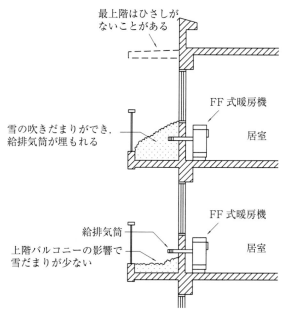

図 4・16 雪だまりのために最上階の FF 式暖房機の給排気筒が埋もれた例[24)]

図 4・17 FF 式給排気トップのつららの状態[24)]

4.2.6 その他

寒冷地の建物の中には、雪や寒さのために冬季間は使わない、あるいは使えない建物がある。
ゴルフ場のクラブハウスはその代表的な建物であり、北海道を例にとると、地域により多少の違いはあるものの、おおむね11月中旬から翌年4月中旬まで閉鎖されている。これらの建物には、浴場ほか衛生設備の占める部分が多く、**第3章**で述べている留意事項は空調設備にも共通したものがあり、**4.1節**では、これらの建物の管理上の注意事項を記述している。

しかし、配管の末端まで完全に水抜きを行うことは大変労力を要する作業であり、翌年のシーズンはじめには、水張り並びに空気抜きの作業を行わなければならない。そのため空調設備では、全館に水を循環させる方式はできるだけ避け、シーズンオフの水抜きは機械室だけで行えるシステムまたは水を使わない空調システムも考えられる。建物使用期間中の外気温度は最も低いときでおおむね0℃であり、地球温暖化により冷房要求が高まっていることもあり、寒冷地向けの空冷ヒートポンプエアコンなどの採用が考えられる。

4.3 空調・換気設備の凍結防止対策

4.3.1 空調機，外調機

空調機、外調機の凍結事例で最も多いのは、**4.1節**で記述したように、空調機および外調機内部のコイル凍結であり、凍結被害の規模もほかに比べてはるかに大きい。ここでは空調・換気設備で使用する冷水、温水、蒸気コイルそれぞれの凍結防止方法と、空調機回りの凍結防止システムについて記述する。

〔1〕 コイルの凍結防止方法

〔a〕 冷水コイル

冬季に使用しないような冷水コイルの凍結防止は、次のようにして行う。

① 冷水コイルと加熱コイルを両方設けるときは、外気側に加熱コイルを置くか予熱コイルを設け、外気が直接冷水コイルに当たらない配列にする（**図4・18**, **4・19**）。

② 冬季に水が抜けるように、コイル上部の配管取出し部分に空気取入れ弁を取り付け、またコイル下部の配管部分に水抜き弁を取り付けることにより、コイル内の水が容易に抜ける構造とする（**図4・20**）。しかし、コイルに水抜き装置を設けても、コイルの形状により、完全に水が抜けないことがある。従来のコイル形状を改良した例を示す。完全に水を抜くためにはオールヘッダ式コイルの採用が望ましい（**図4・21**）。

③ 不凍液を注入する。補給方法および濃度管理について注意を要する。補給方法は、**図4・22**のように、補給装置により濃度調整した不凍液を補給する。不凍液の取扱い方法、濃度管理については、**第6章**で詳しく述べる。

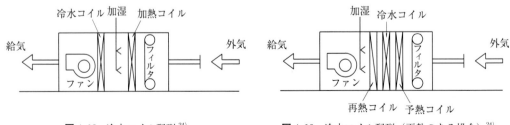

図4・18 冷水コイル配列[24]　　　　**図4・19** 冷水コイル配列（再熱のある場合）[24]

4.3 空調・換気設備の凍結防止対策

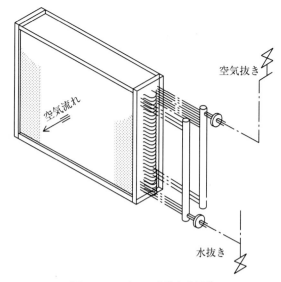

図4・20 コイルの水抜き装置[6]

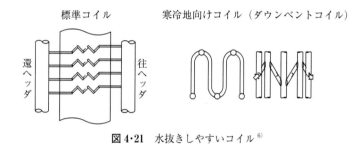

図4・21 水抜きしやすいコイル[6]

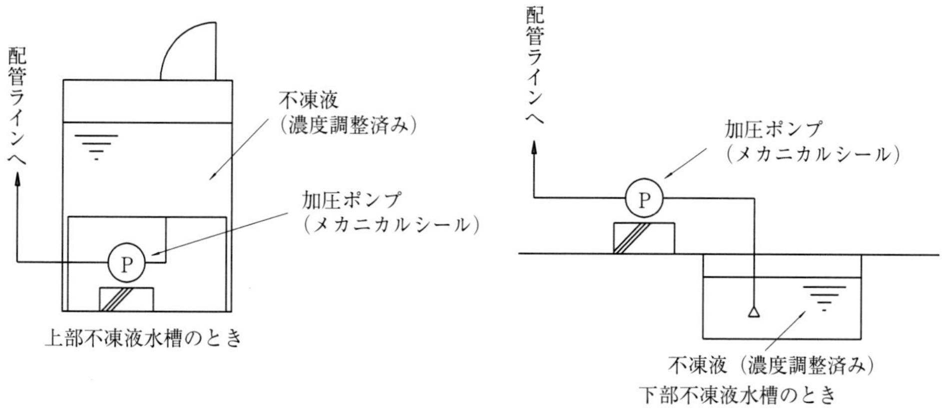

図4・22 不凍液補給装置[24]

[b] 温水コイル

冬季，長期間にわたって使用しない温水コイルについては，冷水コイルの場合と同様に考える．運転期間の温水コイルの凍結防止方法は，次のように行う．

① コイル選定にあたっては，過大な能力を避ける．これはコイル能力が大きすぎると，温水流量が設計値以下であっても十分な能力が出るため，能力コントロールする場合は流量が絞られ，

- 111 -

凍結のおそれがある．したがって，コイル選定は温水の流量が十分に確保されるように行い，低負荷時に凍結しない流量（最小流量）を確保するなどの対策が必要である．コイル内流速が 0.3 m/s 以下で凍結を起こす危険が高まるため 0.6 m/s 以上が望ましい．

② ミキシングボックスは，室内還気と外気が十分混合し，コイル通過気流が偏流にならない構造とする（図 4・23）．

③ コイル入口の空気温度を上げる．コイル入口の空気温度を上げる方法としては，次の方法が考えられる．

・温水コイルを二重に設ける．
　前記①と考え方は同様であるが，最小流量を確保するというより，外気側のコイルは無制御とし，温水を流し放しとする．また，コイル能力は大きくしない（コイル出口で+5℃程度）（図 4・24）．
・予熱コイルとして蒸気コイルを設ける（コイル出口で+5℃程度）（図 4・25）．
・全熱交換器または顕熱交換器を設置する（図 4・26）．

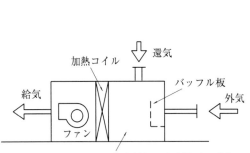

図 4・23　ミキシングボックスの形状 [24]

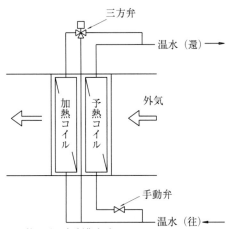

図 4・24　温水二重コイル [24]

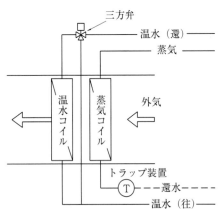

図 4・25　予熱用蒸気コイル [24]

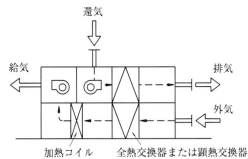

図 4・26　全熱交換器または顕熱交換器の設置例 [24]

④ コイル循環温水の最小流量を確保するために，コイル入口空気温度が0℃以下になると予測される場合には，自動弁を全閉にしないよう制御を行う．開度が不足して凍結することを防ぐため外気温度の変化に対してバルブ開度を変化させる制御や最小開度を設定することも有効である．

また，最小流量を確保するため，温度コントロールが困難となる場合には，送水温度コントロールやバイパスダクト方式で給気温度を制御する．

制御方法は，〔3〕で詳しく述べる．
⑤ 送風機運転前に必ず循環ポンプを運転し，温水を供給する（図4・27）．
⑥ 送風機の停止時は，モータダンパにより外気の侵入を防ぐ．ダンパは，リークの少ない高気密ダンパを使用することが望ましい（図4・28）．
⑦ 不凍液を注入する．不凍液の注入については，冷水コイルと同様である．

〔c〕 冷温水コイル

冷温水コイルは，**4.1節**で述べたとおり，コイル能力を冷水側で選定することが多いため，暖房時は温水流量が極端に少なくなることがある．この場合，温水コイルの項で述べたように，制御弁が閉じたままの状態が続くことが考えられる．対策は次のとおりとする．
① 冷水コイルと温水コイルを分けて，適正なコイル選定を行う．
② 冷温水コイルとする場合，コイル手前に全熱交換器または顕熱交換器を使用する．
③ コイルに不凍液を注入する．
④ 送水温度を下げて流量を確保する．

〔d〕 蒸気コイル
① コイルは，コイル面全体の温度分布を均一にするためと，ドレンが抜けやすくするために縦型コイル（VS型）とし，コイル出口配管には十分な勾配をつけて凝縮水の排出がスムーズな施工を行う（図4・29）．
② コイル内が自動弁の絞り運転時に真空にならないように，還水管にはバキュームブレーカを設ける（図4・30）．
③ 蒸気コイルの還水出口と蒸気トラップとの取付け高さを，できるだけ大きくとる（30 cm以上）．
④ 蒸気トラップは，ドレンが滞留しないように，計算値の3倍以上の容量とする．
⑤ コイル出口配管にサーモスタットを取り付け，ドレン温度が50℃くらいで強制的に制御弁を開とし凝縮水を排出する．
⑥ コイル入口の空気温度を上げる．コイル入口の空気温度を上げる方法としては，次の方法が

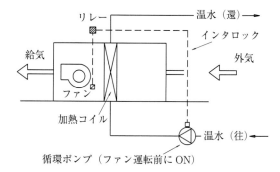

図4・27 インタロック制御[24]

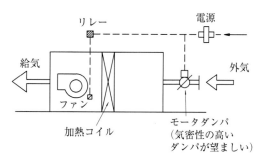

図4・28 外気取入れダンパ制御[24]

考えられる．
・蒸気コイルを予熱コイルと再熱コイルに分ける．予熱コイルは常時蒸気を流し，再熱コイルの自動弁で温度調整を行う（**図4・31**）．

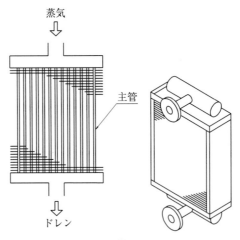

図4・29 縦型コイル

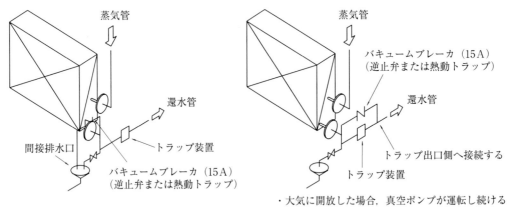

図4・30 バキュームブレーカ取付け例 [24]

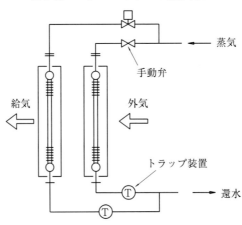

図4・31 蒸気コイル分割例

- コイル手前に全熱交換器または顕熱交換器を設置する．
- ファン停止時空気リークによる凍結の対策として電気ヒータを設置する．

〔2〕 空調機回りの凍結防止システム

空調機内部のコイルの凍結防止を行うには，コイル本体での対策のみならず，空調機回りのシステムとして考慮する必要がある．代表例（温水コイルの場合）を図4・32に示す．

〔3〕 外調機回りの凍結防止システム

寒冷地における外調機コイルの凍結事例は，空調機の凍結事例の中でも最も多い（図4・33）．また，外調機と同じように扱われるちゅう（厨）房給気用のコイルなども，十分な凍結防止対策が必要である（図4・34）．

寒冷地において，外調機は運転停止中はもちろん運転中においてもコイルが凍結することが考えられる．

次に，運転停止中と運転中の凍結防止システムの代表例を示す．

〔a〕 運転停止中の凍結防止システム

外調機が運転停止しているときの凍結防止方法は，次のとおりとする（温水コイルの場合）．

① ファン停止時に外気取入れダンパを閉めるとともに，温水コイル制御弁を機内の温度を上げるために全開にする．
② コイル表面の凍結防止サーモにより循環ポンプを強制運転させる（図4・35）．このとき制御弁は全開，必要に応じ熱源も起動する．

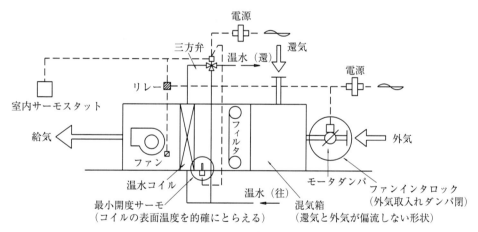

図4・32 空調機凍結防止システム例[24]

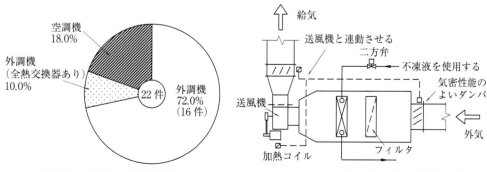

図4・33 外調機の凍結事例[24]　　**図4・34** ちゅう房用外気加熱器の凍結防止[24]

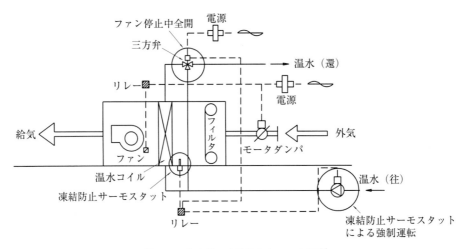

図4・35 停止時の凍結防止システム例[24]

③ 電気ヒータを設置する.
[b] 運転中の凍結防止システム
外調機が運転しているときの凍結防止方法は,次のとおりとする.
① 制御弁最小開度設定方法
　これは,制御弁の開度が全閉にならないようにあらかじめ定めて,外気コイルに一定量の温水を流す方法である（図4・36）.これは熱状態が満足されてもコイル内流量を一定量確保する方法で室温が上がりすぎることがある.
　図4・37は,最小開度を30%,60%,100%としたときの,出口空気温度の変化を示している.
図4・38は,最小開度を30%としたときのコイルの表面温度分布を示している.
　図4・37は,最小開度を一定にしたとき,外気温度が上昇するに従って給気温度が上昇することを示しており,給気温度を一定に保つためには,外気温度が変化するたびに最小開度を変える必要があることを示している.
　図4・38より,特定の条件では,コイル表面温度がマイナスになり,凍結する可能性がある.最小開度を設定する方法は,給気温度の制御性をある程度犠牲にして,凍結防止を主に考えた方法である.

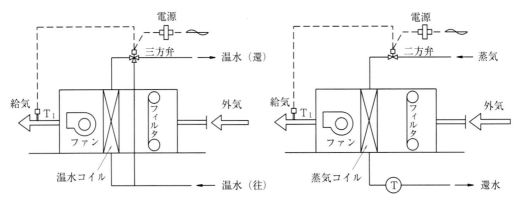

T_1：ダクト挿入サーモスタット

図4・36 制御弁最小開度設定方法[24]

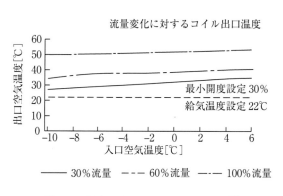

図4·37 温水流量とコイル出口空気温度[24]

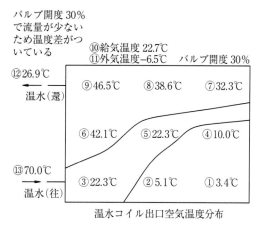

図4·38 温水コイル表面温度分布[24]

② バイパスダクト方式

前述の制御弁最小開度設定方法では，給気温度が制御できない場合があり，これを改善する方法として，外気をコイル部分でバイパスさせて直接外気を給気し，給気温度を混合制御するものである（**図4·39**）．

直接外気を給気に混合することにより，コイルを通過する空気温度を高くして，給気温度を維持するため制御弁を開放し強制的に熱媒を送ることにより凍結を防ぐ．

またコイル通過後の空気をコイル手前で外気とミキシングして，確実にプラス温度としてからコイルへ送風する方法もある．

③ ブースタポンプ方式（送水温度制御方式）

この方法はコイル部循環ポンプを専用に設置し，コイルに流れる水量を大きくするものである．給気温度の制御性はよいが，長時間，熱源側から熱が供給されない場合は，凍結する可能性がある（**図4·40**）．そのため必要に応じ熱源も起動させる．コイル側は定流量化し熱源側は可変流量とすることができる．

④ 熱交換器方式

この方法は前記のブースタポンプ方式と同様コイル部循環ポンプを専用に設置するが，熱交換器を設けることで負荷側に不凍液を入れて，一層完璧な凍結防止を行うこともできる（**図4·41**）．

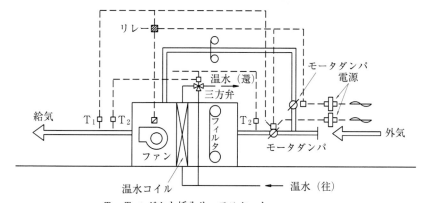

図4·39 バイパスダクト方式例[24]

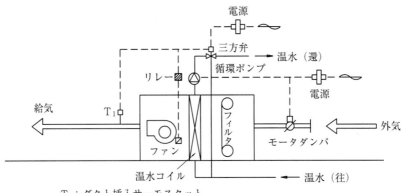

図 4・40　送水温度制御方式例[24]

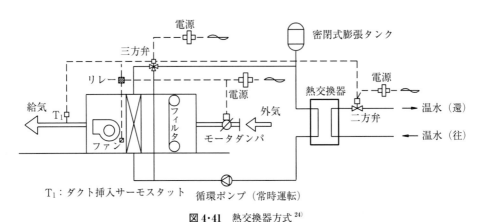

図 4・41　熱交換器方式[24]

⑤　外調機起動時
　蒸気加湿の自動弁と温水コイルの自動弁が同時に動作することによる温水コイル凍結対策として，加湿禁止給気温度設定を行う．

4.3.2　熱源機器
[1]　回転型熱交換器，静止型熱交換器
寒冷地において，全熱交換器および顕熱交換器を使用する場合，次の事項に注意する．
〔a〕　回転型熱交換器（全熱交換器）
　冬季に，寒冷地で外気と室内空気を熱交換器で交換する場合，外気条件（－20℃以下の場合が多い）によっては熱交換器の素子の表面で結露が生じ，ロータ部分が凍結を起こすことがある．また，その場合熱交換効率が低下し，凍結事故の危険性が高くなる．凍結を防止する方法としては，外気取入れ側に加熱装置（不凍液によるプレヒートコイルなど）を設けて外気を予熱し，結露しない条件（5℃以上が望ましい）にすることが必要である（**図 4・42**）．
〔b〕　静止型熱交換器（主に顕熱交換器）
　冬季に，寒冷地で外気と室内空気を熱交換器で熱交換する場合，外気条件によっては室内空気の排気側で結露し凝縮水が発生するので，すみやかに外部へ排出する必要がある．**図 4・43** に，熱交換器の設置方法および結露水の排出方法を示す．

4.3 空調・換気設備の凍結防止対策

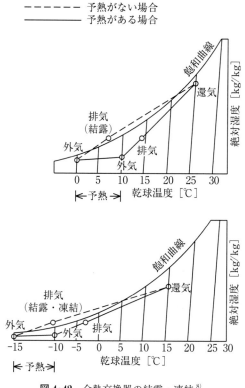

図4・42 全熱交換器の結露・凍結[8]

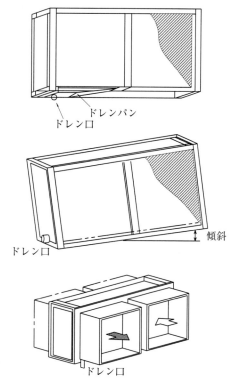

図4・43 顕熱交換器凝縮水排出方法[9]

また，外気温度と室内排気温度の条件により（たとえば，室内排気を0℃以下まで熱回収したときなど），交換フィンが結氷し排気できなくなることがある．この場合，バイパスダクトにより排気ができるようにしておく必要がある．

小型のファン内蔵ユニット型熱交換器では低外気温時熱交換器を停止させる寒冷地仕様もある．

〔2〕 冷　却　塔

冷却塔は，用途により開放型と密閉型に大別されるが，凍結防止方法もそれぞれ異なる．また，建物用途によっては冬季に冷却塔を使用することもあり，冷却のシステム全体として，凍結防止を考慮する必要がある．

次に，開放型と密閉型の冷却塔の凍結防止方法について述べる．

〔a〕 開放型冷却塔

① 冬季に使用しない場合

冬季に使用しない場合は，冷却塔本体および屋外露出配管の水抜きを完全に行い，シートカバーにより冬季養生を行う（図4・44）．

水抜き時および冬季養生の注意事項は，次のとおりである．

1) 冷却塔本体の水抜き後，排水弁は開放のままにする．
2) 防振継手，弁，ストレーナおよび自動弁は残留水を完全に抜く．
3) 水抜きのための空気抜き弁，水抜き弁などは適切な位置に取り付ける．
4) 補給水管は，屋外露出部分の水を完全に抜いておかなければならない．したがって，水を抜きやすいように，水抜き弁，空気取入れ弁を必要な箇所に設けておく（図4・45）．
5) 冬季養生は，シートカバーにより冷却塔全体の養生が望ましいが，少なくともファン部分

第4章　空調・換気設備の凍結防止と雪対策

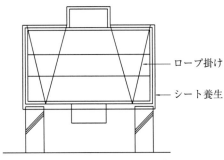

図 4・44　冷却塔養生[10]

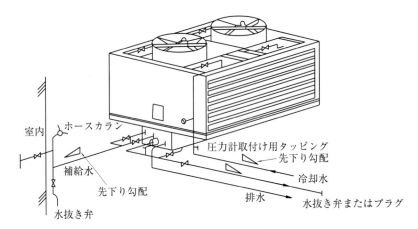

図 4・45　冷却塔回り配管[11]

の養生は必要であり，養生シート上の雪は適宜取り除くことが必要である．
② 冬季に運転する場合
冬季に運転する場合は，次の対策を行う必要がある．
1) ルーバの向きは，その地方の風向きを十分考慮し，直接風雪を受けにくい位置に設ける．
2) ファン吐出し口は，間欠運転のとき積雪のおそれがあり，防雪フードを取り付ける．
3) ルーバ面も，飛散水などが氷結し空気取入れ障害や破損のおそれがあるため，飛散水からできるだけ距離をとるなど形状を考慮し，防雪フードを取り付けるのが望ましい．
4) 下部水槽内に投込み式電気ヒータを設置し，加温による凍結防止をはかる（この場合，渇水時に火災の危険があるため減水警報をとり，電気ヒータの過熱防止装置を設ける）（図 4・46）．屋外の補給水配管にも電気ヒータを設ける．
5) 凍結防止とは直接関係ないが，冬季に冷却水発生機などを運転する場合，冷却水温度制御を行わないと水温が下がり過ぎ，冷媒が結晶化するおそれがある．対策としては，図 4・47のように三方弁制御が一般的である（密閉式冷却塔の場合も同様である）．
　また，凍結防止方法として，冷却塔の水槽より下部に別置水槽を設け，冷却塔の水槽内部に水が残留しないようにするシステムがある（図 4・48）．
　この場合，次の事項に注意する．
・冷却塔本体の下部水槽は，水の残留しない構造とする．
・別置水槽の位置は，配管内の水が完全に落水するのに十分な落差が必要である．
・配管は，自然落下の水量を十分満足する管径および勾配とする．

－ 120 －

4.3 空調・換気設備の凍結防止対策

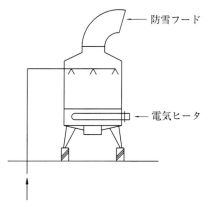

図4・46 防雪フードおよび電気ヒータ取付け例[12]

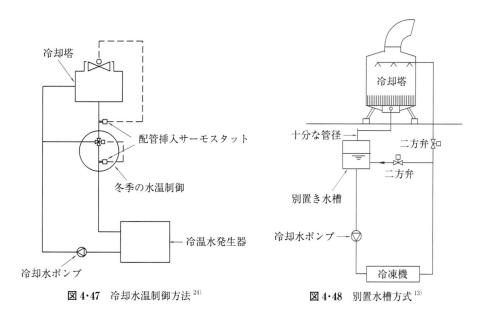

図4・47 冷却水温制御方法[24]　　図4・48 別置水槽方式[13]

・別置水槽の容量は，冷却塔の下部水槽水量と配管内水量の合計以上とする．
　寒冷地で冬季に使用する冷却塔は密閉型を原則とする．開放型は冷却水温が安定して維持され使用が連続し凍結リスクがない場合のみ使用する．散布水（飛散水）の凍結対策として該当床へのヒーティングが望ましい．

〔b〕 密閉型冷却塔
密閉型冷却塔の凍結防止方法は，次のとおりとする．
① 冬季に使用しない場合は，下部水槽内の水および散水ポンプ回りの配管内の水は完全に抜いておく．冬季に使用する場合は，散水は行わず冷却塔のファンを運転するだけで，十分な冷却塔の能力を出すことができる機器選定が望ましい．
② 冷却水には不凍液を注入する．冷却水に不凍液を使用するときは，冷却塔能力が通常より低下するので，冷却塔選定に注意する．
③ 冬季に使用しない場合は，前項開放型冷却塔と同様に養生をする必要がある．
④ 凍結リスクがなく冬季散布水を使用する場合は，開放型冷却塔同様下部水槽内に電気ヒータを設置し，床ヒーティングすることが望ましい．

〔3〕ボイラ
〔a〕屋内設置型ボイラ
　機械室，ボイラ室内に設置されるボイラは，ホテル，病院など24時間休みなく使用している場合には，冬季の凍結事故の問題は少ない．しかし，冬季長期間運転を休む場合また建物の断熱性能が低い場合は冬季の凍結防止対策を考慮する必要がある．
　次に，ボイラ回りで考えられる凍結防止対策を述べる．
　① 凍結防止装置の付いたボイラを使用する．ボイラの種類によっては，本体のサーモスタットにより自動的に凍結防止運転を行う装置が設けられている．
　② 安全弁の吹出し管を直接屋外に取り出す場合は，横引き管に凝縮水が滞留しないようにする（図4·49）．
　③ ボイラ室および機械室の給気を予熱する．寒冷地では，冬季に直接外気が室内に入り込むと，暖房運転中でも水配管などが凍結するおそれがあるので，とくに寒い地域では考慮する（4.3.4項を参照）．
　④ ボイラ室の換気は，燃焼空気用と室温制御用に分け，冬季は必要以上の外気を取り入れない．燃焼空気用給気は，ボイラ運転と連動運転して，ボイラ停止時は不要な外気を取り入れない（4.3.4項を参照）．
　⑤ 付属機器は，水抜きが完全にできるようにしておく（空気吸込み弁，水抜き弁が必要）．
〔b〕屋外設置型ボイラ（主に温水ボイラ）
　寒冷地で屋外に温水ボイラを設置する場合，24時間運転を行うかどうかにかかわらず，十分に凍結防止対策を考慮する必要がある．
　次に，屋外設置の場合の凍結防止対策について述べる．
　① ボイラを循環する温水配管に不凍液を注入する．
　② ボイラ回りに囲いを設けたり，架台を高くして（50〜100 cm）積雪対策を行う．
　③ 配管の温水温度が急激に降下しないよう，せまい温度範囲でボイラを常時運転させる．
　④ 屋外露出部分の配管の保温仕様に注意する（4.3.3項を参照）．
〔4〕家庭用コージェネレーションシステム
　家庭用ガス熱電併給システム（コージェネレーション）は，家庭で発電を行い，排熱を給湯・暖房などに利用する高効率システムである．システムは，一般的に発電ユニット・貯湯ユニット・バックアップボイラの3ユニットに分割されるが，発電・貯湯ユニットは室内スペースの確保の観点から屋外設置が一般的であり，積雪・凍結防止対策が必要である．なお，対となるバックアップボイラは屋内設置（FF式）が一般的である．

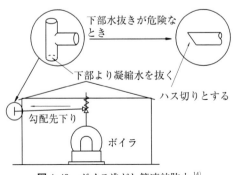

図4·49　ボイラ逃がし管凍結防止[14]

次に家庭用コージェネレーションシステムの凍結防止対策などについて述べる。

① 屋外設置ユニットへの温水配管は、凍結防止のための不凍液を使用することが望ましい。給水・給湯・排熱回収水・ドレン水の配管には凍結防止ヒータを設置する。また、配管は放熱防止や凍結防止ヒータの消費電力を減らす観点から、できる限り短くなるように設置することが望ましい。

② 屋根などからの落雪のおそれのある場所や雪ぴ（庇）のできやすい場所は避けて設置する。

③ 外気温度が低い場合、機器は自動で凍結防止運転を行うため、電源は切らないこと。

④ 引っ越しや長期不在などの理由で電力供給が停止される際は、取扱説明書に従い機器（発電ユニット・貯湯ユニット・バックアップボイラ）の水抜きを行うこと。

⑤ 基礎は凍上・沈下を防ぐために、凍結深度以下まで掘り込んだうえで非凍上質の砂利などで置換し、その上に基礎を設置する。また、振動が発生するガスエンジン方式の場合は、建物基礎一体とせず、振動を伝播させにくい独立した基礎とすることが望ましい。

4.3.3 配 管 設 備

本来、配管設備を凍結しやすい場所に施工することは避けるべきだが、建築工事の性格上やむをえない場合がある。つまり、熱を輸送する蒸気、温水、冷却水、冷水、補給水、油、冷媒などの配管が、いろいろな温度条件下にさらされることになる。したがって、次の凍結防止対策の基本事項を考慮に入れることが重要である。

① 水を抜く。

② 加温（保温）する。

③ 氷点を下げる（不凍液を注入する）。

しかし、設備が大規模になり、さらに複雑になると、個々に対策をとるのは困難である。たとえば、冬季は使用しない建物で、空調用の温水をシーズンごとに抜くことは、大変な作業になる。

そこで「どの程度まで対策をとれば凍結しないか」がわかれば、もっと容易に管理できるはずである。

ここでは、温水配管と蒸気配管のそれぞれについて、配管設備の凍結防止対策として考えられる事項を述べる。

〔1〕 温 水 配 管

4.1 節で述べたように、凍結しやすい場所に配管を施工する場合は、次のような対策が必要となる。

① 凍結防止ヒータを巻く。

② 保温厚さを一般仕様より厚くする。屋外配管の場合、配管口径によらず一律に保温厚さは 50 mm を目安とする。

③ 配管の補修が可能な方法を考慮しておく。配管が凍結、破損した場合の修理のために、パイプシャフトや天井内など隠ぺい配管部分には、容易に人が入れるよう扉や点検口を設ける。したがって、配管を二重壁内に埋め込んだり、コンクリート壁に打ち込んだりすることは、避けるべきである。

④ 配管内の温水が静止しないように、ポンプを強制的に運転する（サーモ発停など）（**図 4・50**）。寒冷地の場合、この方法は、ポンプ運転とともにボイラなどで温水の加熱を行わないと、時間の経過とともに凍結するおそれがあり、油断は禁物である（とくに 50 A 以下の小口径の場合）。

⑤ 不凍液を注入する（**図 4・51**）。

〔2〕 蒸 気 配 管

① トラップは、自動排水弁付きトラップを設ける。

② ドレンは直接屋外へ排出せず、地中配管で横引きし、排水ます（桝）内で開放する。

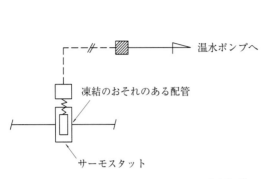

図4・50 サーモスタットによるポンプ発停制御[24]

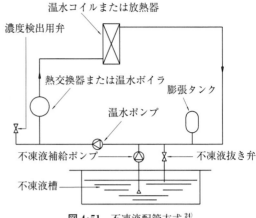

図4・51 不凍液配管方式[24]

③ 還水管勾配を十分（1/50以上）とる.
④ リフトフィッティングなどは，できる限り使用しない.
⑤ 屋外またはこれに準ずる場所を通る還水管は十分断熱し，凍結防止ヒータを巻く.

4.3.4 換気設備

配管設備に比べて，換気設備の場合は，凍結それ自体は大きな問題ではないが，換気の方法により，ほかの機器および配管に影響を及ぼすことが多い．また，雪対策が必要となる．

〔1〕 機械室の換気設備

熱源機械室，空調機械室などの換気は，冬季でも外気をそのまま取り入れることが多いが機械室内の水配管の凍結を防ぐには，次のような換気制御を行う必要がある．

① 給排気ファン停止時に給排気ダクトのモータダンパ（排気は逆流防止ダンパ（CD）も可）を閉止し，外気の侵入を防ぐ．
② 機械室内の温度により，給排気ファンを発停させる．
③ ボイラバーナの信号により，給排気ファンを発停させる．
④ 寒冷地では，可能な場合は外気を加熱して機械室に取り入れることが望ましい．
⑤ 機械室などの換気の外気が直接機器配管にあたらないこと．

〔2〕 集合住宅の換気

寒冷地において，集合住宅の浴室からの排気をそのまま外壁取付けフードから排気する場合，湯気が凝縮し，さらに凍結することになり，外壁側につららができるなど問題になることが多い．

このようなことを防ぐには，次のような対策が必要である．

① 浴室排気ダクトを外壁に向かって上り勾配とし，凝縮水が外に出ないようにする（**図4・52**）．
② 外壁取付けフードは，排気が周囲に拡散しやすい形状のものを採用する（**図4・53**）．

〔3〕 外壁給排気ガラリ回りの対策

① 排気ガラリに比べて，給気ガラリは雪を吸い込む可能性が高いため，給気ガラリ通過風速を1.5～2m/s以下とする．
② 建設地域，ガラリの取付け方位により，**図4・54**のような防雪フードや防雪板を設ける．
③ 寒冷地の場合，外壁ガラリは冬季の風上側を避ける．一般的には北向き（北西向き）を避ける．
④ ガラリの開口率は雪の吸込みを考慮して決める．また雪の吸込み対策品もあるので採用を検討する．

4.3 空調・換気設備の凍結防止対策

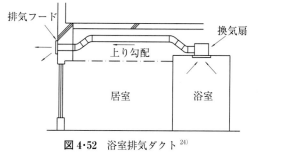

図 4・52 浴室排気ダクト[24]

図 4・53 外壁取付け排気フード[15]

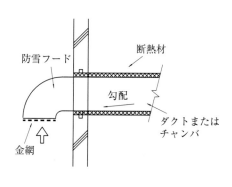

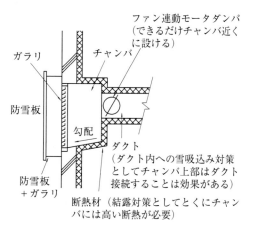

図 4・54 外気取入れ口[16]

4.3.5 そ の 他
〔1〕 **空冷ヒートポンプエアコン屋外機の対策**
近年，寒冷地においても電動ヒートポンプ（EHP），ガスエンジンヒートポンプ（GHP）などの空冷式ヒートポンプエアコンが一般的に使われるようになり，冬季の対策が必要になっている．
〔a〕 ガスエンジンヒートポンプエアコンの排気ドレン凍結防止対策
　ガスエンジンヒートポンプは，ガスエンジンにてコンプレッサを駆動させ，エンジン排熱も暖房に有効に利用できる寒冷地に適した冷暖房空調設備である．
　ガスエンジン排気とともに少量の排気ドレン水が連続的に排出されるが，凍結防止処理をしていない場合，低外気温では排気ドレン配管内に滞留しているドレン水が凍結する．凍結水がドレンホース出口に達し，エンジン排気が阻害されると機器故障の原因になる場合がある．
　近年は排気ドレン水も熱交換利用し，温度が 20℃ 前後と低下しているため，排気ドレン水凍結防止対策は一層重要になっている．
　① ドレンホースは，凍結防止ヒータ付きを使用する．
　② ヒータ付きドレンホースは，大気に解放された状態で排気ドレン配管に間接接続し，接続部をコーキングなどで密閉しない．
　③ 排気ドレン配管は，ヒータなどで凍結防止工事を行い排水ますへ適切な勾配にて施工する（図 4・55）．
〔b〕 電動ヒートポンプエアコンの凍結防止対策
　電動ヒートポンプの霜取り運転時に室外機吸込み側に雪が付着している場合，その雪が融けて凍結し氷柱となり室外機の機能を低下させることがある．対策として適切な基礎高さの確保，早期の

第4章　空調・換気設備の凍結防止と雪対策

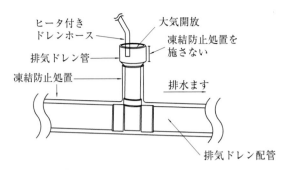

図4・55　排気ドレンホース接続事例

氷柱除去が必要となる．

〔c〕　共通対策
① 停止時にヒートポンプ熱交換器用ファン部分にたい積した積雪や，休日の日中などに融けた雪が夜間凍結し氷状になり，次回稼働時に熱交換器ファンに巻き込まれ，ファンを破損することがある．この場合，防雪フードを取り付けることによって回避できる．

　近年のガスエンジンヒートポンプエアコンでは低外気温時に一定間隔でファンを動作させて積雪を除去する雪飛ばし機能を搭載しているので，必ずしも防雪フードは必要としない場合も多い．

　ただし，年末などで長期停止の可能性がある事務所などは，防雪フードを検討すべきである．

　軒下などで落雪のおそれがある場合，落雪による熱交換器ファンの破損が発生するため，設置場所の見直し，もしくは防護のための防雪フードを取り付ける．

　電動ヒートポンプエアコンについては，筐体が比較的小型であり熱交換器ファンも小さいため，風量を満たすためにファン回転数を高くする．したがって，積雪や氷などが巻き込まれた場合，破損の可能性が大きいので必ず防雪フードを設置検討すべきである．

　また，電動ヒートポンプエアコンは吸込み側にも防雪フードを取り付ける場合が多いが，ガスエンジンヒートポンプエアコンはエンジン排熱を利用した霜取り機能があるため，吸気側に防雪フードは不要である．

② 屋外機の架台は積雪以上に高くする（図4・56）．
③ ドレンパンにヒータ設置が好ましい．

図4・56　空気熱源ヒートポンプの屋外防雪フードおよび鉄骨ベース[24]

4.4 寒冷地と準寒冷地, 非寒冷地の凍結防止対策の比較

4.4 寒冷地と準寒冷地, 非寒冷地の凍結防止対策の比較

1.2節で寒冷地と準寒冷地の定義がされているが, 空調・換気設備の凍結防止対策を考えた場合, 基本的には, 準寒冷地にも寒冷地と同等の防止対策をとることが望ましい. しかしながら, 一方で寒冷地と準寒冷地とでは, 最寒月の日最低気温の平均値に–4～–5℃と0～–1℃との差があり, 必ずしも寒冷地の凍結防止対策すべてを考慮することはなく, その判断は, 地域の気象特性や使い勝手を把握したうえで設計者が行うべきものである. ここではその判断の参考としての指針を比較表で表すことにする.

また, 準寒冷地以外でも, 気温が氷点下に下がる寒波は日本のほとんどの地域であり, 氷点下に下がらない地域は沖縄県くらいである. したがって, 準寒冷地以外でも, 沖縄県を除いた地域では, 突然の寒波で凍結する可能性があり, とくに外調機や屋外設置の機器には注意が必要である. ここではその注意を喚起する意味で, 非寒冷地として, 準寒冷地と同様に比較表で凍結防止対策を参考として表すことにする.

4.4.1 空 調 機 器

項目		寒冷地	準寒冷地	非寒冷地
冬季使用しない冷水コイル	(1) コイルは水の抜けやすい構造のものを採用し, 水抜き装置を取り付ける (**図4・20, 4・21**参照)	同 左	コイルは標準とし, 水抜き装置を取り付ける
	(2) 不凍液を注入する (**図4・22**参照)	同 左	とくに考慮しなくてもよい
	(3) 水を抜かない場合は手前側に温水コイルを設け, 冷水コイル通過空気はプラス温度とする	同 左	同 上
温水コイル	(1) コイル選定にあたっては過大な能力を避け, 温水温度を0℃以下にしない最小流量を確保できるようにする. また, バイパスダクト方式による温水を制御しないで, 給気温度を制御する方法もある (**図4・32～4・40**参照)	同 左	同 上
	(2) ミキシングボックスはコイル通過気流が偏流とならない構造とする (**図4・23**参照)	同 左	とくに考慮する必要はないが, 偏流しない工夫は大切である
	(3) コイル入口の空気温度を0℃以上にする ①温水コイルを二重に設ける (**図4・24**参照) ②蒸気コイルを予熱コイルとして設ける (**図4・25**参照) ③全熱交換器を設置する (**図4・26**参照)	温水コイルの二重までは考慮せず, 全熱交換器または蒸気コイルを設ける	とくに考慮しなくてもよい
	(4) 送風機運転前に温水を供給する (**図4・27**参照)	同 左	同 上
	(5) 送風機の停止時はモータダンパを閉じ, 外気の侵入を防ぐ (**図4・28**参照)	同 左	考慮しておいたほうが望ましい
	(6) 不凍液を注入する (**図4・22**参照)	同 左	とくに考慮しなくてもよい
蒸気コイル	(1) コイルは面全体の温度分布を均一にし, 温度応力を極力少なくするためとドレンを抜けやすくするために, 縦型 (VS型) を使用する (**図4・29**参照)	標準蒸気コイルを使用する	同 上

– 127 –

項目	寒冷地	準寒冷地	非寒冷地
蒸気コイル	(2) コイル内が自動弁の絞り運転時に真空にならないように，還水管にはバキュームブレーカを設ける（**図4・30**参照）	とくに考慮しなくてもよい	とくに考慮しなくてもよい
	(3) 蒸気コイルの還水出口と蒸気トラップとの取付け高さを 30 cm 以上とし，蒸気トラップはドレンが滞留しないように計算値の 3 倍以上の容量とする	同　左	同　上
	(4) 予熱コイルと再熱コイルに分け，予熱コイルは制御せず，再熱コイルで制御する（**図4・31**参照）	とくに考慮しなくてもよい	同　上
空調機	(1) 停止時は外気取入れダクトにモータダンパを取り付け，外気の侵入を防ぐ（ダンパは気密タイプが望ましい）．また，凍結防止サーモスタット感温部の取付け位置は，最低温を正確に計測可能な位置とする（**図4・32, 4・35**参照）	同　左	気密タイプのダンパまでは不要であるが，モータダンパは考慮しておいたほうが望ましい
	(2) 外気取入れ口は防雪フードなどを取り付け，雪が侵入しにくい構造とする	同　左	とくに考慮しなくてもよい
	(3) 停止中の凍結対策として，電気ヒータまたはポンプの強制運転を行う（**図4・35**参照）	同　左	同　上
外調機	(1) 前述のコイルおよび空調機の凍結防止対策を行う（**図4・22, 4・27 ～ 4・32, 4・35**参照）	前述の準寒冷地のコイルおよび空調機の凍結防止対策を行う	前述の非寒冷地のコイルおよび空調機の凍結防止対策を行う
	(2) 冷温水コイルまたは温水コイルのときは，バイパスダクト方式やブースタポンプ方式のほうが，最小開度設定方法より凍結対策上望ましい．また，不凍液回路にする方法もある（**図4・34 ～ 4・41**参照）	同　左	外気取入れダクトにモータダンパを取り付け，凍結防止用電気ヒータを考慮しておいたほうがよい

4.4.2 熱 源 機 器

項目	寒冷地	準寒冷地	非寒冷地
全熱・顕熱交換器	(1) 熱交換器の素子に結露・凍結が生じる場合には，外気を予熱する（**図4・42**参照）	とくに考慮しなくてもよい	とくに考慮しなくてもよい
	(2) 凝縮水（排気側）はすみやかに外部へ排出するようにする（**図4・43**参照）	同　左	同　上
開放型冷却塔（冬季運転）	(1) 冬季は密閉型冷却塔使用が原則	とくに考慮しなくてもよい	同　上
	(2) ルーバの向きはその地方の風向きを十分考慮し，風上にならないようにする	同　上	同　上
	(3) ファン吐出し口に防雪フードを取り付ける	同　左	同　上
	(4) ルーバ面にも防雪フードを取り付けるのが望ましい	同　左	同　上
	(5) 下部水槽内に投込み式電気ヒータを設ける．または別置水槽を設ける．寒冷地は別置水槽のほうが望ましい（**図4・46, 4・48**参照）	同　左	下部水槽内に投込み式電気ヒータを設ける

4.4　寒冷地と準寒冷地，非寒冷地の凍結防止対策の比較

項目		寒冷地	準寒冷地	非寒冷地
密閉型冷却塔	(1) 冬季は冷却塔のファン運転だけで十分な能力になる機器選定が望ましい．その場合下部水槽内の水および散布ポンプ回りの配管内の水は完全に抜く	同　左	水を抜く必要はなく，水槽内に投込み式電気ヒータを設ける
	(2) 冷却水には不凍液を注入する	同　左	とくに考慮しなくてもよい
屋内設置型ボイラ	(1) 凍結防止装置の付いたボイラを使用する	同　左	同　上
	(2) 安全弁の吹出し管を直接屋外に取り出す場合は，横引き管に凝縮水が滞留しないようにする（**図 4・49 参照**）	同　左	同　上
	(3) ボイラ室の換気は燃焼空気用と室温制御用に分ける	同　左	同　上
	(4) 付属機器は水抜きが完全にできるようにする	同　左	同　上
屋外設置型ボイラ	(1) ボイラを循環する温水配管は不凍液を注入する	同　左	凍結防止装置の付いたボイラを使用する
	(2) ボイラ回りの積雪対策を行う	同　左	とくに考慮しなくてもよい
	(3) 屋外露出部分の配管の保温仕様に注意する	同　左	配管保温を厚くし，ポンプを運転して循環させる
家庭用コージェネレーションシステム	(1) 屋外ユニットを循環する温水配管は不凍液を注入する	同　左	凍結防止装置の付いた機器を使用する
	(2) 落雪のおそれのある場所や雪ぴのできやすい場所は避けて設置する	同　左	とくに考慮しなくてもよい
	(3) 凍結防止装置の付いた機器を使用する	同　左	同　上
	(4) 電力供給が停止する際は水抜きを行う	同　左	同　上

4.4.3　配　管　設　備

項目		寒冷地	準寒冷地	非寒冷地
温水配管	(1) 保温厚さを一般仕様より厚くする．屋外配管は一律 50 mm を目安とする	同　左	とくに考慮しなくてもよい
	(2) 配管は外壁に埋め込まず，断熱ラインより室内側に配管する	同　左	同　上
	(3) 配管内の温水が静止しないように，ポンプをサーモなどにより運転する（**図 4・50 参照**）	同　左	同　上
	(4) 不凍液を注入する（**図 4・51 参照**）	同　左	同　上
	(5) 凍結防止ヒータを巻く	同　左	同　上
蒸気配管	(1) トラップは自動排水弁付きトラップを設ける	とくに考慮する必要はなく，標準品でよい	同　左
	(2) トラップのドレンを直接屋外へ排出する場合は，ますを設けて開放する	とくに考慮しなくてもよい	同　左
	(3) 還水管の勾配を十分とる（1/50 以上）	屋内配管は標準でよい．屋外は十分にとる（1/50 以上）	とくに考慮する必要はなく，標準でよい

第4章　空調・換気設備の凍結防止と雪対策

項目	寒冷地	準寒冷地	非寒冷地
蒸気配管	(4) 屋外またはこれに準ずる場所の還水管は十分断熱し，凍結防止ヒータを巻く	屋外またはこれに準ずる場所は十分断熱して，勾配をとり，滞留しないようにする	同　左

4.4.4　換　気　設　備

項目	寒冷地	準寒冷地	非寒冷地
機械室換気	(1) 配管のある機械室の給排気にはダクトにモータダンパ（排気は逆流防止ダンパ（CD）も可）を取り付ける	同　左	とくに考慮しなくてもよい
	(2) ボイラ室の換気は，燃焼空気用と室温制御用に分ける．燃焼空気用は，バーナの信号より発停させる	同　左	とくに考慮する必要はないが，特別難しい設備でもないので考慮しておいたほうがよい
	(3) 外気を加熱コイルで加温して機械室に取り入れる	とくに考慮する必要はなく，タイマ運転，またはサーモ運転とする	とくに考慮しなくてもよい
集合住宅の換気	(1) 浴室排気ダクトは外壁に向かって上り勾配とし，凝縮水がつららにならないようにする（図4・52参照）	同　左	同　上
	(2) 外壁取付けフードは排気が周囲に拡散し，凝縮水が発生しにくい形状とする（図4・53参照）	同　左	同　上
外壁給排気ガラリ	(1) 給気ガラリは，雪の吸込みを考慮してガラリの通気風速を1.5～2 m/s以下にする	同　左	同　上
	(2) 防雪フードや防雪板を設ける（図4・54参照）	方位や地域を考慮して，防雪フードや防雪板を設ける	同　上
	(3) 外壁ガラリは極力北向き（北西向き）を避ける．また，積雪量からガラリの高さも考慮する	同　左	同　上

4.4.5　そ　の　他

項目	寒冷地	準寒冷地	非寒冷地
空冷エアコン屋外機	(1) ガスエンジンヒートポンプの場合，排気ドレン水の凍結防止ヒータを設ける	同　左	とくに考慮しなくてもよい
	(2) 電動ヒートポンプの場合，霜取り運転による氷柱が発生する場合除去する	同　左	同　上
	(3) 屋外機に防雪フードを取り付ける（ファン，電動ヒートポンプは吸込み側とも）	同　左	同　上
	(4) 屋外機の架台を積雪以上に高くする（図4・56参照）	同　左	同　上

－ 130 －

4.5 凍結防止における維持管理

一般に，建物の竣工引渡し段階において，設計者，施工者の凍結防止に対しての考え方，運転方法，維持管理について記した「取扱説明書」（運転マニュアル）の引渡しと説明が行われる．

凍結防止システムの設計・施工段階では，ある条件下において作動し，凍結は起きないとしている．たとえば，外気温度が凍結温度以下になるとボイラ・ポンプが自動的に起動する．あるいは，配管装置内に不凍液が封入されているなど，凍結に対して心配しなくてもよいと受け取られる記述があるが，前者はボイラ・ポンプの電源が入っている，後者は不凍液濃度が規定の濃度に維持されているという条件が前提となっている．

以上のように設計・施工のときの条件が守られていないと，凍結事故が発生する可能性が大きくなる．同様に，建物用途，運転時間帯，機器の使用方法などが計画時点と変わった場合には，十分注意して運転することが求められる．

空調機コイルの凍結事例において，設計・施工・管理の各ステップのうちで，管理に起因する凍結事例は 40 %[20] 以上にもなっているとの報告もあり，維持管理の役割は，設計・施工と同様に重要である．

また，凍結事故の大半は竣工後 1 ～ 2 シーズン目でほとんど出つくすといわれていることから，設計・施工者は管理者に運転指導を適切に行うことが，凍結による事故を未然に防ぐ重要な手段である．とくに，はじめてのシーズンの夏季運転モードから冬季運転モード切替え時の運転指導は，設計・施工者として冬季モードの運転確認も含めて，適切に行うことが望ましい．

また，非常電源が接続されていない場合，停電時は電源が必要な凍結対策は機能しない．

非常電源の必要性についても十分検討が必要である．災害時に避難場所となる施設では電源の途絶した状況で最低限の機能を維持するための設計および維持管理方法の検討が望まれる．

4.5.1 装置の維持管理

冬季シーズンに入る前に，夏季または中間期運転モードから冬季運転モードに切り替える．冬季モードに切り替えたあと，確認のため冬季モードによる試運転を行う．そのほかにも，シーズンに入る前の点検，準備作業と，シーズン中に実施しなければならない主な項目を次に示す．

〔1〕 **冷水コイル，冷却塔など，冬季に使用しない機器・配管の水抜き作業**

単に空気抜き弁，水抜き弁を開放しても，構造上水の抜けない機器がある．このような場合，コンプレッサまたは窒素ガスなどを急激に機器に吹き込み，強制的に排水するか，不凍液を注入して抜け切れていない水を凍結温度以下に保つ方法もある．

〔2〕 **設定温度の変更**

温度調節器，センサなどを冬季設定値に変える．

〔3〕 **保護装置の電源投入**

凍結防止のために作動する機器は，通常夏季，中間期では通電していない．これらの冬季使用する機器の電源は確実に入れ，運転できることを確認する．

〔4〕 **空き室対策**

空き室部分では凍結温度以下になる可能性がある場合，非使用時に間欠暖房を行う．または水抜きなどの凍結防止対策を行う．

〔5〕 **屋外設置機器の養生**

冬季に使用しない屋外設置機器は，雨水などの浸入により凍結するため，養生を行う．

第4章　空調・換気設備の凍結防止と雪対策

〔6〕　冬季休止建物の対策

ゴルフ場のクラブハウスのように，冬季に使用しない建物は，水抜きなどの対策をとるとともに，ガラリなどの開口部からの雪の吹込みを防ぐ対策も必要である．

〔7〕　不凍液の濃度確認

不凍液の濃度が規定以下となっていた場合は，凍結事故発生の可能性が大きい．とくにロードヒーティングの場合は，凍結箇所の特定が困難なため，被害が大きくなる．冬季シーズンに入る前に濃度の点検を行う．

〔8〕　ストレーナの清掃

加熱コイル制御弁のストレーナが詰まっていると規定の流量が流れないため，事前に清掃する．

以上，凍結シーズンに入る前に準備しなければならない事項を列挙したが，シーズン中に実施しなければならない主な作業を次に示す．

〔9〕　設計外気温度よりも気温が低下した場合の注意事項

低温情報を気象予報などであらかじめ把握し，ウォーミングアップを早めに行うなどの管理が望ましい．また，とくに低温期間が長引くような場合は，通常の運転では起こりえないことが起こる可能性があるため，運転中に直接外気に触れる機器などについては，巡回点検頻度や温度，圧力の監視回数を増やすなど，通常の管理をより強化する．

〔10〕　雪　対　策

雪は凍結と直接関係はないが，日常点検が必要なため以下に記す．

〔a〕　ガラリからの雪の吹込み

運転中，軽い雪は外気とともにガラリに吸い込まれ，ガラリボックスやダクト内，さらにフィルタに付着するので，定期的に排除する必要がある．

〔b〕　屋外設置機器および給油口回りの排雪

日常点検し，これらの機器回りなどの排雪を行う．

〔11〕　着　氷　対　策

〔a〕　冷却塔の飛散水の凍結

冬季運転中の冷却塔の散布水が飛散し床面が凍結し，成長するため，定期的に氷を除去するか床面にヒーティングを行う．

〔b〕　浴室などの水分を含んだ排気口の着氷

浴室など多量の水分を含んだ排気は，排気口の回りで氷が成長しやすい．落下すると危険なため定期的に除去する．

〔c〕　FF式暖房機給排気塔の着氷

〔b〕と同様に成長し危険なため，定期的に除去する．

〔d〕　ガスエンジンヒートポンプエアコンのドレン排水は電気ヒータで凍結を防止するが，それでも凍結する場合は氷を除去する．

電動ヒートポンプエアコンの霜取運転で発生する氷も定期的に除去する．

〔12〕　年末年始，連休など休日が続く場合の対応

〔a〕　建物の保温運転

連休明けの操業日は建物が冷えきっており，所定の室温になるまで長時間を要する場合がある．また，建物が冷えることにより機器や配管などの凍結が起こりやすい．建物の温度を保持するため，必要に応じて休み期間中も暖房保温運転することが望ましい場合がある．

〔b〕　トイレなど水回りの凍結防止

一般に水回りには，長期休業に対応するため，主熱源とは別に電気ヒータなどが設置してある．

連休前にこれらの電源を入れて,暖房できることを確認する.

〔13〕 **建物を負圧にしない**

空調を停止後,トイレ,湯沸し室,駐車場などの排気系統が運転されていた場合,建物が負圧となり,空調機外気ダクトから外気が侵入し温水コイルなどを凍結させることがあるため,建物を負圧にしないような運転を行う.

本項では維持管理の主要な注意事項について記したが,上記以外でも,維持管理と設計・施工の接点にある関連事項が本章に数多く記載されているので,運転管理の参考にされたい.

4.5.2 自動制御の維持管理

凍結事故が発生した場合の被害の大きさを考慮すれば,凍結防止システム,自動制御機器の点検は重要である.

とくに,夏季運転モードから冬季運転モードに切り替えたとき,システム,機器が正常に作動するかどうかを確認する必要がある.**図4・57**に点検のフローを示す.

システムが正常に作動するかどうかを確認し,作動しない場合は単品機器の点検を行う.さらに,試運転を行い各動作の確認をするとともに,温度調節器のオフセットを調整するなどして,設定した温度で正常に作動するか確認する.

また,凍結防止回路中の自動弁の最小開度,モータダンパの開度などの確認も必要である.

外気に直接触れて,運転中に凍結が起こる可能性のある冷却塔,空調機,外調機に関連する自動制御機器のシーズンに入る前の点検は,とくに重要である.参考までに某メーカーの自動制御機器の点検シートを一例として**表4・2**に示す.

シーズン中は,機器が正常に動作していることを確認することは当然として,運転記録が重要である.動力関係の発停時刻と電流値,外気,給気などの温度の時間的変化など,システムに合致した記録をとる.これらの記録は,万が一凍結した場合の原因究明と再発防止に役立つため,シーズン中の大切な業務の一つである.

中央監視システムのある建物では空調機,外調機などの凍結警報発報状況を監視し,重大事故を未然に防ぐことも重要である.

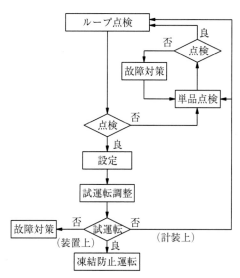

図4・57 自動制御システムの点検フロー[17]

第4章　空調・換気設備の凍結防止と雪対策

表 4·2　自動制御機器点検シート

機　種	保守項目		
1. 検出器 　発信器	(1) 外観目視点検および取付け状態の確認 (2) 外観のクリーンアップ (3) 配線端子の緩みの点検および増締 (4) 計測器による実測値との校正および補正		(5) 検出器または発信器・調節計・操作部など 　関連部とのループ作動点検調整 (6) 実制御における制御状態での点検・確認・ 　調整
2. 電子式 　調節計	(1) 外観目視点検および取付け状態の確認 (2) じんあいの除去 (3) 配線端子の緩み点検および増締 (4) 各設定の確認・調整（比例帯・積分値・微分 　値・不感帯・動作すきま） (5) 計測器による実測値との校正および補正		(6) 検出器または発信器・調節計・操作部など 　関連部とのループ作動点検調整 (7) 規定値の設定 (8) 最適値の設定 (9) 実制御における制御状態での点検・確認・ 　調整
3. DDC式 　調節計	(1) 外観目視点検および取付け状態の確認 (2) じんあいの除去 (3) 配線端子の緩み点検および増締 (4) 電源電圧・各制御電圧の点検およびバック 　アップ電池の点検 (5) 各ファイルのデリート状態およびエラー状態 　の確認 (6) 軽故障・アラーム状態・システムエラー値の 　点検・確認 (7) 制御パラメータおよび制御プログラムの作動 　確認 (8) 上位伝送状態の点検確認		(9) 各センサ・変換器との伝送状態の点検・ 　確認 (10) アナログデータに対する誤差試験 (11) 各入出力信号（発停・警報・アナログ） 　に対する調節計の作動点検 (12) 発信器・コントローラ・変換器・操作部 　など関連部とのループ作動点検調整 (13) 規定値の設定 (14) 最適値の設定 (15) 実制御における制御状態での点検・確認・ 　調整
4. 変換器	(1) 外観目視点検および取付け状態の確認 (2) じんあいの除去 (3) 配線端子の緩み点検および増締 (4) 電源・電圧の点検 (5) 標準試験器によるゼロ・スパン調整		(6) 各設定に対する出力信号の点検・調整 (7) 検出器または発信器・調節計・操作部など 　関連部とのループ作動点検調整 (8) 実制御における制御状態での点検・確認・ 　調整
5. 操作器	(1) 外観目視点検および取付け状態の確認 (2) じんあいの除去 (3) リンケージ組付け状態の確認およびストロー 　ク調整・回転角度の調整 (4) モータの回転作動・回転角度の点検		(5) ポテンショメータ接触点の清掃および点検 (6) 検出器または発信器・調節計・操作部など 　関連部とのループ作動点検調整 (7) 実制御における制御状態での点検・確認・ 　調整
6. 自動制御 　用調節弁	(1) 外観目視点検および取付け状態の確認 (2) じんあいの除去 (3) グランド部漏れ点検 (4) バルブストローク作動点検および閉止位置で 　の漏れ点検・調整		(5) 検出器または発信器・調節計・操作部など 　関連部とのループ作動点検調整 (6) 実制御における制御状態での点検・確認・ 　調整

4.5.3　不凍液の維持管理

　不凍液は，塩類を水に溶かして凍結温度が0℃以下になるようにしたもので，ブラインともよばれている．冷凍用として広く利用されている不凍液の種類と特性を，**表 4·3** に示す．

　現在広く使われている不凍液は，塩化カルシウム（$CaCl_2$）とエチレングリコール（$C_2H_6O_2$）である．塩化カルシウムは古くから製氷，冷凍，アイススケートリンクなどで利用されてきたが，空調設備で

－ 134 －

4.5 凍結防止における維持管理

表 4・3 不凍液の種類と特性（ASHRAE）[19]

種類 （化学記号）		実用最低 温度 [℃]	凍結温度 [℃]	粘度[注1] [cP]	比熱[注2] [kJ/(kg·K)]	毒性	金属腐 食性	備考
無機系	塩化カルシウム ($CaCl_2$)	−40	−55	45	2.72	あり	あり	濃度は凍結点が冷媒側蒸発温度より5〜10℃低くなるように決める
	塩化ナトリウム ($NaCl_2$)	−15	−21.2	凍結	3.35	なし	あり	
有機系	エチレングリコール ($C_2H_6O_2$)	−40	−57	約150	2.30	なし	小	
	プロピレングリコール ($CH_2\text{-}CHOH\text{-}CH_2OH$)	−30	−60	約1 500	2.34	なし	小	
	エチルアルコール (C_2H_5OH)	−100	−115	5	2.18	なし	小	
	トリクロールエチレン (C_2HCl_3)	−70	−87	1.3	1.00	あり	小	

（注） 1. −45.5℃での値を示す．
2. 0℃での値を示す．
 1 cP = 10^{-3} Pa·s, 1 kJ/(kg·K) = 0.239 kcal/kg·℃

は，腐食性があるなどの理由でほとんど使用されていない．

一方，エチレングリコールは，塩化カルシウムに比べて腐食性が少なく，取扱いの簡便さから広く使用されているので，本項ではエチレングリコール系不凍液について記す．

〔1〕 エチレングリコール系不凍液の性質

グリコール類は，粘度が高いために熱伝導率が小さくなり，熱交換器の伝熱特性が悪い．

図4・58は，蒸気または冷媒とグリコール類との熱交換の際の，グリコール濃度による伝熱性能の低下の様子を示したものである．

図4・59は，水用渦巻ポンプをグリコール類で使用したときの，動粘度によるポンプ性能の低下の様子を示したものである．

図4・60は，市販のエチレングリコール系ブラインの濃度と凍結温度を示したものである．

図4・61は，不凍液濃度と比重の関係を示したものである．**図4・61**から比重を測定して不凍液濃度を調べ，不凍液の凍結温度を推定することができる．

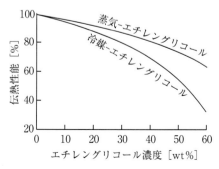

図4・58 エチレングリコール水溶液濃度の熱交換器性能に与える影響（ASHRAE）[20]

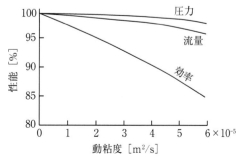

図4・59 ポンプ性能に対する粘性の影響（ASHRAE）[20]

第4章 空調・換気設備の凍結防止と雪対策

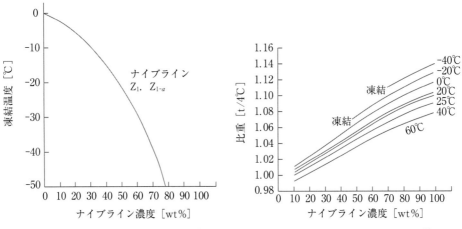

図 4·60 不凍液濃度と凍結温度の関係[21]　　図 4·61 不凍液濃度と比重の関係[21]

表 4·4 ナイブライン Z_1 水溶液の比熱 $\left[\dfrac{\text{cal}}{\text{g}\cdot\text{℃}}\left(\dfrac{\text{J}}{\text{g}\cdot\text{K}}\right)\right]$ [24]

濃度 [wt%]	\-40	\-30	\-20	\-10	0	10	20	30	40	60	80
20					0.940 (3.948)	0.945 (3.969)	0.950 (3.990)	0.953 (4.003)	0.958 (4.024)	0.965 (4.053)	0.970 (4.074)
30				0.890 (3.738)	0.900 (3.780)	0.915 (3.843)	0.920 (3.864)	0.925 (3.885)	0.930 (3.906)	0.940 (3.948)	0.950 (3.990)
40				0.845 (3.549)	0.860 (3.612)	0.870 (3.654)	0.880 (3.696)	0.890 (3.738)	0.900 (3.780)	0.910 (3.822)	0.925 (3.885)
50			0.790 (3.738)	0.810 (3.402)	0.825 (3.465)	0.840 (3.528)	0.850 (3.570)	0.860 (3.612)	0.870 (3.654)	0.885 (3.717)	0.905 (3.801)
60			0.750 (3.150)	0.765 (3.213)	0.780 (3.276)	0.795 (3.309)	0.810 (3.402)	0.825 (3.465)	0.840 (3.528)	0.855 (3.591)	0.875 (3.675)
70		0.690 (2.898)	0.710 (2.982)	0.725 (3.045)	0.740 (3.108)	0.760 (3.192)	0.775 (3.255)	0.790 (3.318)	0.805 (3.381)	0.820 (3.444)	0.840 (3.528)
80	0.625 (2.625)	0.645 (2.709)	0.665 (2.793)	0.680 (2.856)	0.700 (2.940)	0.720 (3.024)	0.730 (3.066)	0.750 (3.150)	0.765 (3.213)	0.785 (3.297)	0.810 (3.402)
90	0.595 (2.499)	0.620 (2.604)	0.635 (2.667)	0.655 (2.751)	0.670 (2.814)	0.685 (2.877)	0.700 (2.940)	0.720 (3.024)	0.735 (3.087)	0.755 (3.171)	0.775 (3.255)
100	0.575 (2.415)	0.590 (2.478)	0.610 (2.562)	0.625 (2.625)	0.640 (2.688)	0.655 (2.751)	0.670 (2.814)	0.685 (2.877)	0.700 (2.940)	0.720 (3.024)	0.740 (3.108)

　表 4·4 は，市販エチレングリコール系不凍液の濃度と温度による比熱を示したものである．濃度が高くなると比熱は小さくなるので，流量の決定には注意する必要がある．

　表 4·5 〜 4·7 は，同上不凍液の腐食性のデータである．エレチレングリコールに防食剤を添加して，各種材料に対して腐食性能を改善している．

　図 4·62 に，エチレングリコール水溶液の圧力損失の温度補正係数を示す．とくに，低温で使用する場合は，ポンプ選定に十分注意する必要がある．不凍液循環ポンプの軸動力は，次式により補正する必要がある．

4.5 凍結防止における維持管理

表4·5 各種ブラインの腐食性 [21]

ブラインの種類		侵食度（mm/年）		
		軟 銅	亜 鉛	銅
市原市，水道水 [注]		0.063	0.016	0.000 47
塩化カルシウム， 25 wt% 水溶液		0.088	0.120	0.010 7
エリレングリコール， 38 wt% 〃		0.041	0.059	0.001 7
プロピレングリコール， 30 wt% 〃		0.036	0.071	0.005 5
ナイブライン Z_1，Z_1-K，50 wt% 〃		+0.000 08	+0.000 75	0.000 34

試験条件　　　　　　　　　　　　　　　　　　　　　　　　（＋印は重量増加を示す）
　浸漬温度：80℃×8 h＋室温×16 h
　浸漬期間：30 日間
　浸漬方法：静的全面浸漬，空気吹込みなし
（注）　水道水の水質：pH 8.0，Cl 10 ppm ↓，Ca 8 ppm

表4·6 各種金属に対するナイブラインの防食効果 [21]

温 度 [℃]	材 料	材料密度 [g/cm³]	侵食度 [mm/年]	
			ナイブライン Z_1	
			50 wt%	100 wt%
88	軟 銅	7.85	0.000 04	+0.000 08
	鋳 鉄	7.20	+0.000 65	+0.002 00
	銅	8.94	0.003 40	0.000 34
	アルミニウム	2.70	0.000 54	0.000 27
	亜 鉛	7.14	0.001 90	+0.001 60
	SUS	7.93	0.000 04 ↓	0.000 04 ↓
−15	軟 銅	7.85	0.000 04	0.000 04
	鋳 鉄	7.20	0.000 10	0.000 10
	銅	8.94	0.000 04	0.000 08
	アルミニウム	2.70	0.000 06	0.000 06
	亜 鉛	7.14	0.000 10	0.000 10
	SUS	7.93	0.000 04 ↓	0.000 04 ↓

試験条件　　　　　　　　　　　　　　（＋印は重量増加を，↓印は以下を示す）
　浸漬温度：88℃および−15℃
　浸漬期間：88℃×14 日間（連続加熱）
　　　　　　−15℃×90 日間（連続冷却）
　浸漬方法：静的全面浸漬（JIS K 2234 に準ずる）
　　　　　　88℃の場合は空気連続吹込み（100 mL/min）
　試 験 片：JIS 規格品を使用

$$B_B = B_W \frac{\rho_B}{\rho_W} \tag{4·1}$$

　　B_B，B_W：ブライン，水の軸動力
　　ρ_B，ρ_W：ブライン，水の密度

　また，エチレングリコール系不凍液は水より分子レベルの密度が小さく，止水用に水用パッキンなどを使用するとリークするので注意が必要である．

〔2〕 **不凍液の管理**
　濃度管理は，比重法および屈折率法によって行われる．比重法は比重を測定することによって，図

表4・7 ナイブライン Z_1, Z_1-K 水溶液のプラスチック・ゴムに及ぼす影響[21]

材　料	重量変化% ナイブライン Z_1 50 wt%	重量変化% 水道水	寸法変化% ナイブライン Z_1 50 wt%	寸法変化% 水道水
ポリエチレン（低密度）	+0.16	+0.11	0.3	0.4
ポリエチレン（高密度）	+0.07	+0.07	0.9	0.9
硬質塩ビ	+0.35	+0.55	1.3	1.3
フッ素ゴム	+1.2	+2.3	+0.14	+0.5
EPDM ゴム	+0.8	+2.8	0.0	+0.1
NBR ゴム	+4.8	+4.9	+1.3	+1.2
シリコンゴム	+0.4	+0.1	+0.6	0.2

試験条件：88℃×14日間（連続加熱）　　　　　　　　　　　　　　（+印は重量増加を示す）

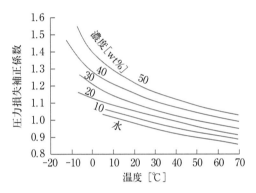

図4・62　エチレングリコール水溶液配管の圧力損失補正係数（ASHRAE）[22]

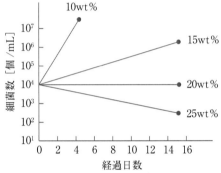

図4・63　エチレングリコール濃度による細菌数の変化[23]

試験方法
　①生菌数測定
　　・肉汁およびポテトデキストロース寒天培地混釈法による静置培養
　　・培養温度25℃（室温）×日数
　②エチレングリコールを工業用水で4水準濃度品（10, 15, 20, 25 wt%）に調整した

4・61により濃度を求める．また屈折率法は，専用の濃度計を用いることで簡単に求めることができる．

〔a〕　防食性の管理

　不凍液には防食剤が添加されているが，空気に長時間接触すると酸化して酸性となり，防食性能が失われる．不凍液の酸化の程度を知るために，pH 測定を定期的（1回/月程度）に行い，pH が 8～9 の範囲にあることを確認する．また，防せい（錆）剤の残存量の目安となる予備アルカリ度の測定を行い，防せい剤の消耗の程度を把握しておく必要がある．

　また，不凍液の酸化を防ぐため，不凍液の戻り配管は常に液中に浸漬させておき，できるだけ空気にふれないようにすることが望ましい．

〔3〕　そ　の　他

〔a〕　不凍液の廃棄方法

　不凍液を含む水溶液は水質汚濁防止法の規制対象（主に BOD・COD・pH）となるので，専門の産業廃棄物処理業者に処分を委託すること．公共下水に直接排出するためには，5 000～10 000 倍

に希釈する必要がある．大量に処分するためにはばく大な水が必要となるため，排出することは困難である．

〔b〕 不凍液の寿命

不凍液を高温（30～60℃）で使用した場合，加熱，面の温度，接触時間，濃度など種々の劣化条件があり，定量的に把握されていない．一例として，ロードヒーティングタイプの不凍液（主剤はエチレングリコール）では，連続5 000時間以上運転しても変質しなかったという記録もあり，防せい管理，濃度管理を行えば，相当長時間の使用に耐えうると思われる．

〔c〕 か び

エチレングリコール不凍液を栄養源として不凍液表面にかびが発生することがある．

ただし，エチレングリコール溶液濃度が20％を超えると細菌数は横ばいか減少，35％以上では腐敗しないとの報告がある．

第4章　参考文献

1）空気調和・衛生工学会：凍結防止指針および同解説（1987-7），p.11，図 I-3
2）文献1）に同じ，p.85，図 IV-4
3）文献1）に同じ，p.94，図 IV-23
4）文献1）に同じ，p.87，図 IV-8
5）文献1）に同じ，p.88，図 IV-9
6）新晃工業カタログ
7）クボタトレンカタログ
8）日鉄鉱業カタログ
9）昭和アルミニウムカタログ
10）文献1）に同じ，p.95，図 IV-27
11）文献1）に同じ，p.95，図 IV-26
12）文献1）に同じ，p.96，図 IV-28
13）文献1）に同じ，p.97，図 IV-29
14）文献1）に同じ，p.99，図 IV-31
15）西邦工業カタログ
16）文献1）に同じ，p.87，図 IV-6，7
17）中村章：空気調和・衛生工学，講座　凍結防止（1989-3），p.71
18）アズビル　ビルシステムカンパニー北海道支店資料
19）ASHRAE：ASHRAEHandbook，Fundamental（1989），p.35. 15，Table20；日本冷凍協会：冷凍空調便覧，第4版，基礎編（1981），p.27
20）ASHRAE：ASHRAEHandbook，HVAC Systems and Equipment（1992），pp.12. 4～12. 5
21）日曹丸善ケミカル：ナイブライン技術資料
22）文献19）に同じ
23）日曹丸善ケミカル資料
24）空気調和・衛生工学会：建築設備の凍結防止 計画と実務（1996）

第5章
電気設備の凍結事例と対策

　建築設備の凍結防止対策は，建築計画時に配慮すべき事項や，水を取り扱うことが多い空調・衛生設備における個別の設計対応が中心となる．一方，電気設備については凍結を引き起こす水分と縁のない設備であるばかりでなく，水分が絶縁破壊の原因となることから流入しないような対策をとることが求められる．雨水の流入や浸水対策といった観点に加え，寒冷地特有の「風雪の吹込み」「凍結融解の繰り返しによる応力影響」といった事象や結露による水の発生にも対策が求められることが特徴である．

　積雪寒冷時期における電気設備事故は著しい不便と生活リスクをもたらすものであることから，建築計画・機械設備・電気設備それぞれの対策レベルが合致した凍結防止対策を講じることが重要である．本章では，空調・換気・衛生設備に関連性の高い事項を中心に，凍結防止対策が求められる点について述べる．

5.1　電気設備の凍結事例

5.1.1　受変電設備（高圧・特別高圧）

　施設が高圧もしくは特別高圧（特高）で受電する場合は構内に受変電設備（キュービクル）を設置することとなる．設置する場所が屋内となる場合，凍結に対する対策を考慮する点は少ないものの，積雪寒冷地の屋外に設置される場合には，風・雨・雪による設備への影響を考慮する必要がある．

　北海道における積雪寒冷地特有の受変電設備事故事例[1]は，**表5・1**に示すとおり，キュービクル内に雪が吹き込んだりした場合，短絡もしくは地絡事故となり，当該電気設備に大きな障害をもたらすばかりでなく，保護継電器より上位（電源側）における事故発生リスクを高め，波及事故を引き起

表5・1　雪の吹込みによる主な凍結関連の事故

	原　因	影　響
事例1	高圧交流負荷開閉器（LBS）に雪がたい積し，融けて相間の絶縁破壊が生じた	電灯用トランスの一次側に設置されたLBSで短絡[(注)1]したため，真空遮断器（VCB）が動作し，事業所全体が停電して生産に多大な影響を生じさせた
事例2	配線支持具の劣化	フェノール樹脂製の支持具（ベークライト）が絶縁劣化し，ケーブルから地絡[(注)2]事故が発生した
事例3	電気機器へ雪がたい積	計器用変圧器（VT）の機器表面から地絡が発生してVTが焼損し，VCBにて遮断，施設が停電した

（注）　1.　短絡　三相電力などにおいて，電位差がある相と相の間にきわめて抵抗の小さい電路が形成された状態をいう．短絡電流とよばれる非常に大きい電流が流れ，同時に発生するアークとよばれるプラズマに触れると重い火傷を生じるため危険である．
　　　　2.　地絡　対地電圧0ボルトの大地に電力が流れることをいい，一般には「漏電」のことをいう．

－ 141 －

第5章 電気設備の凍結事例と対策

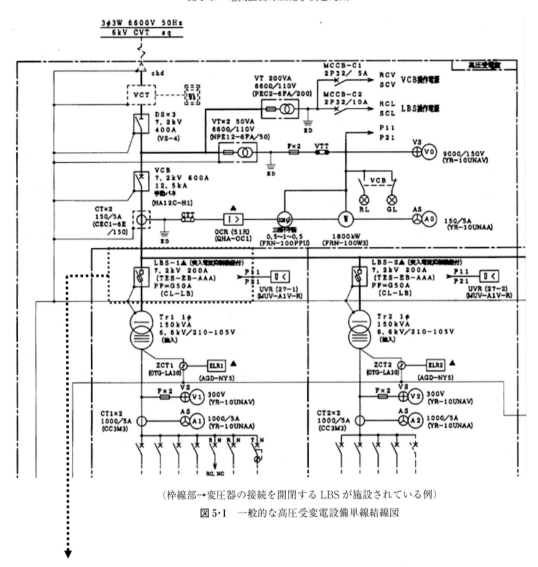

（枠線部→変圧器の接続を開閉する LBS が施設されている例）

図5・1 一般的な高圧受変電設備単線結線図

短絡箇所

図5・2 LBS における雪吹込みによる短絡事例（表5・1の事例1）

5.2 電気設備の凍結対策

図5・3 雪が吹き込んだキュービクルが設置されていた屋上の状況（**表5・1**の事例2）

図5・4 キュービクル内部の高圧線に雪がたい積した様子（**表5・2**の事例2）

図5・5 劣化高圧線支持具における地絡痕
（**表5・1**の事例2）

こす可能性を有することから，雪の吹込みは排除すべきである（**図5・1～5・5**）．通常の設置環境でも湿気やじんあいが排出されないような換気不良の設置状況では，内部の電気工作物の腐食などにつながることから，通気を確保する観点も必要である．

本稿の主眼は，凍結防止対策であること，受変電設備自体は凍結する水分を内部で生成しないことから，屋外に設置する場合についてのみ記述する．

5.2 電気設備の凍結対策

5.2.1 基 礎 設 置

積雪寒冷地の屋外に受変電設備を設置する場合には，屋上設置か地上設置か，発注者・建築計画者とともに周囲の河川，側溝などの水害時の水没リスクを勘案して決定する．次に基礎高さを検討する場合，キュービクルが積雪に埋没しないことが望ましいことから建築場所の積雪深の情報を気象庁ホームページなどから入手する．

なお，極端な例としてスキー場や峠などの山間需要における高圧受電設備は，除排雪の有無など管理体制との兼ね合いもあるが，G.L. より 1.5 m 程度確保した高架設備上に設置される場合がある．基礎を高くした場合，通路を周囲に設置するケースが多いが，このメンテナンススペースにも積雪するため，若干の除雪作業は必要となる（**図5・6**）．

一方，札幌市内における事例で，G.L. よりわずか 50 mm 程度の高さに地上設置している場所もみられる．この場合，キュービクルが積雪に埋没してしまうが，耐雪構造のキュービクルでは扉の合わ

― 143 ―

第5章　電気設備の凍結事例と対策

図5・6　キュービクル設置基礎を嵩上げし，盤面の前にメンテナンス用グレーチング通路を設けた事例（北海道・砂川市）

せ面が平たいゴムパッキンで覆われており密着性が高いことから，雪・水の浸入はみられない．ただし，ゴムパッキンは経年劣化することから，その後は雨水の浸入，雪の浸入が生じる危険性が高まり，内部の高圧充電部で絶縁破壊が生じるリスクが高まるため，推奨できない．

また，設備異常時もキュービクル前の除雪作業から行う必要があるため点検に時間がかかり，停電時間の長時間化などのリスクが高まる．定期点検に必要な通路の除雪も建築主に説明しておく必要がある．

〔1〕　ベタ基礎上に設置する場合

雪が吹き込まないように下部チャンネルベース材の給気スリットには防雪用メッシュを施設する．このメッシュの取付けは雪の吹込みだけでなく，地上設置の場合はヘビなどの動物侵入による短絡・地絡事故を防ぐこともできるため，周辺が山林などの場所ではあわせた対策として推奨できる．

〔2〕　ゲタ基礎（高置架台）に設置する場合

積雪深を考慮し，ゲタ基礎にキュービクルを設置する場合がある．このときは，キュービクルの底板を必ず設ける．なお，底板を設ける場合も，底板がなかった場合も，ゲタ基礎の通風路に防風板を付けることで雪や雨の吹込みを防ぐ工夫が有効である．

〔a〕　風　向

キュービクルは内部に変圧器などの発熱機器を有することから，内部発熱を自然換気や強制換気にて除する構造となっている．空気導入部は本州などで用いられる一般的な仕様では，下部全面から空気を取り入れるため底板をもたないものがあるが，北海道や東北など降雪がある地域では使用するべきでない．

北海道や東北でも，日本海側では冬季は北西の季節風により降雪が運ばれてくることから屋内設置が最も望ましい．屋外への設置となる場合には，直接風雪の当たらない場所，たとえば建物の南東側か東側に設置することが望ましい．なお，北海道での強風による雪吹込みによる電気事故事例については，日本海側よりも太平洋側の雪が少ない地域において多いともいわれていることから，寒冷地においては十分に対策を立てるよう留意する．

キュービクルは前面の扉上部から空気を取り入れる構造が一般的であるが，内部に防噴流板とよばれる水分の吹込みを防止する板が付いた構造となっているものがある（図5・7）．

また，降雪量の多寡にかかわらず季節風が強い地域では，防噴流板を超過する可能性があることから，オプションで設けられている防雪カバーを併用することを推奨する（図5・8）．

- 144 -

5.2 電気設備の凍結対策

図5・7 防雨・防噴流構造　　　図5・8 防雪カバー

〔3〕 建物内部設置の場合

一般的には設置場所は非空調となるケースが多いため，設置場所の最低気温に応じた仕様とする（スペースヒータの設置や，発電機室へのヒータ設置などによる冷却水凍結防止）．

5.2.2 盤 類

外部設置の場合は屋外キュービクルに準ずる．冬季は結露発生の可能性が高いため内部設置の場合でも極力外壁面を避けて設置する．やむをえず屋内外壁面に設置する場合は盤内結露防止のため外壁と盤との間に空気層を設ける．とくに受水槽や還水槽などが設置される室においては注意する．空調機械室内での動力盤や自動制御盤の配置では空調・衛生技術者が配置をリードすることが多いため盤配置にも留意する．

5.2.3 凍結防止ヒータ

自己温度制御型のヒータを使用するケースが多いと想定されるが，その場合設定温度以下にならないと通電状況が確認できないことから，正常に運転しているかどうかのテストが行いにくいという欠点がある．凍結防止の対象機器がきわめて重要な設備の場合は，自己温度制御型ではなく，設定温度を可変でき，さらに通電ランプによって作動状況が確認しやすいON/OFF制御をすることも選択肢に加える．

どちらの場合でも運転が不要な季節には電源を落とせるように分電盤に専用回路を設ける．

5.2.4 配管，アウトレットボックス

壁埋込みとする場合は断熱欠損による結露を防止するため，配管やアウトレットボックスは原則として外壁面に打ち込まない計画とする．やむをえない場合はボックスへの断熱補強や配管端部のパテ埋めなどの処理を考慮する．

窓面下部への電気パネルヒータの設置を計画する場合，意匠性を考慮するあまり，パネルの背面で埋込みボックスにしているケースも散見されるが，上記の問題を踏まえたうえでコンセントを配置すべきである．

住宅においても高断熱・高気密化が進んでいるが，とくに戸建住宅では外壁側に一切コンセントを設けない計画は難しいため，設置する場合には 断熱欠損や気密不良とならないよう，断熱ボックスや気密カバーを使用するなどの対策を施す．また，スイッチボックスについても同様である．外壁に面しない内部の間仕切り壁などにおいても，気流止めが施工されている場合は問題ないが，分電盤やコンセント，スイッチから気流が感じられる場合は，同様に気密カバーを設置することで対応する．

5.3 発電・蓄電設備の凍結・雪対策

5.3.1 概　要
積雪寒冷地においても，太陽光発電や風力発電，および災害対策として蓄電設備などの導入検討が行われるようになってきていることから，建築物に付帯する例が多い設備について述べる．

5.3.2 自家用発電設備
積雪寒冷地に設置された内燃力式の非常用発電機および常用発電機の場合，主に以下の点について障害が起こる可能性がある．
① エンジン冷却水の凍結
② エンジン低温給気による始動不良
③ エンジンオイルの低温高粘化による始動不良
④ エンジンオイルに含まれる水分の凍結によるオイルフィルタ閉塞
⑤ オイルタンク内の空間部分でのドレン発生およびドレン水凍結
　これらの障害については，まず自家用発電設備の納入業者と，自家用発電設備が設置される室の室内環境の設定範囲を決めておき，その範囲内で稼働できるような設備対策を講じてもらうよう連携することが重要である．
　北海道などの積雪寒冷地における特徴的な対策としては，通常は外気から直接エンジンに給気するようダクト給気とするが，厳寒期では外気のような極低温での給気は始動不良を生じることから，室内給気とする場合もある．このときは，室内に多量の外気が給気されることから，給気経路となる箇所ではスポット的に低温となるため，給水・給湯設備および自家用発電設備に付帯する配管なども，凍結しないように保温および不凍液の使用などに配慮する必要がある．
　③〜⑤の対策については，建築設備ではなく主に自家用発電設備の維持管理担当者によって行われるものであるが，このような影響があるという点を知っておく意味で紹介しておきたい．
　また，A重油についても北海道など積雪寒冷地で使用する燃料（寒候用）は流動点が0℃ときわめて低く処理された燃料となっていることから，本州などで給油した温暖地用A重油を使用していないか確認する．
　屋外型の発電機を選択する場合の積雪対策などは受変電設備の対策に準ずる．非常用発電機は万が一の際に運転できることが第一条件であるので，発電機仕様を決定する際の周囲温度の使用条件については，空調負荷計算条件ではなく，過去の最低気温もしくは直近数年分の最低気温などを考慮した値とするべきである．

5.3.3 蓄　電　池
蓄電池は，非常用設備（防火）の動作用電源として非常用発電機を保有しない場合に設置されるほか，昨今ではピークカットなどのディマンドリスポンス対応などに供するために設置される場合も出てきている．現在普及している蓄電池の多くは，安価でかつ安定した性能を有する鉛蓄電池がいまだ主流ではあるものの，高い蓄電密度を有するリチウムイオン電池などがある．電池の設置場所はおおむね，電気室に設置されることが多いが，低温時には性能が低下することから，適切な作動環境温度を維持できるような空気調和設備の設置が求められる．
　屋外に設置できるタイプの蓄電池も出てきているが，製品により動作保証温度が北海道などの極寒冷地で対応しているか，仕様書を確認したうえで設置する必要がある．またエアコンの室外機や受変

電設備と同様に，地上に打設した高さ 30 ～ 50 mm 程度のコンクリート基礎に置くだけでは雪対策ができないことから実施すべきでない．ディマンドリスポンス対策などに供するため大量に導入する場合などは，屋外に容易に人が立ち入らないよう区画したうえで，積雪に埋まらないような高さを有する基礎に設置する．

5.3.4　太陽電池パネル

積雪のある地域で，冬季の発電に期待する場合は一般的に 45°以上の勾配を設けることが推奨される．自治体によっては 45°，50°，55°といった基準を設けているので，地域の状況をよく確認して設計する必要がある．

勾配が急になるにつれ，また設置場所の緯度が北へ行くにつれ影倍率[3]（**表 5·2**，**図 5·9**）が大きくなり，パネルの設置間隔が広くなるため，屋上や限定された敷地においては設置面積あたりのパネル配置効率が極端に落ちることに留意する．また，勾配によって風荷重が大きくなるため，引抜き力を考慮した基礎設計を行う必要がある．屋上設置の場合，設置効率の悪さや，基礎の大型化による躯体費用の増大など，積雪のない地域に比べると，面積あたりの発電量や投資効率が極端に悪くなることを十分理解したうえで採用を検討する必要がある．

図 5·10，**5·11** は，北海道内の太陽光発電パネルの設置状況の写真であるが，稚内に設置されているパネルのほうが前後の離隔を大きくとっている．

北海道では，自治体などにおいて適切なパネル設置角度について設計書に具体的に指示が出されることがある．これは日射受光量の最大化を目的としたものではなく，パネルに積雪した場合の支持架台の破壊およびパネル破損など，維持管理面での問題が生じないよう経験に基づいて出されているものである．

表 5·2　影倍率[3] 一覧（緯度別．代表都市は参考例）

北緯	影倍率（R）	代表都市	北緯	影倍率（R）	代表都市
37°	2.5	福島市，新潟市	42°	3.3	釧路市，帯広市
38°	2.6	仙台市，酒田市	43°	3.6	札幌市，旭川市
39°	2.8	秋田市，盛岡市	44°	3.8	名寄市
40°	2.9	青森市	44°	3.9	稚内市
41°	3.2	函館市			

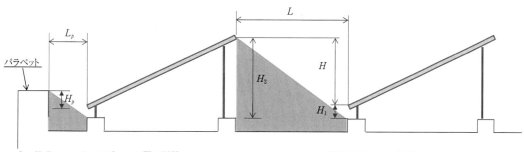

$L = H \cdot R$　　L：モジュール間の距離　　　　　　　　　　　　H_2：後端モジュールの高さ
$H = H_2 - H_1$　H：後端モジュールと前端モジュールの高さの差　L_p：パラペットなど障害物からの距離
$L_p = H_p \cdot R$　R：影倍率（**表 5·2** 参照）　　　　　　　　　　　H_p：パラペットの高さ -（アンカーの高さ
　　　　　　　　　H_1：前端モジュールの高さ　　　　　　　　　　　　　＋前端モジュールの高さ）

図 5·9　影倍率によるパネル間隔算定

第5章　電気設備の凍結事例と対策

図5・10　太陽電池パネル設置（稚内市）

図5・11　太陽光発電パネルの影発生状況（釧路町・9月16日10時）

表5・3　太陽光発電パネルの設置角度

札幌市役所	50°
中央卸売市場	50°

　札幌市内での公共施設屋上における太陽光発電パネルの設置角度について，表5・3に示す．なお，札幌市や北海道庁が支持している角度は50°，北海道開発局は45°である．旭川市役所への聞き取りからは，パネル設置角度は50°で同じであるものの，多積雪地であることを反映して，支持架台も1 500 mm以上を求めているとのことであった．

第5章　参考文献

1) 日本電気技術者協会北海道支部設備診断研究会
2) 河村電器産業提供資料
3) 新エネルギー・産業技術総合開発機構（NEDO）「太陽光発電導入ガイドブック」をもとに作成

第6章
消　融　雪

　屋外活動に及ぼす雪のわずらわしさは，歩行障害となることにとどまらない．スリップ事故防止，駐車場の確保，落雪やたい雪スペースなどに関わる近隣とのトラブル防止など，様々な問題があるが，これらを解消し快適な冬季の生活を送るために「消融雪」という考えが広まった．とくに近年は，多くの施設においてバリアフリー化が求められているため，雪による歩行障害の解消や駐車場の確保を目的とした「消融雪設備」の整備が欠かせない．本章ではこの消融雪設備のうち，主に融雪設備の概要について述べる．

6.1　消雪・融雪の考え方

　路面の雪処理システムは大別すると，機械除排雪システムと融雪システム（消融雪システムともよばれる）に分類される（図6·1）.

　機械除排雪システムは，除雪車とトラックによる輸送が主となる．一方，融雪システムは流水型システムと融雪型システムに分けられ，さらに融雪型システムは散水式融雪システムと無散水式融雪システムに細分化される．流水型システムの代表例には流雪溝が挙げられ，融雪型システムの散水式融雪システムには消雪パイプ，無散水式融雪システムには融雪槽・融雪機，温水パイプロードヒーティング，ヒートパイプロードヒーティング，電熱線ロードヒーティングなどがある．

　流雪溝は，下水処理水や河川水などを利用したものが実施されており，投雪時間の割り当てなどの運用に工夫が必要であるが，都市の高密度化による雪捨て場の減少への対応に有効なシステムといえる．

　融雪型システムのうち，散水式融雪システム（消雪システム）は，気温の低い地域では路面の水が流れる途中で凍ってしまうため，北海道ではほとんど実施例がなく，主に信越・北陸などで実施されている．

　無散水式融雪システムのロードヒーティングは，つるつる路面防止といった路面管理に有効であり，最も質の高い融雪システムであるといえる．しかし，その分，イニシャルコストおよびランニングコストは割高なシステムとなる．また，融雪槽・融雪機は，除雪作業と投雪作業が必要となるが，これも雪捨て場の減少に対応する施設として有効である．

　敷地内の雪の雪冷房利用は省エネルギー，環境対策として効果がある．

　これらの物理的雪処理方法のほかに，薬剤散布による化学的方法もあり，これは無散水式の中に位置づけされる．

　主な雪処理システムの概要と，長所および短所，そして採用するための条件などを一覧にして**表6·1**に示す．

－ 149 －

第6章 消 融 雪

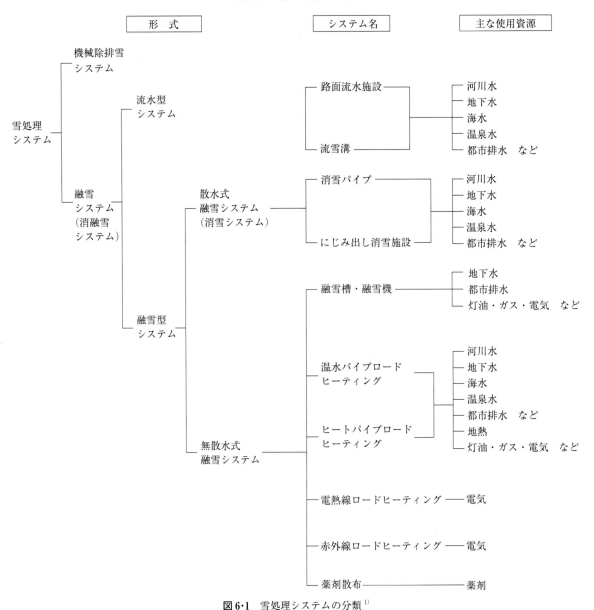

図6・1 雪処理システムの分類[1]

6.1 消雪・融雪の考え方

表6・1 主な雪処理システムの概要と特徴[1]

	機械除排雪	流雪溝	消雪パイプ	融雪槽・融雪機	大規模融雪槽
概要	・除雪ドーザーによる除雪，グレーダーによる路面不均ならしあるいはロータリー式がバケット式除雪車による路側飛散などにより通行スペースを確保する ・ロータリー式やバケット式除雪車から排雪ダンプトラックに雪を積み込み，輸送後，雪捨て場に排雪する	・流水利用による運搬・排雪を兼ねた側溝，人力，機械除雪の補助施設 ・利用される水は，河川水，地下水，工場，火力発電所の温排水など	・水の熱エネルギーを利用して降雪を融かす ・利用される水は，地下水，火力発電所温排水，温泉水など ・路面に埋没した施設から水を噴出させて，雪を融かす	・積雪を投入し，熱を加えて融解処理を行う ・熱源は，地下水，温泉水，排水のほか，電熱ボイラによる加熱もある	・ごみ焼却廃熱，下水処理，地域熱供給などを熱源とする大規模融雪槽 ・加熱散水とかくはんによりダンプで搬入した雪を融雪槽に投入し，加熱とかくはんにより融かし下水などに放流する
採用条件	・路面にたい雪スペースが必要 ・幅員により機械の選択が必要 ・雪捨て場の確保が必要	・かなりの量の流雪用水が必要 ・流末処理に河川放水路，下水などがあること ・適当な縦断勾配が必要	・水温の高い水が得られること ・路面が適当な横断勾配をもつこと ・十分な容量の側溝と流末処理設備を有すること ・外気温が低すぎないこと	・機械除排雪が困難な場所に適する ・雪捨て場がなく，機械除雪によるたい雪が，重大な交通障害となる箇所	・ごみ焼却場，下水処理などの未利用エネルギー熱源やダンプによる搬送距離の短く地域熱供給などの熱源のあるところ
長所	・移動が容易でスペースさえあれば除雪の条件を問わず，自由度が大きい	・運搬・排雪機械および雪捨て場が不要 ・側溝として年間利用が可能	・完全除雪が可能で残雪があっても交通に支障がないシャーベット状である ・連続散水により路面凍結を防止できる ・除雪作業による交通障害が生じない	・雪捨て場が不要 ・完全除雪が可能外気との接触が少ないので，熱の利用効率が高い	・雪捨て場の代用 ・未利用エネルギーの活用により融雪による新たな環境負荷の増大を防止 ・都心部に大規模融雪槽を設置した場合，トラックによる搬送距離が短い ・社会資本（ストック）として有効
短所	・狭小な道路に不向き ・除排雪時には交通障害を起こす ・雪捨て場が必要 ・オペレータ，誘導員の人員確保が必要	・雪の投入は人力による場合が多い ・投雪口への転落事故の危険性あり ・投入の運用を誤ると溢水のおそれがある ・投入時間帯，投入量の制限が必要となる場合もある	・散水時期を誤ると消雪作用が低下し，浸水のおそれがある ・水量不足や停電時には使用不可となる ・路面の損傷が大 ・水ハネ汚損が生じる ・地下水利用の場合，地盤沈下のおそれがある	・雪の投入は人力による場合が多い ・投雪口への転落事故の危険性あり	・設備費が高い ・オペレータ，誘導員の人員確保が必要

第6章 消 融 雪

表6·1のつづき

	ロードヒーティング				薬剤散布
	温水パイプ	ヒートパイプ	電熱線	赤外線	
概要	・路面下にパイプを埋設し，温水を通じて熱を路面に伝達し，路面温度を上昇させる ・利用される水は，工場，火力発電所の温排水，ごみ処理場の温排水，温泉水，ボイラ・ヒートポンプによる加熱水がある ・一般に，不凍液を使用する	・真空にしたパイプの中に，フロンなどの液体を注入し，その端を加熱する．液体は沸騰，蒸発して，圧力の低い冷却部へ流れ，凝縮して液体となり，加熱部へ戻る ・熱源は下水，温泉水，地熱，ボイラなどによる加熱など	・路面下に埋設した絶縁電熱ケーブルに通電加熱を行い，路面温度を上昇させて融雪処理を行う	・赤外線ヒータを地上1～3mに固定して路面に放射する．発生する熱源によって融雪，凍結防止を行う	・無機塩類，尿素などの薬剤のもつ氷点降下現象を応用して融雪，凍結防止を行う
採用条件	・外気温が低く，消雪パイプでは路面凍結のおそれがあるところ ・比較的水温の高い水が得られること	・熱源があること ・環流部が逆勾配にならないように配置できること	・地盤が密なこと	・設置場所はとくに限定されない ・一般的には局部的な場所に使用する	・比較的降雪量の少ない地方で，気温もあまり低くないこと ・薬剤散布が風や車両通行により飛散するため，付近の人家や植物に影響のないところ
長所	・外気温や天候にあわせて温度調節が可能 ・完全除雪が可能 ・部分運転が可能 ・側溝は融雪水のみのため，小さくても可 ・除雪による交通障害がない	・熱伝導性が高い ・熱源が自由に選択できる ・一部が故障してもほかの部分の使用が可能 ・除雪による交通障害がない ・下水廃熱などを熱源とした場合，維持費がほとんどかからない	・道路幅員，勾配など地形を選ばず，適用範囲が広い ・完全除雪が可能 ・部分運転が可能 ・除雪による交通障害がない	・投射と同時に融雪が有効に作用する ・施工が容易である ・熱損失が少ない	・薬剤散布の自動制御により省力化が可能 ・圧雪とならず，その後の機械除雪が容易である ・機械の入れないところでも有効に働く
短所	・路面下のパイプ損傷に対する修理が難しい ・設備費，維持費が高い	・設備費が高い	・設備費，維持費が高い ・外気温，風に左右され，一定温度を保てない	・降雪強度が適応できない ・広範囲な融雪に不適 ・維持費が高い	・薬剤が高価なため大量散布が困難 ・気象条件によっては再凍結の危険がある ・歩行者，自動車，建物，植物に対する影響が危惧される ・薬剤の種類によっては塩害を発生する

－ 152 －

6.2 消雪・融雪の設計に利用する気象条件

ロードヒーティングなど融雪設備の設計用降雪量は，経験値や日最大降雪量をもとに設定されることが多い．しかし，最近は毎時の降雪量（降雪深さや降水量として観測されている）データが気象庁ホームページよりダウンロードできるので，それをもとに合理的に設定することが可能である．

ここで，降水量を用いる場合には，潜熱を乗じるだけで融解熱量が求められるが，風速などの影響により雪片の捕捉率が小さくなり実際の値より小さく観測される場合があること，外気温が高い場合には雪に水分が含まれ実際の氷の量より大きい値となっていることに注意が必要である．一方，降雪量を用いる場合には，外気温などをもとに雪密度を設定する必要がある．どちらのデータを用いるにしても一長一短がある．

設計降雪量を決める最も一般的と考えられる方法は，暖冷房負荷計算用の設計用気象データと同様に，毎時降雪量を超過危険率の概念で整理するものである．図6・2は，札幌，青森，秋田，盛岡の3

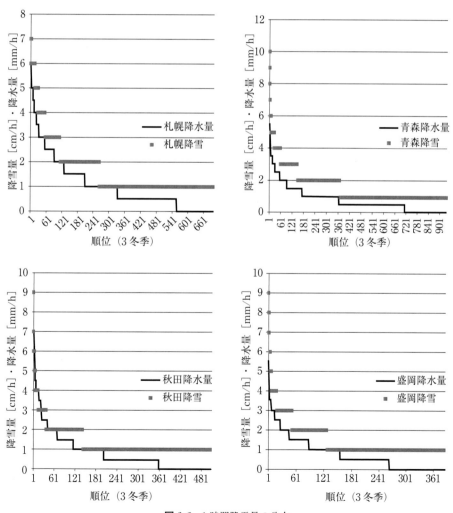

図6・2　1時間降雪量の分布

冬季について，降雪が観測された時刻の1時間降水量，降雪深さのデータを大きい順に並べたものである．たとえば，ひと冬に20 h（3冬季で60 h）生じる降雪量を選ぶと，札幌では降水量2.5 mm/hあるいは降雪量3 cm/hが設計降雪量となる．

この毎時データを用いる方法の欠点は，設計降雪量以上の降雪がある場合の状況が推測できないことである．たとえば，降水量で3.5 mm/h以上の降雪はひと冬に10 h（3冬季で30 h）程度あるが，降雪の継続時間の情報がないため，2.5 mm/hの融雪能力で設計した場合，雪が止んだ後もかなり積雪が残り除雪が必要な状況なのか，あるいは，一時的に積雪が生じるが雪が止むころにはほぼ融けるのか，などの情報は得られない．

これに代わる方法として，雪の降り始めから止むまで（以下，「ひと雪」と表現する）の間の平均降雪量をもとに設計降雪量を決める方法がある．

図6・3にひと雪の降雪特性を示す．これは，ひと雪の降雪継続時間（降雪が連続して記載されている時間）と合計降雪量の関係を表している．たとえば，札幌では，ひと雪の平均降雪量は降水量で3 mm/h以下であり，継続時間はおおむね8 h以下であるが，2016～17年の冬は15 h以上継続し，

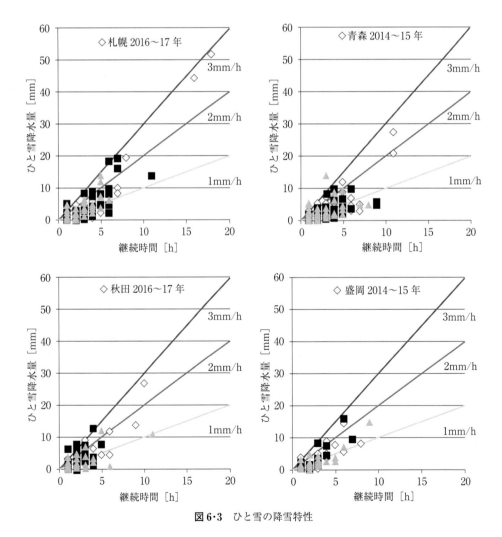

図6・3　ひと雪の降雪特性

− 154 −

6.2 消雪・融雪の設計に利用する気象条件

ひと雪の降水量が 50 mm 以上に達した場合がある．

これらを出現頻度で整理すると図 6·4 となる．札幌では，ひと雪の平均降雪量が降水量で 2 mm/h を超える条件は，ひと冬に 7 回（3 冬季で 21 回）程度であることがわかる．

この方法の優れた点は，設計降雪量以上の降雪がある場合，雪が止んでからどの程度運転を継続すればよいのか，また，最大でどの程度の積雪が生じるのか，見当がつく点である．設計降雪量を降水量で 2 mm/h とすれば，8 h に降水量で 19.5 mm の降雪がある日には，降雪終了後に，19.5 mm − 2 mm/h×8 h=3.5 mm 相当（3.5 kg/m^2）の積雪が残り，その後 2 h 以内に融雪できるが，16 h に 44.5 mm 降った日には降雪終了後 12.5 mm 相当（12.5 kg/m^2）の積雪が生じ，除雪を行わなければならない可能性が大きいと判断できる．

このように，設計用降雪量を選定する場合には，ひと雪のデータを用いる方法が，得られる情報が多く推奨できる．

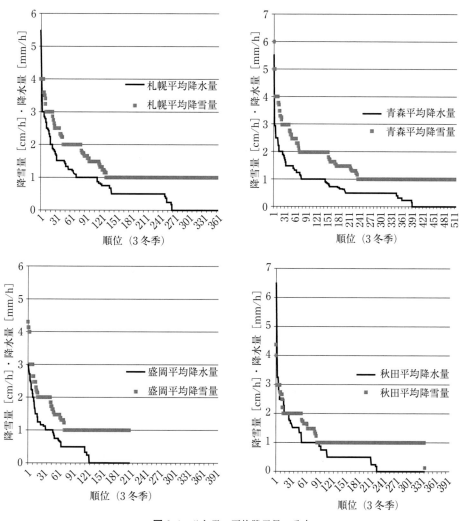

図 6·4　ひと雪の平均降雪量の分布

第6章 消 融 雪

6.3 融 雪 設 備

6.3.1 必要熱量の算定方法
〔1〕 無散水融雪システム（ロードヒーティング）の概要

ロードヒーティングは，路面下に温水管や電熱線などの放熱体を布設し，その放熱により路面に熱伝達し，路面上の雪を融かす，もしくは路面上の凍結を防止するシステムである.

ロードヒーティングは，人力を必要とせずに冬季の質の高い路面管理が行えるという点で，最もレベルの高い雪処理システムであるといえる. しかしその反面，設置・維持費用が高額であること，エネルギー資源の有限性や地球環境への影響に配慮を行わなければならないことなどの問題を抱えている.

これよりロードヒーティングを採用するにあたっては，以下のような点を十分に検討し，その計画を行う必要がある.

① 対象とするところの利用状況（坂道・交差点など），事故件数，地元の要望などを調査し，質の高い路面の安全管理が必要な場所であるかどうかについて，検討する必要がある.

② 設置費や設置後の継続的な維持管理費が高額であることが多いため，十分な管理が行えることを前提に計画を立てる必要がある.

③ 廃熱や自然エネルギーなどを利用できる場所では，できるだけそのエネルギーを利用したシステムを構築する必要がある.

〔2〕 無散水融雪システム（ロードヒーティング）の基本設計
〔a〕 融雪路面における熱移動

ロードヒーティング稼働時の融雪路面において消費されている熱量として，以下の五つが考えられる.

① Q_S：路面の雪温を雪の融点（0℃）まで上昇させるための熱量

② Q_L：雪を融かして水にするための融解熱量

③ Q_E：融雪水の蒸発に要する熱量

④ Q_C：対流による路面からの放熱量

⑤ Q_R：放射による路面からの放熱量

路面が雪で覆われている状態のときは，雪を融かすために Q_S と Q_L の熱量が必要であり，雪を融かし終わった後の路面に雪がない状態のときは，Q_E と Q_C と Q_R の熱量が路面から放出される. 実際には，路面上が雪で覆われている状態であっても，雪の表面から対流や放射による放熱が行われていると考えられるが，その放熱量は小さいため，一般には無視している.

〔b〕 ロードヒーティング必要熱量

ロードヒーティングを設計する際には，まず設計上のロードヒーティング必要熱量（融雪負荷）を設定する必要がある.

融雪負荷は，前述の融雪路面における熱移動量から算定を行う.

路面が雪で覆われている場合の融雪に必要な熱量（Q_1）は，Q_S と Q_L の合計によって得られ，路面に雪がなく凍結を防止するために必要な熱量（Q_2）は，Q_E と Q_C と Q_R の合計によって得られる. このとき，ロードヒーティング設備は路面の融雪を行う，もしくは路面の凍結を防止することが目的であり，路面を乾かすための熱量を投入する必要はないため，融雪水の蒸発に要する熱量 Q_E は，通常，設計の融雪負荷から除いている.

また，路面の一部が雪で覆われている状態において，路面が露出している部分の割合により，必

－ 156 －

6.3 融 雪 設 備

要な熱量を比例配分して計算される.

融雪に必要な熱量　$Q_1 = Q_S + Q_L$

凍結防止に必要な熱量　$Q_2 = Q_C + Q_R$

融雪部と凍結防止部が混在している際に必要な熱量　$Q_{12} = (1 - A_r) Q_1 + A_r Q_2$

ただし,

A_r：自由面積比（露出部分の面積割合）　$0 \sim 1.0$

〔c〕　ロードヒーティング必要熱量の算定

①　融雪に必要な熱量（Q_1）の算定

単位面積あたりの融雪に必要な熱量（Q_1）は，式（6·1）により求められる.

$$Q_1 = Q_S + Q_L \tag{6·1}$$
$$Q_S = S \cdot C_S \cdot \gamma_S \cdot (0 - T_S)$$
$$Q_L = S \cdot \gamma_S \cdot J_S$$

ただし,

Q_S：路面の雪温を雪の融点（0℃）まで上昇させるための熱量 [kJ/m²·h=0.278 W/m²]

Q_L：雪を融かして水にするための融解熱量 [kJ/m²·h=0.278 W/m²]

S　：降雪強度 [m/h]

C_S：雪の比熱 2.093 [kJ/kg·K]

γ_S：雪の密度 $0.06 \sim 0.1 \times 10^3$ [kg/m³]（新雪）

T_S：雪の温度 [℃]

J_S　：雪の融解潜熱　335 [kJ/kg]

②　凍結防止に必要な熱量（Q_2）の算定

単位面積あたりの凍結防止に必要な熱量（Q_2）は，式（6·2）により求める.

$$Q_2 = Q_C + Q_R \tag{6·2}$$
$$Q_C = \alpha_c \cdot (T_g - T_a)$$
$$Q_R = \alpha_r \cdot (T_g - T_a)$$

ただし,

Q_C：対流による路面からの放熱量 [W/m²]

Q_R：放射による路面からの放熱量 [W/m²]

α_c：対流熱伝達係数 [W/m²·K]

α_r：放射熱伝達係数 [W/m²·K]

T_g：路面温度 [℃]

T_a：外気温度 [℃]

以上の計算により求めた Q_1 と Q_2 を比較し，大きな値を設計上の融雪負荷（Q）と考える.

ただし，ここでは路面表面で必要な熱量を求めているため，加熱源として使用する熱量（Q_T）は，蓄熱負荷や下方へ移動する熱量を考慮し，この値に予熱運転を行う場合は 1.2 ～ 1.3 倍，予熱運転を行わない場合には $y=1.5$ ～ 2 倍の安全率を乗じて設定される必要がある.

〔3〕　**温水パイプロードヒーティングの設計**

〔a〕　温水循環量

放熱パイプへの温水循環量は，式（6·3）により求める.

$$F = \frac{Q_T \cdot A}{60 \cdot \gamma_\omega \cdot C_\omega \cdot \Delta t} \tag{6·3}$$

– 157 –

ただし,
- F :温水または地下水循環量 [L/min]
- Q_T :単位面積あたりのヒーティングパイプ放熱量 [kJ/m²]
- A :融雪面積 [m²]
- γ_ω :水の密度 1 000 [kg/m³]
- C_ω :水の比熱 4.186 [kJ/kg·K]
- Δt :温水パイプ内の温度低下 [℃](一般に 10～15 ℃程度で設計される)

〔b〕 必要温度

放熱パイプの表面温度(t_w)は,式(6·4)により求める.

$$t_w = t_o + Q \frac{l_1 + l_2}{2\lambda} \tag{6·4}$$

ただし,
- t_w :送出温水温度 [℃]
- t_o :路面温度 [℃]
- Q :融雪負荷 [W/m²]
- l_1, l_2 :図 **6·5** による距離 [m]
- λ :舗装体の熱伝導率 [W/m]

〔c〕 埋設パイプ

放熱パイプの埋設間隔(P)は,式(6·5)により求める.

$$P = \frac{1}{L} \tag{6·5}$$

ただし,

$$L = \frac{Q}{K(t_{WA} - t_o)a}$$

- P :パイプの埋設間隔 [m]
- L :路面 1 m² あたりの必要埋設長さ [m/m²]
- Q :融雪負荷 [W/m²]
- K :パイプ単位面積あたりの熱通過率 [W/m²·K]
- t_{WA} :循環水平均温度 [℃]
- t_o :路面温度 [℃]

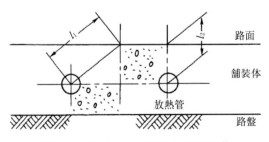

図 **6·5** パイプ中心より路面までの距離[1]

$$a \quad : パイプ 1 m あたりの表面積 [m^2/m]$$

〔4〕 地域別の単位面積あたりの必要発熱量

北海道や東北地域は，積雪量が多く凍結のおそれが高いため，より高い発熱量が必要となる．対して関東以南は，積雪量も凍結のおそれも小さいため，発熱量も小さく抑えられる．地域別の目安となる発熱量を示す．

- ・北海道（道東・道北）：300 W/m²
- ・北海道（道央）：250 W/m²
- ・東北（山間部）：250 W/m²
- ・北海道（道南）：200 W/m²
- ・東北：200 W/m²
- ・北陸：200 W/m²
- ・関東以南：170 W/m²

上記発熱量は目安である．道央（250 W/m²）に位置する場所であっても，冬季の冷え込みが厳しい地域では，道東・道北（300 W/m²）に準じた発熱量を必要とする場合もあるので注意が必要である．

道東や道北は凍結のおそれがきわめて高く，さらに積雪量も多いため，融雪には大きな熱量を必要とする．南下するほどに必要発熱量が小さくなり，関東を境に 170 W/m² 程度が下限となる．

関東や北陸地方でも，降雪量が多くなる地域では，降雪量の実態にあわせて補正が必要である．降雪量 1 cm/h ごとに 100 W の熱量が必要とされており，降雪量が 2.5 cm/h の地域では，250 W/m² の発熱量が必要である．

6.3.2 熱源設備の種類と再生可能エネルギー利用

〔1〕 熱源設備の概要

ロードヒーティングの熱源は地域や規模により必要熱量やエネルギー料金が異なるため，採用する方式について物件ごとの検針が必要となる．**表6・2**に比較を示す．

〔2〕 再生可能エネルギー利用

積雪寒冷地域では雪による交通障害が経済活動の妨げとなり防災機能を低下させるなど，大きな問題となっている．また都市では雪捨て場の減少，トラックなどによる大量の排雪が交通渋滞や環境負荷増大を招いている．

これらの問題解決のため環境への負荷の少ない再生可能エネルギー（地中熱，太陽光，太陽熱，バイオマスなど）や都市排熱（下水排熱，ごみ焼却排熱など）を活用した融雪システムの実施が重要と考えられる．

表6・3に融雪システムに利用できる再生可能エネルギーなどを，また**図6・6**に再生可能エネルギーなどの未利用エネルギーと融雪システムの考えられる組合せを示す．

6.3.3 方式別システム

電熱線式（**図6・7**），温水ボイラなどを熱源とした温水式（**図6・8，6・9**），地中熱ヒートポンプを熱源とした温水式（**図6・10**），ヒートパイプ式（**図6・11**）について示す．

温水式は不凍液を注入し凍結防止対策としているが，温水の凍結事故を防ぐため濃度管理が重要となる．また温水式では口径 16 mm または 13 mm の樹脂パイプ（架橋ポリエチレンパイプなど）を用いるのが一般的である．

表6-2　ロードヒーティング熱源比較[2]

		電気式ロードヒーティング	温水式ロードヒーティング		
			灯油ボイラ方式	ガスボイラ方式	ヒートポンプ方式
概要	概要	電力により、ヒーティングケーブルを発熱させる	灯油だきボイラによって加熱した不凍液を温水パイプに循環させる	ガスだきボイラによって加熱した不凍液を温水パイプに循環させる	電力でヒートポンプを稼働させ、採熱液を加熱する。採熱源は様々だが、未利用エネルギーのうち、地中熱の研究が盛ん
	概念図	（ヒーティングケーブル／分電盤／電力200V）	（灯油供給業者／灯油タンク／灯油ボイラ／温水パイプ／ヘッダ）	（ガスボイラ／温水パイプ／ヘッダ）	（ヒートポンプ／電力／採熱源／温水パイプ／ヘッダ）
設置性	スペース	◎ 分電盤スペースが必要	△ 熱源機スペース以外に、灯油タンクのスペースおよび給油ルートの確保が必要	○ 熱源機スペースが必要	○ 熱源機スペースが必要
	騒音	◎ きわめて静か	○ 若干の作動音があり、設置場所に配慮が必要	○ 若干の作動音があり、設置場所に配慮が必要	○ 若干の作動音があり、設置場所に配慮が必要
	排気ガス	◎ 発生しない	○ 燃焼排気あり、若干臭いがある	○ 燃焼排気あり	◎ 発生しない
メンテナンス	日常の維持管理	◎ 燃焼・機械動作部分が、ほとんどなく、比較的メンテナンスが少ない	○ 燃焼部分があり、通常のメンテナンスのほかにも1シーズンごとの点検が必要	○ 燃焼部分があり、通常のメンテナンスのほかにも1シーズンごとの点検が必要	○ 機械動作部分があり、通常のメンテナンスのほかにも1シーズンごとの点検が必要
	耐用年数	◎ 20年程度以上	○ 15年程度（熱源機の更新）	○ 15年程度（熱源機の更新）	○ 15年程度（熱源機の更新）
経済性	イニシャルコスト（I.C.）	○	◎	◎	△
	ランニングコスト（R.C.）	○	◎	○	◎
性能	その他	○ ・実例多数	△ ・実例多数　・給油が必要　・価格の変動を受けやすい	○ ・実例多数	△ ・実例はまだ少ない
	総合考察	・熱源機を必要としないため、設置しやすさに優れている　・小規模に適する	・灯油タンクスペースを必要とするものの、経済性、環境性能ともに大規模に適する	・環境性能が高い　・ランニングコストが若干高い　・大規模に適する	・高効率システムのため、ランニングコストが小さく、環境性能も最も高いが、イニシャルコストが高い

（注）　地域や敷設規模、制御方式といった試算条件により、エネルギー使用量や適用されるエネルギー料金体系が異なるため、ケースにあわせた検討が必要である。

6.3 融雪設備

表6·3 融雪システムに利用できる再生可能エネルギーなど[1]

分区大	種 類		利用可能な形態
再生可能エネルギー	太陽光		太陽光発電・電力
	太陽熱		ソーラーシステム・熱
			その他（土壌蓄熱など）
	風 力		風力発電（あるいは発電＋多目的利用）
			風力多目的利用のみ
	地 熱		地熱発電（あるいは発電＋多目的利用）
			地熱多目的利用のみ
	海水・河川水・下水処理水利用		海水・河川水・下水処理水など利用の熱供給事業など
			その他・直接利用
リサイクルエネルギー	廃熱利用	発電所廃熱	発電所廃熱利用
		工場廃熱	工場廃熱発電・工場廃熱利用
		機器・装置廃熱（都市型廃熱）	大型電子計算機・変電所・地下鉄などの廃熱利用
		その他	病院の温排水など
	廃棄物利用	一般廃棄物　焼 却	ごみ焼却発電（あるいは発電＋多目的利用）
			ごみ焼却余熱利用
		一般廃棄物　固形燃料化	ごみ固形燃料（RDF）化と固形燃料利用など
		産業廃棄物　廃 液	工場廃液メタン発酵ガス利用など
		産業廃棄物　木質系	木質系廃棄物燃料利用（オガライトなど）
		産業廃棄物　廃タイヤ	廃タイヤボイラなど
		産業廃棄物　その他	ごみ処理メタン発酵ガス利用など
		農林業廃棄物	バイオマスガスボイラなど
		下水・し尿	下水・し尿処理メタン発酵ガス利用など
		その他	廃プラスチックなど
従来型エネルギーの新利用形態	コージェネレーション		石油コージェネレーション排熱
			ガスコージェネレーション排熱
	燃料電池		燃料電池排熱

第6章 消融雪

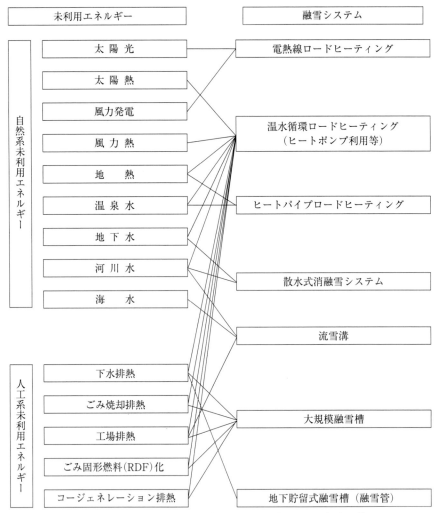

図6・6 未利用エネルギーと融雪システムの考えられる組合せ[1]

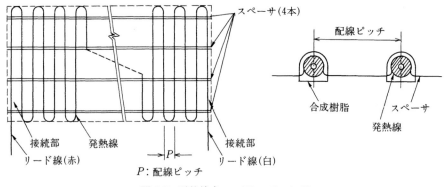

図6・7 電熱線式ロードヒーティング

6.3 融雪設備

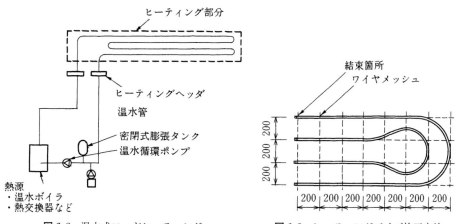

図 6・8　温水式ロードヒーティング

図 6・9　ヒーティングパイプ施工方法

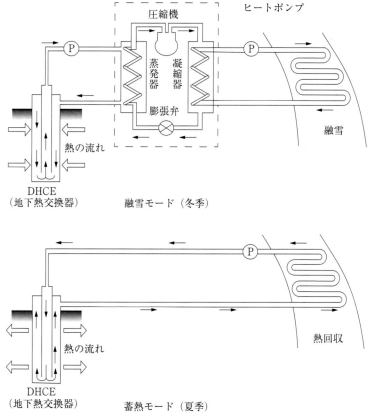

図 6・10　地中熱ヒートポンプロードヒーティング[3]

第6章 消融雪

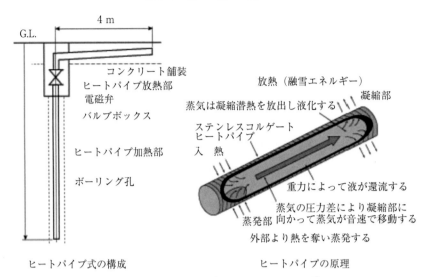

図6・11 ヒートパイプ式ロードヒーティング[3]

6.3.4 制御システム

ロードヒーティングの制御方法を示す．
・路面温度を検出する方式（1要素）（**図6・12**）
・路面温度と路面水分（雪の存在）を検出する方式（2要素）（**図6・13**）

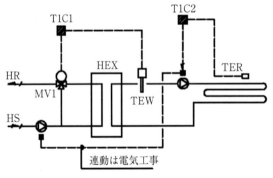

図6・12 ロードヒーティング制御 (1)

HS ：温水（往）
HR ：温水（還）
HEX：熱交換器
MV1：電動三方弁
TEW：配管挿入温度センサ
TER：路面温度センサ
WS ：路面水分センサ
T1C1：温度指示調節計（比例）
T1C2：温度指示調節計（二位置）
RHC1：ロードヒーティングコントローラ
　　　（路面温度，小分センサ用）
RHC2：ロードヒーティングコントローラ
　　　（降雪センサ用）
TEO：外気温センサ
RHS：外気温センサ，降雪センサ

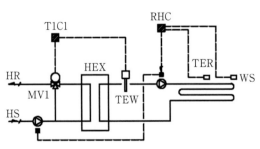

図6・13 ロードヒーティング制御 (2)

- 164 -

6.3 融雪設備

- 路面温度と路面水分，外気温を検出する方式（3要素）（**図6・14**）
- 路面温度と路面水分，外気温，降雪情報を検出する方式（4要素）（**図6・15**）
- 路面温度と路面水分，外気温，降雪情報，降雪確率情報を検出する方式（5要素）（**図6・16**）

次に各方式の特長について示す．

〔1〕 路面温度を検出する方式

路面温度だけを制御の要素とする方式である．最も安価な制御方式であり，温度が低ければ発熱するという単純な仕組みである．

この方式では，積雪がなくてもヒーティングするためランニングコスト面では不経済となる．

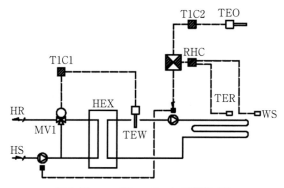

図6・14 ロードヒーティング制御（3）

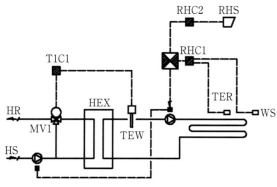

図6・15 ロードヒーティング制御（4）

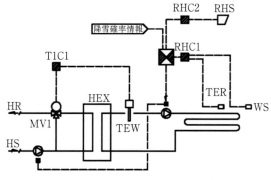

図6・16 ロードヒーティング制御（5）

第6章 消　融　雪

〔2〕　路面温度と路面水分を検出する方式

　路面温度と，路面水分の有無を要素する方式である．路面水分がない場合は，路面温度が低くても凍結のおそれが少ないとして，ヒーティングを行わないことができる．路面の水分は雪の存在でもあるので「雪や水分がないのに路面を温めている」というエネルギーの無駄を防止できる．

〔3〕　路面温度と路面水分，外気温を検出する方式

　温度，路面水分に加えて，外気温を検出して要素としたシステムである．外気温情報によって制御を補正する．

〔4〕　路面温度と路面水分，外気温，降雪情報を検出する方式

　温度，路面水分，外気温に，降雪の有無を要素として追加したシステムである．寒冷であっても雪の少ない地域では，降雪の有無を要素として追加すると，より省エネルギーな運転が可能である．

〔5〕　路面温度と路面水分，外気温，降雪情報，降雪確率情報を検出する方式

　温度，路面水分，外気温，降雪有無に，降雪気象情報を取得したシステムである．大規模施設での採用など高級なシステムである．降雪確率によって自動制御する．

〔6〕　配　慮　事　項

　きめ細かい制御を行うことでより省エネルギーな融雪設備を実現できるが，制御装置が複雑になり，保守管理が煩雑である．設備コストが増大するため，設備グレードの十分な検討が必要である．

　最近は自動制御ではなく遠隔テレビ監視によりヒーティングの発停を行う方式も行われている．

第6章　参考文献

1）落藤澄監修，谷口孚幸編著，オンサイト型都市融雪システム研究会：未利用エネルギーを活用したオンサイト型都市融雪システムの実際と計画（2000），理工図書
2）北海道日建設計：北海道の建築―積雪寒冷地の設計技術ノート―（2016）
3）空気調和・衛生工学会東北支部調査研究委員会　雪対策および温泉利用計画委員会：雪対策及び温泉利用計画研究（2009）

第7章
災害時の避難所の BCP 対策

7.1 災害時避難所の建築・設備の防寒対策〜東北

7.1.1 概　要
　寒冷地および積雪のある地域では,通常の避難所の運営体制では対応できないことになる.そこで,この地域で対応しなければならない事項を抽出してみる.

　防寒対応では,建物自体が耐寒構造とする.さらに外部と避難所の居住空間の動線を間接的に結び,中間には空間スペース,二重扉が必要である.

　積雪対策では,仮設トイレ,駐車場,炊き出し,風呂のスペース確保,さらに忘れてならないことは廃棄物の貯蔵場所のため,雪除け構造の屋根を設けておく必要がある.また,避難所への移動のため,積雪時を考えて除雪設備の確保を検討しておくことも必要である.以下に給水設備,排水設備,暖房設備について防寒対策を述べる.

7.1.2 建物に付随する既存設備
① 給水設備

　3.2項に示した内容を参考とする.

② 排水・通気設備

　3.4項に示した内容を参考とする.

7.1.3 暖　房　設　備
〔1〕 レベル-1

　避難所では毛布,断熱床マット,エマージェンシーシート,携帯カイロを被災者に配布することにより一時的に寒さをしのぐ.これら物資は初期避難において寒さをしのぐのに欠かせないため,避難所に常備する必要がある.

〔2〕 レベル-2

　多数の被災者が集中する避難所では,各家族単位で簡易間仕切りを行い,プライバシーを確保するとともに床面においてのすきま風の侵入防止を図る必要がある.

　電源供給の不要な移動式灯油ストーブなどを持ち込み,暖を取る.ただし,これは直火暖房機の個別分散設置となるため,周囲に十分な安全空間がとれる部分に限定し,これによる火災発生には十分注意を要する.

　また,非常時に備え,事前に,これら暖房機および灯油などの備蓄を行い,震災時の暖房対策を練っておく必要がある.とくに暖房用燃料は東日本大震災において,石油コンビナートの被災,道路の寸断,津波による燃料運搬用タンクローリーの損壊などにより長期にわたり供給が途絶え,寒さにより

－ 167 －

多くの被災者の方々が亡くなられた．

〔3〕 レベル-3

復電後,必要に応じ,火災発生のおそれの少ない温風暖房機,大型エアコンなどの集中暖房機をリースなどにて避難所内に設置する（**図7・1**）．

ここで注意することは,共同避難所の多くは体育館などの天井の高い大空間施設が多いことである．温風暖房の場合,体育館など天井の高い大空間施設において,暖房の温かい空気は非居住空間である上部天井部に流れてしまい,床面近くの居住空間では底冷えすることが多い．このため,東日本大震災では体育館などの一部天井の高い避難所では底冷えによる寒さが厳しく,ここでの居住はできず,やむをえず,この場所は震災支援物資の保管場所となってしまった例もある．

したがって,とくに冬季の避難所としては,天井のあまり高くない施設を検討しておく必要があり,さらにストーブなどの燃焼器具が稼働すると,CO_2濃度が高くなるので,十分な換気ができる設備や造りが必要となる．

〔4〕 レベル-4

被災者用住宅を建設し,暖房効果の高い施設に移る．

東日本大震災においてはとくに北部の寒冷地において,新設した被災者用避難住宅においては冬季に下記の問題が発生した．

① 内壁の結露,カビの発生
② 玄関ドア開閉時,冷えた外気が室内に吹き込む

結露に関しては緊急に避難所を建設したため,天井,壁などに寒冷地用に十分に断熱材が設けられておらず,冬季近くになり,この問題が発覚した．

この問題に対しては厳寒期前になる前に改修工事で壁,窓などに断熱材を追加設置することなどにより改善を図った．

また,冷えた外気の室内への吹き込む問題は,仮難住宅の多くは玄関ドアに近い部屋はドア1枚で屋外と隔てられているためである．

このため,寒冷地では厳寒期の風の強い日には玄関ドアを開けるたびに冷たい冷気が部屋全体に吹き込んでしまい,暖房の効いた部屋を瞬時に冷やしてしまう．

図7・1 茨城県高萩市の避難所[1]
（写真提供：朝日新聞社　2011年3月16日撮影）

この対策として，玄関ドアの外側に簡単な風除板，もしくは風除室を設け，玄関ドアを開けても冷え切った外気が一斉に室内へ吹き込まないよう外気侵入対策を施した．

7.2 避難所の防寒対策と運営～北海道

7.2.1 避難所の防寒対策と運営

　災害により被災した場合または被災するおそれのある場合は，自治体から住民に対して避難勧告，あるいは避難指示が発令される．その場合の避難先は，自治体があらかじめ指定した避難所であり，一般に，小中学校，体育館，集会所などである．先立って，東日本大震災では降雪の中での避難者の保温対策は非常に困難な状況だったと報告されているが，この状況は，まだ，被災想定や避難所運営手法に反映されていない．たとえば，指定避難所の防寒対策の実態は，「冬季の津波避難対策に関する研究委員会」の調査結果[2,3]によると，既存の避難所の冬期間の非利用時は10℃以下の低温状態にあること，また，非常用暖房機を使用した場合には，ある程度の室温を維持するには，多くの燃料が必要となること，さらに，長時間暖房による室内空気の汚染の問題があることが挙げられている．また，飯野らは新潟県に作られたオフサイト避難所における生活環境の実態を調査し[4]，室温が満足されていても，空気環境の悪化により体調不良を訴える者が多くいたことを報告している．金ら[5]は避難所において多くの感染症が発生したことを報告しており，その他にも，学校施設が避難所として適切かどうかの議論も多くある[6,7]．

　寒冷地に目を向ければ，ほかにも以前から指摘されているように，積雪によって緊急車両，支援車両の駐車場が確保できないことや備蓄物資が寒冷地の避難に耐えられる量や物となっているかなど[8]，厳冬期の避難にどのように備え，災害が発生した際にどのように避難を行うのかについての知見は不足している．筆者らが，宮城県の学生に東日本大震災時の避難経験に関してアンケートを実施した際にも，「底冷えがひどく，体育館のマットを用いていた」，「夜は暖房がないときつい」，「毛布が足りなかった」などの寒さに関連する回答が多かった．このときの温度は日最低温度が−3℃，日最高温度が15℃程度である．地震のリスクが大きいとされている北海道釧路市の厳寒期は最低温度が−15℃を下回る時期もめずらしくない．

　このように，被災そして避難にいたる過程に厳冬期の寒さが複合した場合にどのようなことが起こり，またそれに対する対策をどのように講ずるべきなのか，筆者らは2011年以降，静岡県で開発された避難所運営の研修手法であるHUG[9,10]の北海道版を作成[11]するために，北海道における避難所の実態について調査を行ってきた．本報告では，まず，現状の避難計画を整理し，また，寒冷地の厳冬期の被災時の住居や避難所の温熱環境に関して，アンケート調査と実測からその環境について説明し，最後に北海道版HUG（DoHUG）について簡単に説明する．

7.2.2 避難計画，避難所運営マニュアルの現状と問題点

　避難所の準備，運営に関しては，国の防災基本計画[12]に風水害と地震について「避難の受入れ」に関して方針が明記されており，これに基づき，都道府県，政令指定都市は地域防災計画を策定し，最終的には，この計画を受け，市町村が避難場所・避難所の指定，具体的な避難計画の立案，避難所運営マニュアルの策定を行う流れとなる．

　具体的に，北海道の市町村が策定している避難所運営マニュアル策定の流れを追うと，地域防災計画，第4章第6節に避難体制整備計画があり，その第2に避難場所の確保，第3に避難所の確保についての記述がある．いずれも責任は市町村にあり，避難場所については，「地域の地形，地質，施設の災害に対する安全性等を勘案し…」とある．また，避難所の確保についても，避難者を滞在させる

ために必要かつ適切な規模が求められるようになっている．いずれの場合も，学校を使用する際には，教育活動の場であることを配慮し，関係機関との事前協議が必要とされている．以上の文言を読む限り，気候に関する事柄は「等」の部分に入り直接言及されていない．また，第18節には複合災害に関する計画の節がつくられているがほとんど記述がない．北海道のように寒冷な地域において，寒冷な状況とその他の災害が重なるとそれは複合災害ということもでき，今後検討していく必要がある．

また，第5章には災害応急対策計画についての記述があり，その第4節に「避難対策計画」として避難所運営の方針が明記されており，その内容に従って，市町村が避難所運営マニュアルを策定することになっている．対象となる避難者として「市町村は高齢化の進展等を考慮に入れること」という記述があるが，その他に気候に関する記述は見つけることができない．この記述は，もともと避難行動の難しい高齢者の把握に努めることを促すためであるが，寒冷地においては，高齢者は一般的に寒さに弱いため，避難行動中，避難所での生活を含めて様々な支援をする必要がある．

避難所運営マニュアルの策定状況については市町村によってばらつきがある．たとえば，札幌市 [13] においては，ライフライン・通信手段の確認の項目に，「冬季であれば暖房設備の状況も確認すること」とあり，また，避難所の開設に関する項目には，寒さ対策という節を設け，「移動式灯油ストーブが備蓄されている場合は，プール用等の灯油タンクから灯油を補給し，要援護者のためのスペースを暖めるなど，避難所の状況に応じた活用をしてください．なお，移動式灯油ストーブの使用中は，一酸化炭素が発生するおそれがありますので換気を心掛けます」とあるが，このような記述はほかの市町村 [14] においてはほとんど見当たらない．気候に関する内容はより検討される必要がある．

7.2.3　電力の供給が停止した厳冬期被災時の住宅の室内環境

2012年11月27日，発達した低気圧による暴風雪が北日本に猛威をふるった．とくに，北海道登別市，室蘭市周辺の被害がひどく，登別市では送電線の鉄塔が倒壊した結果，大規模な停電（最大45 000戸）を引き起こし，災害救助法の適用となった．これにより各地に避難所が開設された．避難人数は登別市において最も多く，5箇所約250名の避難が記録されている．この災害は，単に暴風雪による停電の影響が広く長かったというだけでなく，厳冬期に電気という最も重要なインフラである電気が停止した際にどのようなことが起きるのかということについて示唆的である．そこで，アンケートを実施してその際の避難状況の把握，生活の実態把握を試みた．なお，アンケートの配布数は1 200通（戸別ポスティング），回収数は251通（回収率21%）であった．

〔1〕　回答者の属性と避難した，避難しなかった理由

回答者の属性は，多くが高齢者であり，住宅の築年数も長いものが多かった．図7・2は住宅の暖房方式，暖房，給湯，調理燃料である．多くの住宅が灯油を暖房用燃料としているが，暖房，給湯ともに灯油であるため，石油セントラル方式が多いと考えられる．石油セントラル方式の場合，暖房・給湯ボイラを用いているため，電気が使えない状況下では，普段使用している暖房，給湯器具は使用することはできない．調理のみガスを用いていることが多く，アンケートでも，停電時は調理のみ行うことができたという回答が多かった．

避難の状況は，回答者の80%が避難をしなかったとあった．その理由に関してアンケートを実施したが，最も多いものは「問題ないから」（76%）であったが，一方で「家族の事情」（11%），「ペットがいるから」（9%）などを理由に挙げている方が約20%いた．つまり，避難の意思のある住民の半分程度しか避難が達成されていないといえ，そのような方達への支援が必要と考えられる．また，避難した回答者に関してその理由を聞いた場合，「寒いから」が多く，今後の対策としては非常用の暖房器具の確保と電池を挙げた例が多かった．移動式灯油ストーブの利用を考えてのことと考えられる．

7.2 避難所の防寒対策と運営～北海道

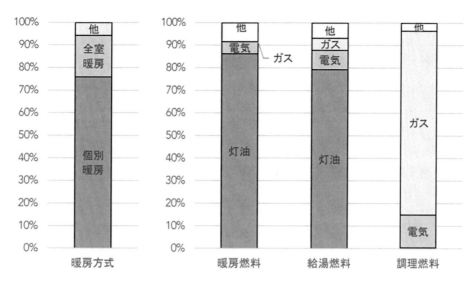

図7・2 回答者の住宅の暖房方式，暖房，給湯，調理燃料

〔2〕 被災時の住宅の熱環境

図7・3は停電後の体感の推移である．非常に寒い，寒いという申告は発災後1日でピークになり，その時期を過ぎると減少する．この大規模停電は地域によっては最大4日間継続したが，1日後から徐々に復旧したこと，また，暴風雪が収まったために何らかの行動を始め（たとえば防寒グッズの購入など），寒さが解消したと考えられる．その他，11月28日朝の申告と移動式灯油ストーブの保有

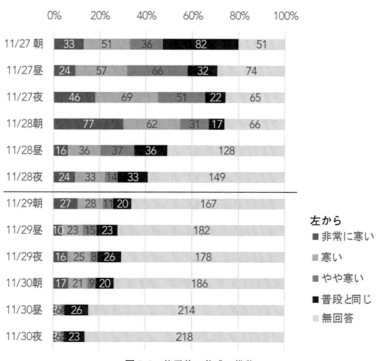

図7・3 停電後の体感の推移

- 171 -

率との関係を調べた結果，移動式灯油ストーブの保有の有無によって，最寒時の体感に有意な差があることがわかった．移動式灯油ストーブは CO_2，NO_x や水蒸気を大量に発生するため，普段の使用は推奨できないが，緊急時のために用意することについては安価（25 000 円程度）であるため有効な選択肢である．

7.2.4 厳冬期避難訓練時の温熱環境の調査

表7·1 は東日本大震災時の釧路市の避難施設管理者（市職員）への避難施設運営上の問題点に関するアンケート結果である．表中のアンダーライン部は寒さが引き金となって生じた運営上の問題点であるが，避難所そのものが寒さに対して非常に脆弱であったことがうかがえる．

〔1〕 避難所（体育館）の温熱環境

寒冷地においても，各自治体は体育館を避難所として指定している．その主な理由は，大規模災害となった場合，大量の避難者を収容できるからである．筆者らは東日本大震災の以前から，とくに北海道東部において，津波を伴った被害地震の発生に対して，どのように避難するべきかを検討してきた．その活動の中で，厳冬期に宿泊を伴った避難訓練を実施し，防災研修を実施しつつ，宿泊時の体育館の温熱環境を測定してきた．本項では，そのデータを利用し，①避難訓練時の体育館の温熱環境，②避難所の断熱性能の把握，③体育館や教室などでの宿泊の際の体温，体感に関する検討を実施する．

〔a〕 避難訓練時の体育館の温熱環境

図7·4左は 2011 年に実施された，帯広市の指定避難所（K 小学校）で実施された厳冬期避難訓練時の熱画像（NECAVIO，TVS-500EX）である．この体育館は無断熱であるため（屋根は 6 mm のポリスチレンフォームを貼った鉄板である）とくに断熱性能の低い屋根面の温度がほかの場所に比べて低くなっていることがわかる．また，**図7·4**右は 2012 年にほぼ同様のスケジュールで

表7·1 東日本大震災時の釧路市の避難所運営の状況 [16]

・当初予定のオープンルームが寒くて使えず，２階図書室を利用したが，車椅子避難者の移動に４名必要だった
・身障者用のトイレに不自由，就寝用に体育用のマットで簡易ベッドを用意した
・前回使用した毛布の補充がされていない
・毛布を袋から出す際の大型カッターが必要
・簡易トイレのレバーの位置が低く高齢者は使いにくい
・毛布・マットの常備数を過去の避難者数実績に応じて増やすべき
・冠水で足元が濡れた避難者もおり，タオルの常備が必要
・マスクの常備も必要
・施設管理者に多大な負担を強いたが，市の責任者からの事前の協力依頼が必要
・テレビが必要（数箇所の避難施設から指摘あり）
・緊急搬送でおむつ使用者を受け入れたが，紙おむつもなども備品に必要
・ごみ袋やトイレットペーパーも不足気味
・施設備え置きの車椅子があるが，供用の鍵が使えなかった
・児童館開館中の避難所開設だったため，児童の受け入れと避難者の受け入れが輻輳し混乱した
・廃校のため水道が濁って飲用できず，ペットボトルの常備が必要
・食糧配給が遅く，簡単な非常食や飲用水の準備が必要
・施設の老朽化が著しい
・暖房用の灯油の確保を地区住民に依存した
・携帯電話の充電器を用意すべき
・EV 無しの施設に歩行困難な障害者が避難してきたので，担架を常備できないか
・寒い時期で毛布が不足
・ライフラインが止まったときのために，水や食糧，医薬品，防寒着，ガスコンロなどの備蓄が必要

－ 172 －

7.2 避難所の防寒対策と運営～北海道

実施した避難訓練（HK小学校）の熱画像である．屋根の断熱材の厚さは25 mmであるが，天井面の温度が上昇していることがわかる．図7・5はK小学校避難訓練時の各部の温度の推移(T&D

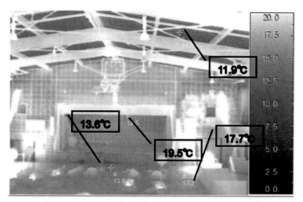

K小学校の熱画像（0：00）屋根断熱厚さ（ポリスチレン6 mm）

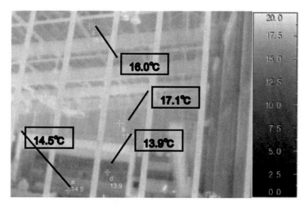

HK小学校（0：00）屋根断熱厚さ（ウレタン25 mm）

図7・4　避難訓練時のサーモカメラ画像

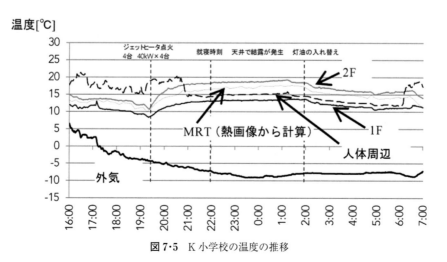

図7・5　K小学校の温度の推移

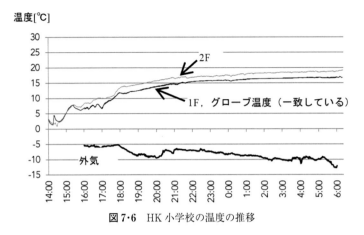

図7・6 HK小学校の温度の推移

社，TR-72U）である．ジェットヒータ4台（160 kW）を用いて暖房を実施してもなかなか温度が上昇せず，1階では，最高で12℃程度であった．避難訓練はそのような環境で実施し，寝袋，毛布，防寒着を用いて就寝することはできたが，夜間に人体とジェットヒータから発生した水蒸気が断熱性能の弱い屋根面で結露を生じ雨のように降り，また，それがブルーシートにあたって音を発生させるため，なかなか落ち着いて寝ることができなかった．

また，図7・6は，HK小学校での温度推移である．K小学校に比べると断熱性能が優れているため，室温も上昇しやすく，また，図7・4のように天井面は4℃の上昇ではあるものの，夜間の天井面での結露は生じなかった．室温が上昇しやすいため，ヒータの出力が小さくなり，発生する水蒸気量も少なくなったことが複合的に作用したと考えられる．ただし，熱画像右側の壁面がガラス面になっており，カーテンをしているが，ガラス面では大量に結露が発生し，サッシ回りでは結氷していた．

上記のような室内環境は，避難訓練時のものであり，避難訓練参加者の体調を考慮して，実際の避難時以上の暖房が実施されている．暖房を実施しない，電源供給は非常用電源のみの厳冬期避難訓練としては，北見赤十字看護大学校が実施している訓練（ただし，訓練参加者は承諾書に記入した学生，医療関係者などのみ）が知られているが，シート（テント）で囲われたエリアは数℃，シート外はほぼ外気温である．このような空間では，十分に就寝することができず，数日の避難となった場合には，代謝の低い高齢者を中心に体調を崩す避難者が多くなると考えられる．

ただし，避難所の機能をもった体育館の建設，改修を実施していくのは非常に長い期間がかかり，また，普段の施設に求められる条件に比べ，オーバスペックになる場合も多い．たとえば，簡単な改修を実施するコストで，非常に多くの防寒，防災用備品が準備できる場合もある．また，避難所を運営していくのは避難する住民とされている．そのような状況を鑑みると高度なBCP対応でいたずらに建物・設備の価格を高騰させるのではなく，コストとベネフィットのバランスを考えて機能追加を実施する必要性があると考えられる．

7.2.5 避難所運営ゲーム北海道版
〔1〕 避難所運営ゲーム北海道版の開発の背景

避難所運営の実践的な訓練手法として静岡県で開発された避難所HUG（避難所運営ゲーム）がある．このゲームは，避難所の図面に縮尺をあわせた避難者カードを配置しつつ，様々なイベントカードに対する対応をグループ内でディスカッションしつつ決めていくというゲームで，参加者が災害直後の

7.2 避難所の防寒対策と運営～北海道

図7・7　HUGの実施風景

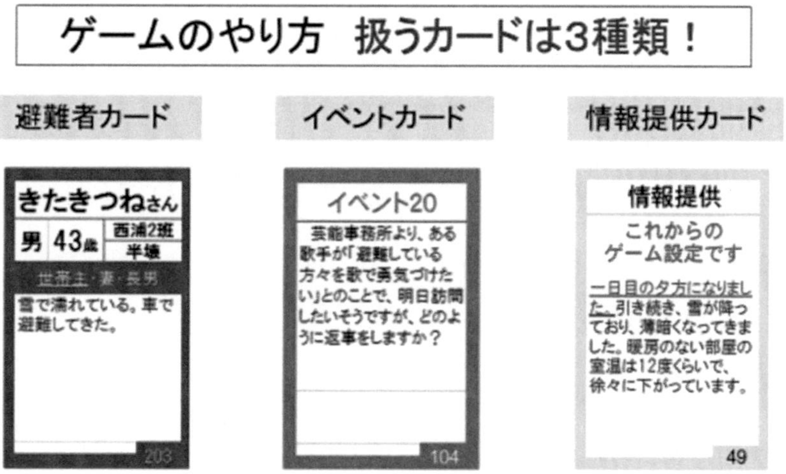

図7・8　HUGの配布カードの説明用パワーポイント

避難所立上げを疑似体験するための研修手法として，手軽かつ有効であるため，全国で利用されている．しかし，想定されている避難状況が寒冷地の地域特性が考慮されていないため，誤った議論をしてしまう可能性があり，北海道の防災に関するアウトリーチを実施している関係者で，北海道HUG研究会という組織を立ち上げて，寒冷な気候をふまえたHUGの開発と研修の実施を行ってきた．その活動の中で，2013年度に札幌市と共同で札幌版HUGの開発を行うとともに各区の防災研修を実施し，また，2015年度にはその成果を受ける形で北海道庁危機対策課とともに北海道版HUGの開発，検討を実施し，その成果を以て2016年4月にDoHUGを公表した．現在，DoHUGのキットは北海道内の各振興局に置かれており，依頼によって無償で貸し出しすることができ，全道で数多く行われている．

〔2〕 避難所運営ゲーム北海道版の現状と課題

　図7・7は避難所運営ゲームを実施している際の様子である．写真のように，DoHUGは数人のグループで実施する研修で，図7・8のようなカードを読み上げ係が読み上げ，その他のメンバーが避難者を適切な位置に避難させ，また，様々なイベントについての対応を相談し決定していくワークショップ形式の防災研修である．静岡版から北海道版への主な変更点は以下のとおりである．

①前提条件：外気温が翌日の朝には−15℃になることを想定，②添付の図面（小学校）の修正：a 校舎と体育館の間に渡り廊下を設置，b 積雪の状況を記入，c 冬期間にプールの水がないなど，③寒冷地に特有のイベントの導入：ストーブの設置，低体温症，車内避難時の対応，④要解説カードの作成：低体温症，車内避難については，専門家のアドバイスをもとに対処方法を明記したパワーポイントファイルを作成し，ワークショップ終了時に必ず説明するように要請，⑤解説書の充実：その他のカードについても，開発メンバーが最善と考えられる手法について解説書に記入し，HUG の終了後に読むと，開発メンバーが現状で最善と考えている手法についての知見を手に入れることができる．

現状の問題点としては，以下のようにまとめることができる．①最新の知見を導入する仕組みがないこと：毎年，日本全国で数多くの災害が発生しており，必ず避難所も開設されている．そこでは，様々な試行錯誤が行われており，様々な発見があるはずである．たとえば，避難所・避難生活学会という学会がすでに設立されているが，そういったところで得られた成果などは常に導入されていくべきであろう．② DoHUG を行うことが目的化している：防災研修を行うことは重要で，やらないよりはやったほうがよい．ただし，とくに DoHUG の場合，すでに参加したことのある経験者がやったとしてもほとんど意味がない．あくまで DoHUG は地域の防災を考えるための入口で実施するべき研修であって，DoHUG を行うこと自体が目的化してしまうと，防災に関する活動を実施しましたという言い訳にしかならない．地域の防災力の向上を目指すならば，DoHUG の次のステップを考えつつ実施すべきである．

（注）　共起ネットワーク分析共起は，ある単語が文章中に表れたとき，その文章中に別の限られた単語が頻繁に出現することをいい，その関係についてネットワークを用いて表現したものである．

　　　　1960 ～ 2000 年までは 10 件以上の回答があるが，それ以外の年代の回答数は非常に少ない件数である．

第 7 章　参考文献

1）朝日新聞社（2011 年 3 月 16 日撮影）

2）森太郎，南慎一，草苅敏夫，竹内慎一，定池祐季：厳冬季被災を想定した避難所運営手法に関する研究，その 3 調査の目的と避難所の実態，日本建築学会北海道支部研究報告集，86（2013-6），pp. 255 ～ 258

3）南慎一，定池祐季，森太郎，草苅敏夫，竹内慎一，林昌宏，高橋章弘：厳冬期被災を想定した避難所運営手法に関する研究，その 2 寒冷地版避難所運営手法の開発，日本建築学会北海道支部研究報告集，86（2013-6），pp. 387，388

4）飯野由香利，倉渕隆，小笠原岳：オフサイト避難所における生活環境の実態，日本建築学会技術報告集，18-40（2012-10），pp. 1009 ～ 1012

5）金美賢，神垣太郎，三村敬司：東日本大震災後の宮城県における避難所感染症サーベイランス，日本公衆衛生雑誌，60-10（2013-10），pp. 659 ～ 664

6）今泉絵里花，晴山桂輔，小野田泰明：避難時における学校施設の役割と周辺の避難所との関わりに関する研究，日本建築学会大会 2012 年度大会学術講演会，学術講演梗概集（2012-9），pp. 899，900

7）牧野夏葉，村上正浩：地域連携による避難所運営管理体制のあり方，日本建築学会 2012 年度大会学術講演会，学術講演梗概集（2012-9），pp. 621，622

8）南慎一，竹内慎一，高橋章弘：積雪寒冷期の津波避難所の実態調査，日本建築学会北海道支部研究報告集，81（2008-6），pp. 345，346

9）避難所運営ゲーム，静岡県ホームページ：http://www.pref.shizuoka.jp/bousai/e-quakes/manabu/hinanjyo-hug/about.html（2018-3-9 閲覧）

10）森太郎，南慎一，竹内慎一，定池祐季：厳冬期被災を想定した避難所運営手法に関する研究，その 1 防

災訓練時の温熱環境の比較と避難所運営手法（HUG）の実施結果，日本建築学会北海道支部研究報告集，85（2012-6），pp. 289 ～ 292

11）NHK アーカイブ等，https://www.facebook.com/hokkaido.bousaikyouiku/posts/452414948260723（2018-3-9 閲覧）

12）防災基本計画，内閣府，http://www.bousai.go.jp/taisaku/keikaku/kihon.html（2018-3-9 閲覧）

13）避難所運営マニュアル（札幌市），https://www.city.sapporo.jp/hokenfukushi/documents/hinanbasyou neimanyuaru.pdf（2018-3-9 閲覧）

14）避難所運営マニュアル（帯広市），http://www.city.obihiro.hokkaido.jp/soumubu/soumuka/a020104 refuge-manual.data/120228_hinan-m_all.pdf（2018-3-9 閲覧）

15）KHcorder，http://khc.sourceforge.net/（2018-3-9 閲覧）

16）草苅敏夫，南慎一，竹内慎一：厳冬期の避難所運営に関するアンケート調査，釧路市を対象に，釧路工業高等専門学校紀要，47（2013-12），pp. 33 ～ 37

第8章
参考技術・資料

8.1　全国気象（理科年表 2018 年版）抜すい

8.1.1　月別平均気温 ［℃］

1981 年から 2010 年までの平均値

地　点	1月	2月	3月	4月	5月	6月	7月	8月	9月	10月	11月	12月	年
札　幌	− 3.6	− 3.1	0.6	7.1	12.4	16.7	20.5	22.3	18.1	11.8	4.9	− 0.9	8.9
函　館	− 2.6	− 2.1	1.4	7.2	11.9	15.8	19.7	22.0	18.3	12.2	5.7	0.0	9.1
旭　川	− 7.5	− 6.5	− 1.8	5.6	11.8	16.5	20.2	21.1	15.9	9.2	1.9	− 4.3	6.9
釧　路	− 5.4	− 4.7	− 0.9	3.7	8.1	11.7	15.3	18.0	16.0	10.6	4.3	− 1.9	6.2
帯　広	− 7.5	− 6.2	− 1.0	5.8	11.1	14.8	18.3	20.2	16.3	10.0	3.2	− 3.7	6.8
網　走	− 5.5	− 6.0	− 1.9	4.4	9.4	13.1	17.1	19.6	16.3	10.6	3.7	− 2.4	6.5
留　萌	− 4.4	− 4.1	− 0.4	5.5	10.6	15.0	19.2	20.9	16.8	10.9	4.3	− 1.5	7.7
稚　内	− 4.7	− 4.7	− 1.0	4.4	8.8	12.7	16.8	19.6	16.8	11.1	3.6	− 2.0	6.8
根　室	− 3.7	− 4.3	− 1.3	3.4	7.3	10.6	14.2	17.3	15.7	11.3	5.3	− 0.5	6.3
寿　都	− 2.4	− 2.1	1.0	6.4	11.0	14.9	18.9	21.1	17.8	11.9	5.3	− 0.1	8.6
浦　河	− 2.5	− 2.4	0.5	5.0	9.3	13.1	17.2	19.9	17.3	12.0	5.9	0.2	7.9
青　森	− 1.2	− 0.7	2.4	8.3	13.3	17.2	21.1	23.3	19.3	13.1	6.8	1.5	10.4
盛　岡	− 1.9	− 1.2	2.2	8.6	14.0	18.3	21.8	23.4	18.7	12.1	5.9	1.0	10.2
宮　古	0.3	0.4	3.3	8.7	13.0	16.0	19.8	22.2	18.8	13.3	7.8	3.1	10.6
仙　台	1.6	2.0	4.9	10.3	15.0	18.5	22.2	24.2	20.7	15.2	9.4	4.5	12.4
秋　田	0.1	0.5	3.6	9.6	14.6	19.2	22.9	24.9	20.4	14.0	7.9	2.9	11.7
山　形	− 0.4	0.1	3.5	10.1	15.7	19.8	23.3	24.9	20.1	13.6	7.4	2.6	11.7
酒　田	1.7	1.9	4.6	10.2	15.3	19.6	23.3	25.3	21.1	15.1	9.3	4.5	12.7
福　島	1.6	2.2	5.3	11.5	16.6	20.1	23.6	25.4	21.1	15.1	9.2	4.4	13.0
小名浜	3.8	4.0	6.6	11.3	15.2	18.4	22.0	24.2	21.5	16.4	11.1	6.4	13.4
水　戸	3.0	3.6	6.7	12.0	16.4	19.7	23.5	25.2	21.7	16.0	10.4	5.4	13.6
宇都宮	2.5	3.3	6.8	12.5	17.2	20.6	24.2	25.6	21.9	16.1	10.1	4.9	13.8
前　橋	3.5	4.0	7.3	13.2	18.0	21.5	25.1	26.4	22.4	16.5	10.8	6.0	14.6
熊　谷	4.0	4.7	7.9	13.6	18.2	21.7	25.3	26.8	22.8	17.0	11.2	6.3	15.0
銚　子	6.4	6.6	9.1	13.3	16.9	19.5	22.9	25.2	23.0	18.7	14.0	9.2	15.4
東　京	5.2	5.7	8.7	13.9	18.2	21.4	25.0	26.4	22.8	17.5	12.1	7.6	15.4
大　島	7.3	7.4	9.9	14.2	17.9	20.8	24.1	25.7	23.0	18.5	14.2	9.9	16.1
八丈島	10.1	10.2	12.2	15.6	18.3	20.9	24.9	26.3	24.5	20.7	16.7	12.7	17.8
横　浜	5.9	6.2	9.1	14.2	18.3	21.3	25.0	26.7	23.3	18.0	13.0	8.5	15.8
新　潟	2.8	2.9	5.8	11.5	16.5	20.7	24.5	26.6	22.5	16.4	10.5	5.6	13.9
高　田	2.4	2.4	5.4	11.5	16.6	20.6	24.6	26.3	22.0	16.0	10.2	5.3	13.6
相　川	3.9	3.8	6.2	11.2	15.5	19.5	23.6	26.0	22.1	16.9	11.6	6.9	13.9
富　山	2.7	3.0	6.3	12.1	17.0	20.9	24.9	26.6	22.3	16.4	10.8	5.7	14.1
金　沢	3.8	3.9	6.9	12.5	17.1	21.2	25.3	27.0	22.7	17.1	11.5	6.7	14.6
輪　島	3.1	3.1	5.7	11.0	15.7	19.6	23.9	25.7	21.6	15.9	10.5	6.0	13.5

－ 179 －

第8章　参考技術・資料

（月別平均気温つづき）

地　点	1月	2月	3月	4月	5月	6月	7月	8月	9月	10月	11月	12月	年
福　井	3.0	3.4	6.8	12.8	17.7	21.6	25.6	27.2	22.7	16.6	11.0	5.9	14.5
敦　賀	4.5	4.7	7.8	13.2	17.8	21.7	25.8	27.4	23.4	17.6	12.3	7.4	15.3
甲　府	2.8	4.3	8.0	13.8	18.3	21.9	25.5	26.6	22.8	16.5	10.4	5.0	14.7
長　野	−0.6	0.1	3.8	10.6	16.0	20.1	23.8	25.2	20.6	13.9	7.5	2.1	11.9
松　本	−0.4	0.2	3.9	10.6	16.0	19.9	23.6	24.7	20.0	13.2	7.4	2.3	11.8
富士山	−18.4	−17.8	−14.2	−8.7	−3.4	1.1	4.9	6.2	3.2	−2.8	−9.2	−15.1	−6.2
飯　田	0.8	2.1	5.6	11.7	16.4	20.3	23.9	25.1	21.2	14.4	8.2	3.2	12.8
軽井沢	−3.5	−3.1	0.5	6.8	11.8	15.6	19.5	20.5	16.3	10.0	4.4	−0.7	8.2
岐　阜	4.4	5.1	8.6	14.4	19.0	22.8	26.5	28.0	24.1	18.1	12.2	6.9	15.8
高　山	−1.4	−0.9	2.9	9.6	15.1	19.4	23.0	24.1	19.7	12.9	6.6	1.4	11.0
静　岡	6.7	7.3	10.3	14.9	18.8	22.0	25.7	27.0	24.1	18.9	13.9	9.0	16.5
浜　松	5.9	6.5	9.7	14.7	18.7	22.0	25.7	27.0	24.1	18.8	13.5	8.4	16.3
名古屋	4.5	5.2	8.7	14.4	18.9	22.7	26.4	27.8	24.1	18.1	12.2	7.0	15.8
津	5.3	5.6	8.5	14.0	18.6	22.4	26.3	27.5	24.0	18.3	12.7	7.8	15.9
尾　鷲	6.3	6.9	9.9	14.6	18.4	21.7	25.4	26.4	23.6	18.3	13.4	8.6	16.1
彦　根	3.7	3.9	6.9	12.3	17.2	21.4	25.6	27.1	23.2	17.1	11.4	6.3	14.7
京　都	4.6	5.1	8.4	14.2	19.0	23.0	26.8	28.2	24.1	17.8	12.1	7.0	15.9
大　阪	6.0	6.3	9.4	15.1	19.7	23.5	27.4	28.8	25.0	19.0	13.6	8.6	16.9
神　戸	5.8	6.1	9.3	14.9	19.4	23.2	26.8	28.3	25.2	19.3	13.9	8.7	16.7
奈　良	3.9	4.4	7.6	13.4	18.0	21.9	25.8	26.9	22.9	16.6	11.1	6.2	14.9
和歌山	6.0	6.4	9.5	14.9	19.3	23.0	27.0	28.1	24.7	18.8	13.5	8.5	16.7
潮　岬	8.0	8.5	11.3	15.7	19.1	22.0	25.5	26.7	24.4	19.8	15.3	10.5	17.2
鳥　取	4.0	4.4	7.5	13.0	17.7	21.7	25.7	27.0	22.6	16.7	11.6	6.8	14.9
松　江	4.3	4.7	7.6	12.9	17.5	21.3	25.3	26.8	22.6	16.8	11.6	6.9	14.9
浜　田	6.0	6.2	8.7	13.3	17.4	21.1	25.2	26.5	22.6	17.4	12.8	8.6	15.5
西　郷	4.2	4.3	6.9	11.9	16.3	20.1	24.2	26.0	22.0	16.5	11.6	7.1	14.3
岡　山	4.9	5.5	8.8	14.5	19.3	23.3	27.2	28.3	24.4	18.1	12.3	7.3	16.2
広　島	5.2	6.0	9.1	14.7	19.3	23.0	27.1	28.2	24.4	18.3	12.5	7.5	16.3
下　関	6.9	7.2	9.9	14.5	18.6	22.3	26.3	27.6	24.4	19.4	14.2	9.4	16.7
徳　島	6.1	6.5	9.6	14.8	19.2	22.7	26.6	27.8	24.5	18.9	13.5	8.5	16.6
高　松	5.5	5.9	8.9	14.4	19.1	23.0	27.0	28.1	24.3	18.4	12.8	7.9	16.3
松　山	6.0	6.5	9.5	14.6	19.0	22.7	26.9	27.8	24.3	18.7	13.3	8.4	16.5
高　知	6.3	7.5	10.8	15.6	19.7	22.9	26.7	27.5	24.7	19.3	13.8	8.5	17.0
室戸岬	7.5	7.9	10.6	15.0	18.5	21.4	24.8	26.1	23.8	19.4	14.9	10.1	16.7
清　水	8.7	9.5	12.4	16.7	20.2	22.9	26.4	27.5	25.4	21.0	16.2	11.3	18.2
福　岡	6.6	7.4	10.4	15.1	19.4	23.0	27.2	28.1	24.4	19.2	13.8	8.9	17.0
佐　賀	5.4	6.7	9.9	15.0	19.5	23.3	26.8	27.8	24.2	18.6	12.9	7.6	16.5
長　崎	7.0	7.9	10.9	15.4	19.4	22.8	26.8	27.9	24.8	19.7	14.3	9.4	17.2
厳　原	5.7	6.7	9.7	14.0	17.8	21.1	25.1	26.4	23.2	18.4	13.0	8.0	15.8
福　江	7.4	8.1	10.7	14.7	18.6	22.0	26.1	27.0	24.0	19.3	14.3	9.6	16.8
熊　本	5.7	7.1	10.6	15.7	20.2	23.6	27.3	28.2	24.9	19.1	13.1	7.8	16.9
大　分	6.2	6.9	9.7	14.5	18.8	22.4	26.5	27.3	23.9	18.6	13.4	8.5	16.4
宮　崎	7.5	8.6	11.9	16.1	19.9	23.1	27.3	27.2	24.4	19.4	14.3	9.6	17.4
鹿児島	8.5	9.8	12.5	16.9	20.8	24.0	28.1	28.5	26.1	21.2	15.9	10.6	18.6
名　瀬	14.8	15.2	17.1	19.8	22.7	26.0	28.7	28.4	26.8	23.7	20.2	16.5	21.6
那　覇	17.0	17.1	18.9	21.4	24.0	26.8	28.9	28.7	27.6	25.2	22.1	18.7	23.1
昭和（南極）	−0.7	−2.9	−6.5	−10.1	−13.5	−15.2	−17.3	−19.4	−18.1	−13.5	−6.8	−1.6	−10.4

－ 180 －

8.1 全国気象（理科年表 2018 年版）抜すい

8.1.2 気温の最低記録

地　点	最低気温					地　点	最低気温				
	℃	年	月	日	統計期間		℃	年	月	日	統計期間
札　幌	−28.5	1929	2	1	1876−2014	飯　田	−16.5	1954	1	27	1897−2014
函　館	−21.7	1891	1	29	1872−2014	軽井沢	−21.0	1936	3	1	1925−2014
旭　川	−41.0	1902	1	25	1888−2014	岐　阜	−14.3	1927	1	24	1883−2014
釧　路	−28.3	1922	1	28	1910−2014	高　山	−25.5	1939	2	11	1899−2014
帯　広	−38.2	1902	1	26	1892−2014	静　岡	−6.8	1960	1	25	1940−2014
網　走	−29.2	1902	1	25	1889−2014	浜　松	−6.0	1923	1	2	1882−2014
留　萌	−23.4	1985	1	25	1943−2014	名古屋	−10.3	1927	1	24	1890−2014
稚　内	−19.4	1944	1	30	1938−2014	津	−7.8	1904	1	27	1889−2014
根　室	−22.9	1931	2	18	1879−2014	尾　鷲	−6.9	1963	1	24	1938−2014
寿　都	−15.7	1912	1	3	1884−2014	彦　根	−11.3	1904	1	27	1893−2014
浦　河	−15.5	1979	1	29	1927−2014	京　都	−11.9	1891	1	16	1880−2014
青　森	−24.7	1931	2	23	1882−2014	大　阪	−7.5	1945	1	28	1883−2014
盛　岡	−20.6	1945	1	26	1923−2014	神　戸	−7.2	1981	2	27	1896−2014
宮　古	−17.3	1908	1	23	1883−2014	奈　良	−7.8	1977	2	16	1953−2014
仙　台	−11.7	1945	1	26	1926−2014	和歌山	−6.0	1945	1	28	1879−2014
秋　田	−24.6	1888	2	5	1882−2014	潮　岬	−5.0	1981	2	26	1913−2014
山　形	−20.0	1891	1	29	1889−2014	鳥　取	−7.4	1981	2	26	1943−2014
酒　田	−16.9	1940	1	22	1937−2014	松　江	−8.7	1977	2	19	1940−2014
福　島	−18.5	1891	2	4	1889−2014	浜　田	−7.6	1981	2	26	1893−2014
小名浜	−10.7	1952	2	5	1910−2014	西　郷	−8.9	1981	2	26	1939−2014
水　戸	−12.7	1952	2	5	1897−2014	岡　山	−9.1	1981	2	27	1891−2014
宇都宮	−14.8	1902	1	24	1890−2014	広　島	−8.6	1917	12	28	1879−2014
前　橋	−11.8	1923	1	3	1896−2014	下　関	−6.5	1901	2	3	1883−2014
熊　谷	−11.6	1919	2	9	1896−2014	徳　島	−6.0	1945	2	9	1891−2014
銚　子	−7.3	1893	2	13	1887−2014	高　松	−7.7	1945	1	28	1941−2014
東　京	−9.2	1876	1	13	1875−2014	松　山	−8.3	1913	2	12	1890−2014
大　島	−4.0	1996	2	3	1938−2014	高　知	−7.9	1977	2	17	1886−2014
八丈島	−2.0	1981	2	27	1906−2014	室戸岬	−6.6	1981	2	26	1920−2014
横　浜	−8.2	1927	1	24	1896−2014	清　水	−5.0	1981	2	26	1940−2014
新　潟	−13.0	1942	2	12	1886−2014	福　岡	−8.2	1919	2	5	1890−2014
高　田	−13.2	1942	2	12	1922−2014	佐　賀	−6.9	1943	1	13	1890−2014
相　川	−7.5	1915	1	13	1911−2014	長　崎	−5.2	1936	1	17	1878−2014
富　山	−11.9	1947	1	29	1939−2014	厳　原	−8.6	1895	2	22	1886−2014
金　沢	−9.7	1904	1	27	1882−2014	福　江	−5.4	1977	2	19	1962−2014
輪　島	−10.4	1943	1	30	1929−2014	熊　本	−9.2	1929	2	11	1890−2014
福　井	−15.1	1904	1	27	1897−2014	大　分	−7.8	1918	2	19	1887−2014
敦　賀	−10.9	1904	1	27	1897−2014	宮　崎	−7.5	1904	1	26	1886−2014
甲　府	−19.5	1921	1	16	1894−2014	鹿児島	−6.7	1923	2	28	1883−2014
長　野	−17.0	1934	1	24	1889−2014	名　瀬	3.1	1901	2	12	1896−2014
松　本	−24.8	1900	1	27	1898−2014	那　覇	4.9	1918	2	20	1910−2014
富士山	−38.0	1981	2	27	1932−2014	昭和(南極)	−45.3	1982	9	4	1957−2014

− 181 −

第8章　参考技術・資料

8.1.3　日最低気温の月別平年値 [℃]

1981 年から 2010 年までの平均値

地　点	1 月	2 月	3 月	4 月	5 月	6 月	7 月	8 月	9 月	10 月	11 月	12 月	年
札　幌	− 7.0	− 6.6	− 2.9	3.2	8.3	12.9	17.3	19.1	14.2	7.5	1.3	− 4.1	5.3
函　館	− 6.2	− 5.9	− 2.6	2.6	7.5	12.1	16.6	18.7	14.1	7.4	1.4	− 3.5	5.2
旭　川	− 12.3	− 12.7	− 6.3	0.0	5.4	11.6	15.9	16.8	11.2	3.9	− 2.0	− 7.9	2.0
釧　路	− 10.4	− 9.9	− 4.9	0.3	5.0	9.0	12.8	15.5	12.3	5.5	− 0.8	− 7.1	2.3
帯　広	− 13.7	− 12.6	− 6.0	0.6	5.7	10.3	14.5	16.4	12.1	4.8	− 1.5	− 8.9	1.8
網　走	− 9.4	− 10.1	− 5.5	0.4	5.4	9.8	14.0	16.6	12.9	6.6	0.1	− 5.9	2.9
留　萌	− 7.9	− 7.8	− 4.0	1.6	6.6	11.8	16.3	17.8	12.7	6.6	0.9	− 4.4	4.2
稚　内	− 6.8	− 7.1	− 3.5	1.8	6.0	10.1	14.5	17.3	14.0	8.1	1.0	− 4.2	4.3
根　室	− 6.9	− 7.6	− 4.3	0.4	4.1	7.7	11.5	14.7	13.1	8.2	1.9	− 3.6	3.3
寿　都	− 4.9	− 4.6	− 1.8	2.8	7.3	11.8	16.4	18.4	14.3	8.2	2.1	− 2.7	5.6
浦　河	− 5.9	− 5.9	− 2.8	1.6	5.9	10.3	14.8	17.4	13.9	8.0	2.2	− 3.0	4.7
青　森	− 3.9	− 3.7	− 1.3	3.7	8.9	13.5	18.0	19.8	15.1	8.6	3.0	− 1.4	6.7
盛　岡	− 5.6	− 5.2	− 2.2	3.0	8.5	13.8	18.1	19.6	14.6	7.3	1.5	− 2.4	5.9
宮　古	− 3.8	− 3.8	− 1.1	3.8	8.5	12.7	17.0	19.2	15.2	8.7	2.8	− 1.2	6.5
仙　台	− 1.7	− 1.5	0.9	6.1	11.1	15.5	19.5	21.4	17.6	11.2	5.2	0.9	8.9
秋　田	− 2.5	− 2.3	− 0.1	5.1	10.5	15.5	19.8	21.3	16.5	9.8	4.1	0.0	8.2
山　形	− 3.4	− 3.3	− 0.7	4.5	10.1	15.2	19.4	20.7	16.2	9.2	3.2	− 0.7	7.5
酒　田	− 1.0	− 1.1	1.0	5.7	11.1	16.1	20.2	21.7	17.3	11.0	5.5	1.6	9.1
福　島	− 1.8	− 1.5	0.9	6.2	11.5	16.1	20.1	21.8	17.6	11.0	4.8	0.7	8.9
小名浜	− 0.5	− 0.2	2.3	7.1	11.7	15.7	19.6	21.7	18.6	12.5	6.6	1.9	9.8
水　戸	− 2.2	− 1.5	1.6	6.7	12.0	16.3	20.3	21.9	18.3	11.8	5.4	0.2	9.2
宇都宮	− 2.7	− 1.9	1.5	7.0	12.5	16.9	20.8	22.2	18.4	11.8	5.0	− 0.3	9.3
前　橋	− 0.8	− 0.4	2.6	8.0	13.1	17.5	21.4	22.6	18.9	12.5	6.5	1.7	10.3
熊　谷	− 0.7	0.0	3.1	8.4	13.4	17.8	21.7	23.0	19.3	13.0	6.7	1.6	10.6
銚　子	2.7	3.0	5.9	10.3	14.2	17.2	20.7	23.0	21.0	16.3	10.7	5.4	12.5
東　京	0.9	1.7	4.4	9.4	14.0	18.0	21.8	23.0	19.7	14.2	8.3	3.5	11.6
大　島	3.7	3.4	6.2	10.3	14.5	18.1	21.8	23.1	20.5	15.7	11.0	6.2	12.9
八丈島	7.5	7.5	9.0	12.9	16.0	19.0	22.9	23.9	22.2	18.3	13.9	9.7	15.2
横　浜	2.3	2.6	5.3	10.4	15.0	18.6	22.4	24.0	20.6	15.0	9.6	4.9	12.5
新　潟	0.2	0.1	2.3	7.3	12.7	17.6	21.7	23.4	19.2	12.8	7.0	2.7	10.6
高　田	− 0.6	− 1.0	1.0	5.8	11.2	16.5	21.0	22.4	18.2	11.6	5.9	1.8	9.5
相　川	1.2	0.9	2.8	7.4	11.5	16.2	20.8	22.8	18.9	13.5	8.0	3.9	10.6
富　山	− 0.1	− 0.3	2.2	7.2	12.6	17.4	21.5	22.9	18.8	12.4	6.8	2.4	10.3
金　沢	0.9	0.7	3.0	8.2	13.1	18.0	22.3	23.7	19.5	13.3	7.7	3.4	11.2
輪　島	0.2	− 0.2	1.5	5.9	11.1	16.0	20.6	22.0	17.8	11.5	6.4	2.5	9.6
福　井	0.3	0.1	2.5	7.8	13.1	17.9	22.2	23.4	19.1	12.5	6.9	2.6	10.7
敦　賀	1.6	1.5	3.9	8.9	13.7	18.3	22.7	24.2	20.0	13.7	8.5	4.1	11.8
甲　府	− 2.4	− 1.0	2.7	8.3	13.3	17.9	21.8	22.8	19.1	12.3	5.5	− 0.2	10.0
長　野	− 4.1	− 3.8	− 0.8	4.9	10.5	15.8	20.0	21.3	16.9	9.7	3.1	− 1.6	7.7
松　本	− 5.2	− 4.8	− 1.5	4.1	9.9	14.9	19.2	20.2	15.9	8.4	2.1	− 2.7	6.7
富士山	− 21.7	− 21.5	− 17.8	− 12.1	− 6.5	− 1.6	2.4	3.6	0.4	− 5.8	− 12.2	− 18.3	− 9.3
飯　田	− 3.8	− 2.7	0.3	5.9	10.7	15.7	19.9	20.6	17.1	10.1	3.7	− 1.5	8.0
軽井沢	− 8.7	− 8.5	− 5.1	0.3	5.8	11.3	15.9	16.7	12.8	5.5	− 0.7	− 5.7	3.3
岐　阜	0.5	0.9	3.9	9.3	14.2	19.0	23.0	24.3	20.4	13.8	7.7	2.7	11.6
高　山	− 5.1	− 5.2	− 2.0	3.2	9.0	14.6	18.9	19.7	15.7	8.5	2.4	− 2.1	6.5
静　岡	1.8	2.5	5.7	10.4	14.7	18.8	22.7	23.8	20.8	15.0	9.4	4.1	12.5
浜　松	2.5	2.7	5.6	10.4	14.9	19.0	23.0	24.0	21.0	15.3	9.8	4.8	12.8
名古屋	0.8	1.1	4.2	9.6	14.5	19.0	23.0	24.3	20.7	14.1	8.1	3.1	11.9

− 182 −

8.1 全国気象（理科年表 2018 年版）抜すい

（日最低気温の月別平年値つづき）

地 点	1 月	2 月	3 月	4 月	5 月	6 月	7 月	8 月	9 月	10 月	11 月	12 月	年
津	1.9	2.0	4.7	9.9	14.9	19.3	23.4	24.4	21.0	14.8	9.0	4.2	12.5
尾 鷲	1.6	2.1	4.9	9.8	14.1	18.4	22.4	23.1	20.3	14.3	8.8	3.8	12.0
彦 根	0.7	0.8	3.3	8.0	13.1	18.0	22.4	23.6	19.9	13.4	7.6	2.9	11.1
京 都	1.2	1.4	4.0	9.0	14.0	18.8	23.2	24.3	20.3	13.6	7.8	3.2	11.7
大 阪	2.8	2.9	5.6	10.7	15.6	20.0	24.3	25.4	21.7	15.5	9.9	5.1	13.3
神 戸	2.7	3.0	6.0	11.3	16.2	20.4	24.4	25.8	22.5	16.1	10.6	5.4	13.7
奈 良	− 0.2	− 0.1	2.3	7.4	12.5	17.5	21.8	22.6	18.8	12.1	6.4	1.9	10.3
和歌山	2.6	2.8	5.4	10.4	15.2	19.7	23.9	24.6	21.2	15.0	9.5	4.8	12.9
潮 岬	4.8	5.0	7.7	12.3	16.3	19.7	23.5	24.5	22.0	17.0	12.2	7.3	14.3
鳥 取	0.8	0.7	2.8	7.5	12.5	17.6	22.1	22.9	18.7	12.3	7.3	3.1	10.7
松 江	1.1	1.0	3.2	8.0	13.0	17.8	22.3	23.4	19.2	12.7	7.6	3.4	11.1
浜 田	2.8	2.6	4.3	8.7	13.1	17.7	22.3	23.2	19.1	13.3	8.9	5.2	11.8
西 郷	0.9	0.6	2.4	6.9	11.8	16.5	21.4	22.8	18.4	12.1	7.4	3.4	10.4
岡 山	1.1	1.4	4.3	9.6	14.6	19.4	23.7	24.7	20.7	14.0	8.2	3.3	12.1
広 島	1.7	2.1	4.8	9.9	14.7	19.4	23.8	24.8	20.8	14.2	8.5	3.7	12.4
下 関	4.5	4.6	7.0	11.4	15.8	19.9	24.0	25.4	22.0	16.6	11.5	6.9	14.1
徳 島	2.7	2.8	5.6	10.5	15.2	19.6	23.6	24.6	21.4	15.4	9.8	4.9	13.0
高 松	1.6	1.8	4.4	9.4	14.4	19.3	23.6	24.4	20.7	14.2	8.5	3.7	12.2
松 山	2.3	2.5	5.2	10.0	14.7	19.1	23.5	24.2	20.8	14.5	9.2	4.5	12.5
高 知	1.6	2.7	6.0	10.7	15.2	19.4	23.5	24.0	21.0	14.9	9.2	3.8	12.7
室戸岬	4.8	5.1	7.8	12.4	16.3	19.5	23.0	24.1	21.8	17.3	12.5	7.6	14.3
清 水	5.3	6.0	8.9	13.5	17.4	20.8	24.5	25.4	23.1	18.2	13.1	7.9	15.3
福 岡	3.5	4.1	6.7	11.2	15.6	19.9	24.3	25.0	21.3	15.4	10.2	5.6	13.6
佐 賀	1.3	2.3	5.3	9.8	14.7	19.6	23.6	24.1	20.2	13.9	8.3	3.1	12.2
長 崎	3.8	4.4	7.3	11.6	15.8	20.0	24.3	25.1	21.8	16.1	10.8	5.9	13.9
厳 原	2.2	3.1	6.1	10.0	14.0	18.0	22.9	23.8	20.5	14.9	9.3	4.4	12.4
福 江	3.9	4.2	6.5	10.3	14.5	18.7	23.4	24.0	20.7	15.3	10.2	5.7	13.1
熊 本	1.2	2.3	5.6	10.3	15.2	19.8	24.0	24.4	20.8	14.2	8.3	3.1	12.5
大 分	2.2	2.7	5.4	9.9	14.5	18.9	23.2	23.8	20.5	14.5	9.1	4.1	12.4
宮 崎	2.6	3.4	7.2	11.5	15.9	19.7	23.9	24.1	21.1	15.1	9.6	4.7	13.2
鹿児島	4.6	5.7	8.4	12.7	17.1	21.0	25.3	25.6	22.8	17.5	11.9	6.7	14.9
名 瀬	12.0	12.3	14.0	16.7	19.7	23.3	25.9	25.8	24.1	20.9	17.3	13.7	18.8
那 覇	14.6	14.8	16.5	19.0	21.8	24.8	26.8	26.6	25.5	23.1	19.9	16.3	20.8
昭和（南極）	− 3.7	− 5.5	− 9.2	− 13.0	− 16.6	− 18.7	− 20.8	− 23.3	− 22.0	− 17.2	− 10.4	− 4.6	− 13.7

− 183 −

8.2 札幌市における給水管凍結事故

札幌市は，日本海をはさんでユーラシア大陸の東岸部，北緯43度という厳しい積雪寒冷地の環境に位置している．このため，冬期間の家屋の給水管凍結事故は，毎年，必ず発生している．近年，建築技術の進歩により北方圏の住宅建築物は，外壁への高気密・高断熱材の使用，さらには灯油，ガス，電気を熱源とするセントラルヒーティングなどによる24時間暖房が一般的になったことにより，給水管凍結事故件数は減少している．しかし，防寒対策がとられていない古い家屋や車庫が1階にあるアパートや，一戸建て家屋の1階部分の配管の立上がり部に凍結事故は多発している．

過去，1997年には，降雪量がまだ少ない状況で，厳しい異常寒波が襲来し，屋外地下に設置されている水道メータや埋設給水管までもが凍結する事故を含め凍結事故が2万2 000件も発生している．また，2000年には，冬期間の平均気温が平年を大きく下回ったことから，さらにそれを上回る3万1 000件を超える記録的な凍結事故が発生している．

2012年度から5年間の凍結事故件数の年度別，月別記録を図8・1に示す．月別では，いずれも1月が凍結事故件数は最多となっている．

札幌市水道局では，−4℃以下になる夜は，テレビのテロップなどで凍結防止対策をとるよう市民に周知している．なお，最低気温が−8℃以下の日が連続した場合，凍結事故は，大幅に増加する傾向にある．

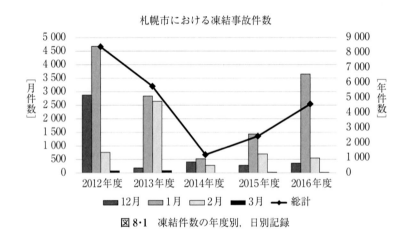

図8・1　凍結件数の年度別，日別記録

8.3 凍結防止ヒータ

8.3.1 給水用凍結防止ヒータ

電熱式（凍結防止帯）には，大きく分けてサーモスタット制御型と自己温度制御型に分けられる．

サーモスタット制御型の構成を，図8・2と図8・3に示す．図8・2は，発熱部とサーモスタット部が直列になっており，サーモスタットは配管の表面温度で制御する．図8・3は，発熱部からサーモスタット部が分離されており，サーモスタットは周辺温度によって制御する．サーモスタットの位置の違いは，それぞれ長所と短所がある．サーモスタット部と発熱部が直列になったタイプの通電ランプ付きサーモスタット制御型の配線を，図8・4に示す．サーモスタット部と発熱部が分離したタイプでも，構成は同じである．

8.3 凍結防止ヒータ

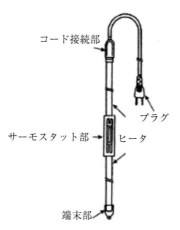

図 8・2 サーモスタット制御型凍結防止ヒータの構成[5]
(サーモスタット部と発熱部が直列になったタイプ)

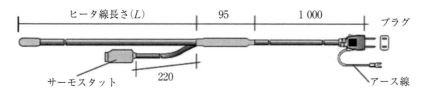

図 8・3 サーモスタット制御型凍結防止ヒータの構成[7]
(サーモスタット部と発熱部が分離したタイプ)

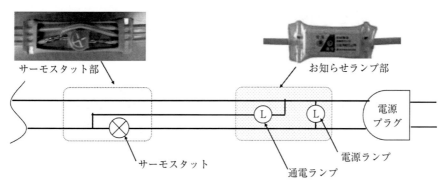

図 8・4 サーモスタット制御型凍結防止帯の配線[2]
(サーモスタット部と発熱部が直列になったタイプ)

　凍結防止ヒータの取付け方は，発熱部とサーモスタット部が直列になったタイプは図 8・5，サーモスタット部と発熱部が分離したタイプが図 8・6 である．

　サーモスタット制御型は，凍結防止帯を重ねて巻くと，発火の危険がある．また途中で切断しては使用できない．自己温度制御型は，重ね巻きをしても支障がなく，凍結防止帯を切断して使用できる．作動原理は図 8・7 である．

　サーモスタット制御型ヒータのエネルギー消費割合は，図 8・8 のとおり，ヒータによって異なるが，周囲温度が 2～5℃，2～7℃ 間で，温度の上昇に合わせて電力消費量が減少する特性がみられた．一方，自己温度制御型ヒータは，実験に用いた二つの製品とも，30℃付近でメーカーの公称定格値に相当する消費量を示した（図 8・9）．このことから，自己温度制御型ヒータは，真夏でも通電して電気を消費することから，別にサーモスタットを取り付ける必要がある[2,3]．

第8章 参考技術・資料

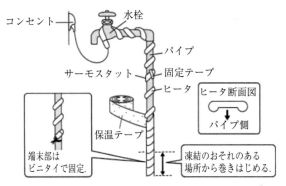

図8・5 サーモスタット制御型凍結防止帯の取付け方[6]
（サーモスタット部と発熱部が直列になったタイプ）

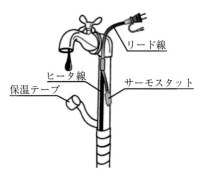

図8・6 サーモスタット制御型凍結防止帯の取付け方[7]
（サーモスタット部と発熱部が分離したタイプ）

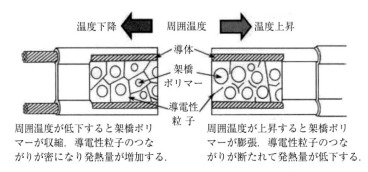

図8・7 自己温度制御型凍結防止帯の作動原理[8]

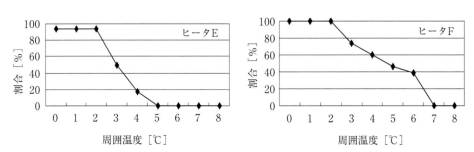

図8・8 サーモスタット型凍結防止ヒータのエネルギー消費特性[3]（定格値に対するエネルギー消費割合）

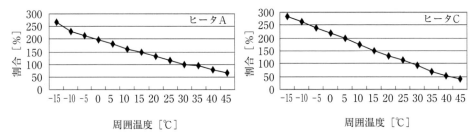

図8・9 自己温度制御型凍結防止ヒータのエネルギー消費特性[3]（定格値に対するエネルギー消費割合）

8.3.2 雨水用電熱式凍結防止ヒータ

雨水用電熱式凍結防止ヒータの形状と構造は，給水用の自己制御型と同様である．給水用凍結防止ヒータの 12 〜 15 W/m に比べ単位長さあたりの発熱量が大きく，30 W/m 以上となっている．

一般には，開きょの雨どいや管きょの雨水管の内部に這わせたり，挿入したりする．雨水用電熱式凍結防止帯は，給水用自己温度制御型同様，別途サーモスタットを取り付ける．

ヒータ以外の対策として，といの中に緩衝材を入れ，凍結してもといが破壊しないものもある．しかし，氷点下の温度が連続するような地域では，使用しても根本的な解決にはならない．

省エネルギー対策として，水分センサで水分の有無を検知するとともに，サーモスタットも併用するなどの方法がある．

8.4 不凍水栓・凍結防止弁

水抜栓は寒冷地（凍結対策が常に必要である地域）で使用されている水道凍結事故防止のための水道用器具で，給水，止水，水抜の機能を備えた特殊な三方弁である．口径は 13 〜 100 mm までであり，凍結深度以下の地中に埋設する不凍栓タイプと，パイプシャフトや地下ピットに設置するドレンバルブタイプの2種類がある．

地中に埋設する不凍栓タイプは主に戸建住宅で使用されており，給水系統別に用いられ，台所，トイレ，給湯機，散水などに設置されている（図 8・10）．また，ヘッダ配管においては複数の給水系統に対して1本の水抜栓で対応することも可能である．

凍結環境にはならないパイプシャフトや地下ピットで使用されるドレンバルブタイプは，そこから配管される給水管・装置全体の水抜をそれ1台で行い，ドレン用パイプに排水して使用されるものである（図 8・11）．

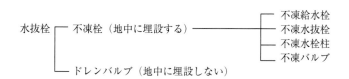

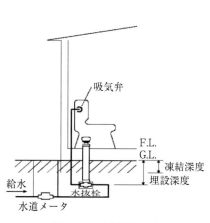

図 8・10　不凍栓施工例

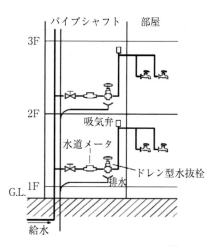

図 8・11　ドレンバルブ施工例 [12]

8.4.1 不 凍 栓

　不凍栓は日本バルブ工業会規格で「主として寒冷地で使用し，給水管路の途中に設置して，給水管内の水を地中に排出して凍結を防止する構造を持つバルブの総称」と定められている．水道メータより下流に設置され，凍結深度（**資料**参照）以下に埋設し，給水管内や装置および設備機器内の水を凍結しない地中に排出する特殊な三方弁である．凍結しそうな環境にある長時間使用しない給水管・装置・設備機器類の水を抜いて空にすることで凍結を防ぐもので，寒冷地では古くから凍結防止対策として使われている．日本バルブ工業会規格により不凍栓は，不凍給水栓・不凍水抜栓・不凍水栓柱・不凍バルブの4種類に分類される．

　代表的な弁の構造としては平弁型やピストン型，ボール弁型などがある（**図8・12**）．

〔1〕 **不 凍 給 水 栓**

　外とう管が揚水管（立上がり管）を兼ねており，地上給水管内の水を凍結深度以下の地中に排水する構造をもつ不凍栓である（**図8・13**）．

　地上で配管して台所や風呂に分岐し複数の給水管に給水できる外部排水式のものであるが，基本的

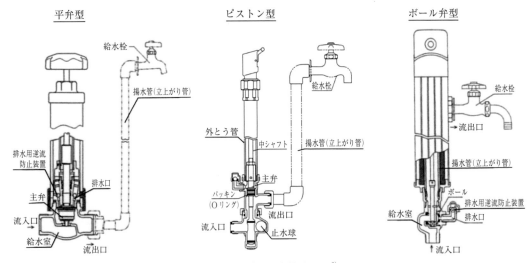

図8・12 不凍栓の弁構造の例 [9]

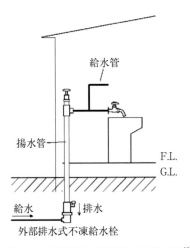

図8・13 外部排水式不凍給水栓施工例 [12]

- 188 -

8.4 不凍水栓・凍結防止弁

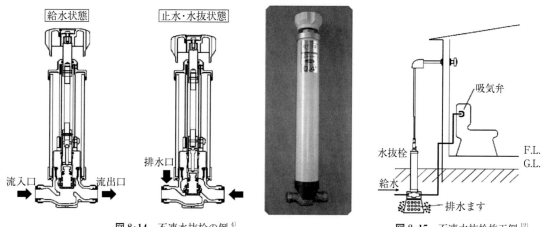

図8・14 不凍水抜栓の例[4)]　　　　　　図8・15 不凍水抜栓施工例[12)]

な構造は地中に埋設される不凍給水栓と地上で操作する部分とそれらをつなげる外とう管，中シャフトから構成されている．昭和40年代前半にかけて主流を占めていた不凍栓だが，現在はほとんど使用されていない．

〔2〕 **不 凍 水 栓 柱**

不凍給水栓に代わって現在主流になっている不凍栓である．基本的な構造は外部排水式不凍給水栓に似ているが，外とう管と揚水管とが分離した構造で，不凍水抜栓の下流の揚水管および地上配管内の水を凍結深度以下の地中に排水する構造をもつ不凍栓である（**図8・14，8・15**）．給水配管ばかりではなく給湯配管用に湯抜栓や1台で水も湯も抜くことができる湯水抜栓も近年開発されている（**図8・16，8・17**）．

操作を容易にする床ハンドル・壁ハンドル・電動開閉装置などを組み合わせることができる．また水抜栓の下方に排水された水が地中に浸透しやすくするためドレンますを設ける場合がある．ドレンますは不凍栓全般に使用することができる．

〔3〕 **不 凍 水 栓 柱**

構造は不凍給水栓に似ており流出口に直接，カランなどの水栓金具を取り付け，揚水管内の水を凍結深度以下の地中に排水する構造の不凍栓で，主に屋外の散水用として使用される．

図8・16 湯水抜栓の例[13)]

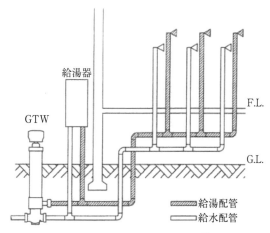

図8・17 湯水抜栓の配管例[13)]

— 189 —

第8章　参考技術・資料

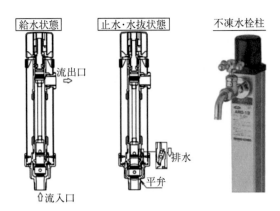

図 8・18　不凍水栓柱の例 [12]

図 8・19　伸縮散水栓の例 [12]

　現在は揚水管の外周を化粧管で覆い美観を施したものが主流となっている（図 8・18）．
　また流出口が伸縮するものもある．この伸縮散水栓は通常ボックスを用いて設置される．使用時は流出口を地上に引き出して使用し，不使用時は流出口を地中に収納することができる．これは露出していると邪魔になる場所や冬季使用しない場所，積雪の多い場所などで使用されている（図 8・19）．

〔4〕　不凍バルブ
　水道メータの直近に設置され，構造的には不凍水抜栓や一般的な止水栓に似ているバルブで，操作部とバルブ本体が外とう管を介さず直接つながる構造となっている（図 8・20, 8・21）．通常はボックスを用いて設置される．また逆流防止機構を付加したものもあり，メータボックス内でメータと直結される場合が多い．

－ 190 －

8.4 不凍水栓・凍結防止弁

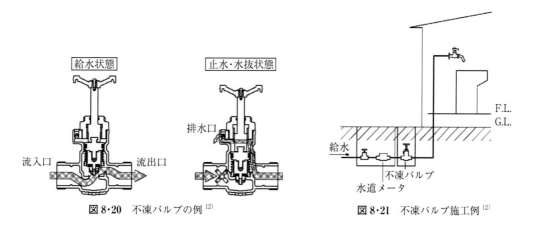

図8·20　不凍バルブの例[12]

図8·21　不凍バルブ施工例[12]

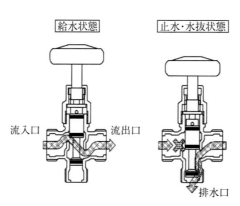

図8·22　ドレンバルブの例[12]

8.4.2　ドレンバルブ

不凍栓のように凍結深度以下に埋設して使用するものではなく，外気温が下がっても凍結環境にはならないパイプシャフトや地下室などをもつ集合住宅・学校などで使用し，屋内の給水管や設備機器内の水をドレン方式で排水管に排水する水抜栓である．集合住宅では各部屋ごと，学校では部分ごとに凍結防止管理ができるバルブである（**図8·11，8·22**）．

不凍水抜栓と同様に，給湯配管用や操作を容易にする床ハンドル・壁ハンドル・電動開閉装置などを組み合わせることができる．

8.4.3　水抜栓の周辺機器

水抜栓の機能や操作性をよくするためにいろいろな周辺機器があり，それらを紹介する．

〔1〕　吸　気　弁

水抜をするとき給水管内に空気を導入しなければ管内の水は抜けない．とくに門型配管（鳥居型配管）は吸気用カランを取り付け，そのカランを開けて空気を流入させなければ水は抜けない．しかし水抜時のカランの開け忘れや給水時のカランの閉め忘れによる事故があるため，現在ではカランの操作をしなくても給水管への空気の導入が自動的に行われる寒冷地用吸気弁が使用されている（**図8·23，8·24**）．

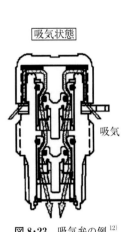
図8・23 吸気弁の例[12]

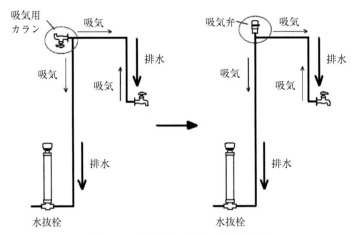
図8・24 吸気弁施工例（門型配管）[10]

また取り付ける場所を考慮した継手と一体になっているものや，ストレート止水栓・アングル止水栓に吸気機能を付加したものもある（図8・25, 8・26）．

〔2〕 自動復帰型逆流防止弁

水道直圧式ボイラなどはその一次側に逆流防止弁を取り付けることがある．しかし逆止弁が給水管路に接続されていると，それが邪魔をして水抜をすることができない．

このため水抜時は逆流防止弁を解除することができ，給水されたときは逆流防止弁が正常に作動する逆流防止弁を使用する（図8・27）．またストレート型止水栓やアングル型止水栓にこの機能を付加したものもある（図8・30）．

〔3〕 水抜栓操作用床ハンドル・壁ハンドル

床ハンドルは床下に取り付けられた水抜栓を床面で操作できる．ハンドル部を操作後，床面とフラットにすることができ邪魔にならないようにしたものである．

壁ハンドルは屋外に設置された水抜栓を屋内から操作できる．水抜栓のハンドルを延長して機械的に屋内にハンドルを設けたもので，水抜栓を操作するために屋外に出なくても屋内から操作できるようにしたものである（図8・31, 8・32）．

図8・25 継手一体型吸気弁の例[13]

図8・26 吸気機構付き止水栓の例[13]

- 192 -

8.4 不凍水栓・凍結防止弁

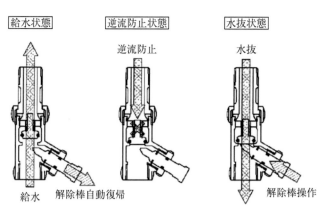

図8・27 自動復帰型逆流防止弁の例[12]

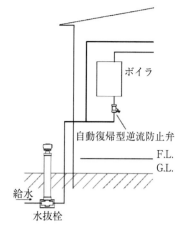

図8・28 自動復帰型逆流防止弁施工例[12]

図8・29 自動復帰型逆流防止弁の例[13]

図8・30 逆流防止機構付き止水栓の例[13]

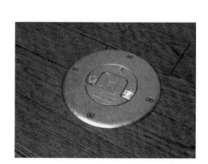

図8・31 水抜栓操作用床ハンドルの例[12]

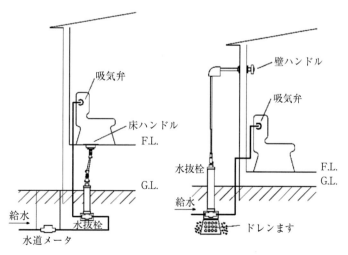

図8・32 床ハンドル・壁ハンドル施工例[11]

- 193 -

〔4〕 水抜栓電動開閉装置

　水抜栓のハンドル操作部分に電動式駆動装置を取り付け，離れた場所から操作できるようにしたもので，学校などの公共施設や集合住宅，ビル，リゾート地はもちろん一般家屋にも使用されている．
　一つの駆動装置を2箇所から操作させることや複数の駆動装置を順次連動，または一括操作させることや気温センサ・水温センサと組み合わせることで自動的に水抜することもできる．また集中操作盤を設置することによって多数の駆動装置を1箇所から操作することができ，凍結防止の管理ができる（図8・33～8・37）．

操作盤	駆動部	仕　様	操作盤	駆動部	仕　様
		標準型　1台用	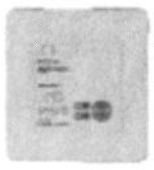	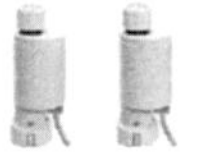	2台連動用 スイッチ一つで2台一括操作
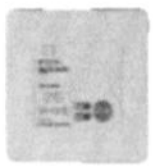		1台用水温センサー付き 凍結温度を感知して自動水抜		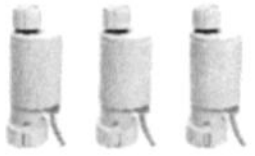	3台単独用 スイッチ三つで個々に操作可能
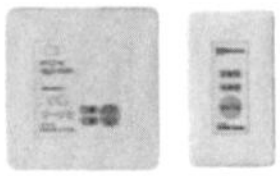		1台用子器付き 2箇所から水抜操作可能	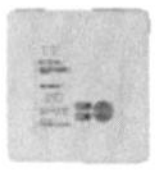		3台連動用 スイッチ一つで3台一括操作
	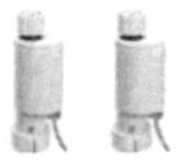	2台単独用 スイッチ二つで個々に操作可能		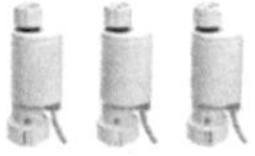 EVM（3台）	1台単独プラス2台連動 スイッチ二つで単独と連動を個々に操作可能

図8・33　電動開閉装置の例[13]

図8・34　水抜栓電動開閉装置の例[12]

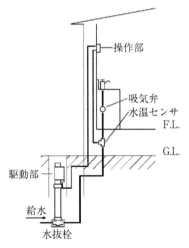

図8・35　水抜栓電動開閉装置施工例[12]

8.4 不凍水栓・凍結防止弁

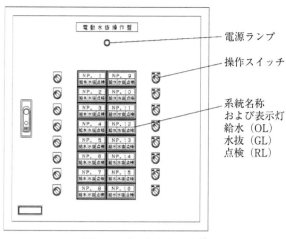

図 8・36 集中操作盤の例[12]

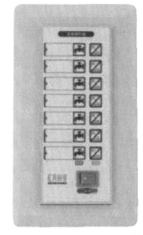

図 8・37 7 台用操作盤の例[12]

【資料】

凍結深度とは地表面から凍結する深さまでのことをいい，それぞれの地域で異なり，気温や風速および積雪，さらに土質などの自然環境によって左右される（図 8・38）.

空気調和・衛生工学会「建築設備の凍結防止計画と実務」から抜粋した推定概略値を表 8・1 に示す.

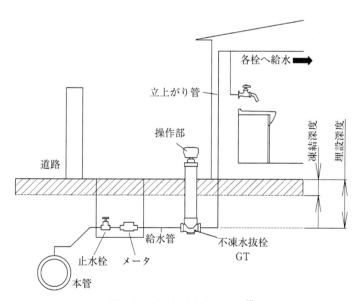

図 8・38 凍結深度と埋設深度[12]

表 8・1 寒冷地主要都市の凍結深度[11]　　　　　　　　　　　　　　　　　　　　　　　　[cm]

稚　内	101	釧　路	103	青　森	57	福　島	33
旭　川	120	帯　広	119	盛　岡	73	山　形	53
札　幌	88	室　蘭	62	秋　田	49	新　潟	18
北　見	131	函　館	76	仙　台	18	長　野	52

8.5 寒冷地用衛生器具選定のポイント

8.5.1 便器の凍結対策

便器の凍結対策を行う場合は，便器とロータンクなどの給水装置に分け，それぞれで気候条件などに合わせた方式を選び，双方を組み合わせた対策が必要である（自治体によっては，凍結対策の方法が指定されている場合があるので注意が必要である）．

便器の凍結対策は，室内暖房方式，ヒータ付き便器方式，水抜方式，流動方式およびこれらを組み合わせた方法がある．給水装置の凍結対策は，流動方式と水抜方式がある．流動方式は水を流れっ放しにする方式のため，節水の面では問題がある．便器と給水装置の組合せを**表8・2**に示す[14]．

〔1〕 ヒータ付き便器／水抜併用方式

ロータンク内の水は水抜ハンドルで，配管内の水は水抜栓で抜き，トラップの留水は便器の内蔵ヒータの熱で凍結を防ぐ方式である（**図8・39**）．厳寒地でも不凍帯にトラップを埋設する必要がなく，工事費が大幅に削減できる．この方式は，東北地方以北を例にとると，冬季にトイレ室内が0℃以下になる可能性がある厳寒地の北海道や北東北（青森県，岩手県），および南東北の山間部の戸建住宅で主に採用されている．

〔2〕 室内暖房／水抜併用方式

ロータンク内の水は水抜ハンドルで，配管内の水は水抜栓で抜き，トラップの留水は室内暖房で凍結を防ぐ方式である．別途室内暖房器が必要となる（**図8・40**）．

表8・2 便器と給水装置の組合せ方法[14]

便器側	給水装置側	
	水抜方式	流動方式
室内暖房方式	図8・40	図8・41
ヒータ付き便器方式	図8・39	※
水抜方式	図8・43	組合せ不可
流動方式	組合せ不可	図8・42

（注）※は組合せとしては可能だがランニングコストの面から実際には行われない．

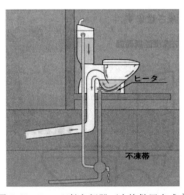
図8・39 ヒータ付き便器／水抜併用方式[15]

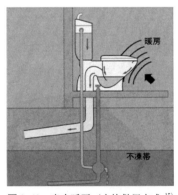
図8・40 室内暖房／水抜併用方式[15]

この方式は，東北地方以北を例にとると，南東北（宮城県，山形県の庄内地区，福島県の郡山市，福島市など）の戸建住宅や北海道，北東北のマンションで主に採用されている．また最近では，戸建住宅の高気密・高断熱化に伴い，北東北や北海道中南部でも，戸建住宅でこの方式を採用しているところが多く見受けられるようになった．

〔3〕 室内暖房／流動併用方式

給水管から便器内へ常に一定量の水を流し，水を動かすことでタンクにいたるまでの給水管内の水の凍結を防止する方式である（図8・41）．水が流れっ放しになるため節水の面で問題がある．便器およびタンク内の水は室内暖房により凍結しない．別途室内暖房器が必要となる．

この方式は，東北以北を例にとると，秋田県，山形県の米沢，山形市，福島県の猪苗代，西会津，南会津地方などの戸建住宅で採用されている場合が多い．

〔4〕 流　動　方　式

給水管から便器内へ常に一定の水を流し，水を動かすことでロータンク，配管，トラップの水の凍結を防止する方式である（図8・42）．操作はタンク流動金具のハンドル（またはボタン）を操作するのみで簡単であるが，水が流れっ放しになるため節水の面で問題がある．

この方式は，前述の室内暖房と併用される場合が多く，単独使用のケースは少ない．

〔5〕 水　抜　方　式

ロータンク内の水は水抜ハンドルで，配管内の水は水抜栓で抜く．便器のトラップを地中の不凍帯に埋設して，トラップ留水の凍結を防ぐ方式である（図8・43）．

この方式は，便器のトラップを地中の不凍帯に設けるため，工事費が高くなるなどの理由により，現在では採用されることは少ない．

表8・3に凍結対策方式別の特徴を示す．

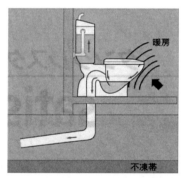

図8・41　室内暖房／流動併用方式[15]

図8・42　流動方式[15]

図8・43　水抜方式[15]

第8章 参考技術・資料

表8・3 凍結対策方式別特徴[15]

凍結対策方式	ヒータ付き便器／水抜併用	室内暖房／水抜併用	室内暖房／流動併用	流　動	水　抜
トイレ内使用限界温度	−15℃	室内暖房により0℃以上	室内暖房により0℃以上	−10℃（流動水量60 L/h）	−15℃
施工性	△	△	○	○	×
操作性	△	△	○	○	△
光熱費	△	×	×	○	○
水道代	○	○	×	×	○

（注）　温水洗浄便座を使用する場合は，トイレ内使用限界温度は0℃となる．

8.5.2 寒冷地便器と給水装置の構造
〔1〕 大便器と給水装置

　流動方式や室内暖房を使用する場合は，寒冷地でも一般地と同様の大便器を使用できるが，ヒータ付き便器／水抜併用方式や水抜方式では寒冷地用の構造をもった大便器が必要である．

　ヒータ付き便器／水抜併用方式の場合は，便器のトラップ下部にトラップ部を暖めるヒータを内蔵した便器（**図8・44**）を使用する．たとえば，I社の大便器内蔵ヒータ（**図8・45**）を例にとると，ヒータは面状発熱体（コード状発熱体）でヒータ部と一緒に組み付けられているサーモスタットが3.5℃以下にならないようにヒータ部に通電する．安全装置として，サーミスタと温度ヒューズを内蔵している．電源は100 Vの家庭用コンセントからとり，ヒータ断線などの故障時は，壁掛けのコントローラ部の故障ランプが点灯して異常を知らせる．最大定格27 Wのヒータを使用した場合，−15℃の恒温室での測定結果では，1カ月の電気代は約450円になる（電気代27円/kW・h，1カ月を30日として換算）[16]．

　水抜方式の場合，トラップを便器内にもたないトラップ分離型の便器（**図8・46**）を使用する．別途，不凍帯の排水配管にトラップを設置する必要がある．

　流動方式のロータンクの構造（**図8・47**）は，ロータンクの外側に設けられた流動ハンドルを開けるとロータンク内の流動弁が開き，タンク内の水が少しずつ便器へと流れ，給水管，ロータンク，便器内の水の凍結を防止する．ハンドル式の場合，ハンドル開度が少ないと所定の能力を発揮できず凍結する危険性があるため，最近では少し回しながらボタンを押すと一定量の水（約60 L/h）が流れるボタン式もある．

　流動方式の大便器洗浄弁（**図8・48**）は，本体側面に設けられた流動弁を回すと洗浄弁本体内のバイパス水路が開いて，少しずつ水を便器に流すことができる．ロータンク同様，流動弁開度が少ないと凍結の危険性がある．

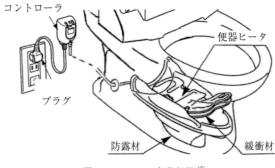

図8・44　ヒータ内蔵便器[17]

図8・45　便器ヒータ[17]

8.5 寒冷地用衛生器具選定のポイント

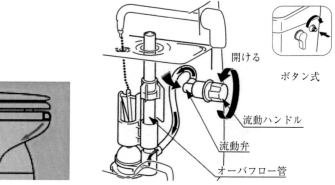

図8·46 トラップ分離型便器[18]　　図8·47 流動式ロータンク[19]

図8·48 流動式大便器洗浄弁[19]

〔2〕 小便器と給水装置

小便器も大便器同様，流動式給水装置や室内暖房を使用すれば寒冷地でもトラップ内蔵型の一般地用小便器が使用できるが，ヒータ付き便器／水抜併用方式や水抜方式では寒冷地用の構造をもった小便器が必要で，トラップ部をヒータで加熱するヒータ小便器（図8·49）を使用する．I社の場合を例にとると，ヒータの構造は大便器とほぼ同じで，最大定格21Wのものを使用する．

給水装置は確実な水抜が可能な固定こま式小便水栓（図8·50）を使用する．

流動方式の小便器洗浄弁（図8·51）は，洗浄弁本体の側面に設けられた流動弁を回すと洗浄弁本体内のバイパス水路（図8·52）が開いて，水を少しずつ小便器へ流すことができる．大便器洗浄弁同様，流動弁開度が少ないと凍結の危険性がある．

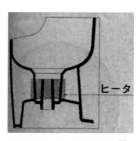 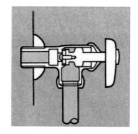

図8·49 ヒータ小便器[20]　　図8·50 固定こま式小便水栓[20]

第8章 参考技術・資料

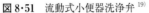
図8・51 流動式小便器洗浄弁[19]

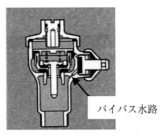
図8・52 バイパス水路[19]

8.5.3 水栓金具の凍結対策

水栓金具の凍結対策は，水抜方式で行う．一般地用の水栓金具では水抜栓で配管内の水を抜いても水栓金具内に水が残る構造のものが多いため，寒冷地では，寒冷地用の水栓金具を使用する必要がある．

〔1〕 こまを使用する水栓

寒冷地では固定式の水栓（スピンドルとこまパッキンがねじで固定されている）を使用する．こま式を使用した場合，水抜の際にハンドルを開けてもこまが上がらず水栓金具から空気を吸うことができないため，水が抜けない．固定式水栓は，ハンドルを開けるとその動きに合わせてこまが上昇するため，吐水口から空気を吸って水を抜くことができる（図8・53）．

〔2〕 シングルレバー水栓およびサーモスタット水栓

水抜栓により配管内の水抜を行う際，止水ハンドルや温度調節ハンドルを動かして水栓金具から空気を吸えるようにする．しかし，これらの水栓は配管内の水抜ができても，水栓本体に水が残ってしまう構造のものが多いため，水が残る場所に水抜つまみがついており，水抜つまみを操作して器具内の水を抜く必要がある（図8・54）．また，水栓金具によっては，水抜つまみ以外に手動開放の逆止弁を内蔵しているものもあるため，水栓の水抜操作は，メーカーの取扱説明書を参照する必要がある．

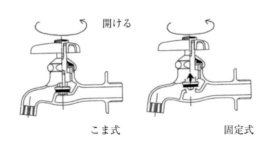
図8・53 こま式と固定式水栓[19]

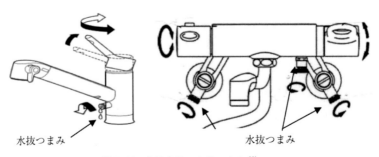
図8・54 水栓金具の水抜つまみ[19]

8.6 解氷作業と災害事故防止

8.6.1 給水装置工事施工法 (「給水装置工事の手引き」より)

厚生省生活衛生局水道環境部水道整備課監修「給水装置工事の手引き」の「給水装置工事施工法」の「5 維持管理 4.凍結事故 (2) 凍結事故」には,次のように記載されている.

凍結事故は,寒冷期の低温時に発生し,その状況はその地方の気象条件等によって大きな差がある.このため凍結事故対策は,その土地の気象条件に適合する適切な防寒方法と埋設深度の確保が重要である.

既設給水装置の防寒対策が不十分で凍結被害にあった場合の解氷方法は,おおむね次のとおりである.なお,トーチランプ等で直火による解氷は,火災の危険があるので絶対に避けなければならない.

〔1〕 **熱湯による簡便な解氷**

凍結した管の外側を布などで覆い熱湯をかける方法で,簡単な立上がりで露出配管の場合,一般家庭でも修理できる.この方法では急激に熱湯をかけると給水用具類を破損させるので注意しなければならない.

〔2〕 **温水による解氷**

小型ボイラを利用した蒸気による解氷が一般的に行われてきたが,蒸気の代わりに温水を給水管内に耐熱ホースで噴射しながら送り込んで解氷する方法として,貯湯水槽,小型バッテリー,電動ポンプなどを組み合わせた小型の解氷器がある.

〔3〕 **蒸気による解氷**

トーチランプまたは電気ヒータなどを熱源とし,携帯用の小型ボイラに水または湯を入れて加熱し,発生した蒸気を耐熱ホースで凍結管に注入し解氷するものである.

〔4〕 **電気による解氷**

凍結した給水管(金属管に限る)に直接電気を通し,発生する熱によって解氷するものである.ただし,電気解氷は発熱による火災などの危険を伴い,また,合成樹脂管などが使用されている場合は,絶縁状態となって通電されないこともあるので,事前に使用管種,配管状況を調査したうえで解氷作業を行う必要がある.

8.6.2 各解氷方法の解説

〔1〕 **熱湯による簡便な解氷**

専門施工業者に依頼せずに,住人が行う方法である.図8·55,8·56に示した方法は,給水管の立上がり配管の地中埋設部〜床までの配管が凍結した場合の解氷を想定し,あらかじめ解氷パイプを取り付ける.解氷パイプ内に温水を入れ,解氷する方法である.

また,図8·57のように水栓に微温湯をかける方法も一般的である.軽い凍結の場合,ヘアドライヤの温風を当てることでも,解氷可能である.

〔2〕 **温水による解氷**

蒸気や電気による解氷方法である.電気による解氷作業の事故があったことや,樹脂製配管材料の普及により電気を使用できないことから札幌市水道局の職員が開発した.図8·58が当初開発時の外観図,図8·59が改良された製品の外観である.家庭用噴霧器を利用し,ノズルをつけたホースを接続して使用する.20分程度で解氷でき,蒸気式と比較して1/4〜1/5の時間となる.

第8章 参考技術・資料

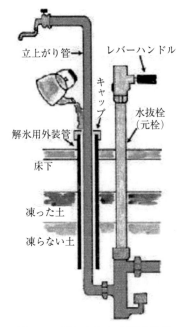

図 8・55 解氷パイプの設置方法[25]

図 8・56 解氷パイプの解氷方法[24]

図 8・57 水栓に微温湯をかけ解氷する方法[24]

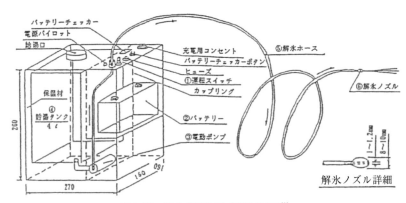

図 8・58 温水式解氷器（開発当初）[21]

- 202 -

かつては車搭載用バッテリーを利用していたが，持ち運びや取扱いに面倒なために改良され，現在は単1型電池×6本で作動する．通常，微温湯をタンクに入れて使用するが，水道水でも解氷可能である．タンクが樹脂製であるために温水は使用できない．製品は，札幌市内の企業でつくられて，札幌市管工事業協同組合が販売した．

〔3〕 **蒸気による解氷**

最も古くから用いられてきた方法で直火式は，**図8・60**のように使用する．現在，東北地方での使用実績は少ない．

この他，家庭用スチームクリーナーを用いて，「〔2〕温水による解氷」に類似した使用方法の兼用解凍器があり，旧来の直火式蒸気解氷器から置き換わりつつある（**図8・61**）．

(a)本体

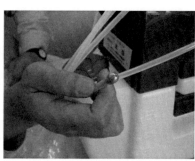
(b)ノズル

図8・59 温水式解氷器（改良型）[22]

図8・60 蒸気式解氷器の使用方法[26]

(a)

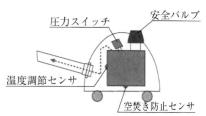

スチームクリーナーは圧力鍋としくみが似ています．水を入れ，密閉したボイラで約145℃まで熱し，スチームを発生させます．ボイラ内の圧力は，大気圧の約2.5倍～約3倍にまで上昇し，圧縮されたスチームは約100℃の温度で噴射されます．
※吸引機能はありません．
(b)

図8・62 電気式解氷器の外観[27]

図8・61 スチームクリーナー兼解凍器[26]

第 8 章　参考技術・資料

〔4〕　電気による解氷

　図 8·62 を使用して解氷する方法である．「8.6.1 給水装置工事施工法」にもあるように，火災の危険が指摘されている．札幌市水道局の「給水装置工事設計施工指針・平成 15 年改訂版」では，使用上の注意として次が記載されている．

- （ア）　解氷器の使用は常に現場を離れることなく，十分な注意，監視を行うこと．
- （イ）　給水状態（水抜栓を開とし，カラン開放）で使用すること．
- （ウ）　給水，給湯の配管に混合水栓等がある場合は，湯沸器の部分と混合水栓の部分を分離し，給水側は給水側で，給湯側は給湯側で使用すること．
- （エ）　解氷器は，電流計（アンメーター）のついているものを使用し，通電時（スイッチを入れたとき）に指針が正常な値を示さない場合には，直ちに電源を切り再度，配管状態等を調査すること．
- （オ）　通電する配管の長さをできるだけ短くすることとし，連続通電時間についても極力短時間とすること．
- （カ）　電気抵抗の大きいステンレス鋼管，FP ステンレス管，フレキシブル継手などは，短時間でその部分だけが異常に加熱されるので，使用しないこと．
- （キ）　電気式解氷器の取扱説明書を確認すること．

　平成 12 年度冬季の大寒波の際に火災事故が問題となり，独立行政法人製品評価技術基盤機構が 2 度，事故情報「特記ニュース」を発表した．

《参考資料①》（独）製品評価技術基盤機構

特記ニュース　第 45 号　平成 13 年 11 月 28 日

　「解氷器」の事故について（注意喚起）

　2000 年 12 月から 2001 年 1 月にかけて，家庭内で解氷器（凍結した水道管に電流を流して発熱させ，解凍する装置）を使用中に火災が発生したという事故情報が，独立行政法人製品評価技術基盤機構（以下「機構」という．）に 16 件報告されました．

　これらの事故の未然防止のため，これまでの事故の内容と当機構での原因確認結果をお知らせし，注意喚起を行います．

1.　事故発生状況

- （1）　水道管の解氷作業中又は終了後に出火し，住宅を全焼又は一部焼損した（13 件）．
- （2）　水道管の解氷作業中に，浴室のプラスチック製浴槽を焦がした（2 件）．
- （3）　水道管の解氷作業中に，凍結防止用ヒータ等が溶けた（1 件）．

2.　事 故 原 因

　消防署の調査によると，焼損が著しく原因の特定ができなかった事故もありますが，その事故のほとんどが，水道工事事業者や使用者等による，凍った水道管の解氷作業中に，壁内のステンレスフレキシブル管*が電気抵抗差により過熱し，断熱材から出火したものとみられています．

＊ステンレス鋼製フレキシブル管：ステンレス鋼製のジャバラ(蛇腹)状になった自在に曲げられる管で，主に水道管と蛇口等を接続するために使われる．

3.　注意喚起事項

　解凍する水道管の途中にステンレス鋼製フレキシブル管がある場合，電気抵抗差によりその部分が発熱して高温になり，火災につながることがあります．（〈例〉当機構での原因確認の結果参照）現在，解氷器メーカーにおいて，事故を未然に防止するための対応策を検討中です．

－ 204 －

3. 注意喚起事項

　解凍する水道管の途中にステンレス鋼製フレキシブル管がある場合，電気抵抗差によりその部分が発熱して高温になり，火災につながることがあります．（〈例〉当機構での原因確認の結果参照）現在，解氷器メーカーにおいて，事故を未然に防止するための対応策を検討中です．
　つきましては，解氷器をご使用の方は，使用中の解氷器の製造又は輸入メーカーに連絡の上，安全な使用方法について確認してください．

〈例〉当機構での原因確認の結果
　確認方法については，長時間の使用により，解凍後も電流を流し続けた場合を想定し，管が凍結していない状態で測定した．

(1) 電流が 10 A の場合は約 5 分後に，15 A の場合は約 2 分後にステンレス鋼製フレキシブル管が赤熱し，各測定ポイントの温度は次の表のとおりであった．

測定ポイント	電流 10 A 約5分後の温度	電流 15 A 約2分後の温度
①鋼管中央	34.3 ℃	20.2 ℃
②ステンレス鋼製フレキシブル管端部	291.2 ℃	409.0 ℃
③蛇　口	39.0 ℃	21.1 ℃

(2) 確認方法：以下のとおり 3 点で測定した（横置き，室温で測定）．

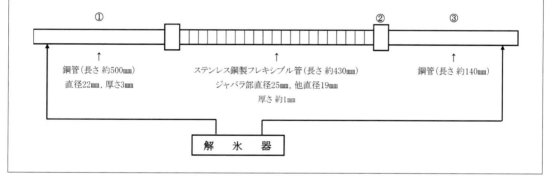

《参考資料②》（独）製品評価技術基盤機構
特記ニュース　第 55 号　平成 14 年 12 月 9 日

「解氷器」の事故について（注意喚起）
　平成 12 年度に，解氷器[*1]を使用中に火災が発生したという事故情報が，独立行政法人製品評価技術基盤機構（以下「機構」という．）に，16 件報告されました．
　機構では同種事故の再発を防止するため，平成 13 年 11 月 28 日付けの「特記ニュース」（No. 45）で，解氷器についての注意喚起を行いました．平成 13 年度は，幸いにも解氷器の事故報告は当機構にありませんでしたが，今年度も同種製品が一般消費者向けに販売される予定との情報があり，当該販売事業者は製品に下記の注意事項を明示の上販売しているものの，機構としても解氷器を適切に使用していただくために再度注意喚起を致します．
*1「解氷器」：凍結した水道管に電流を流して発熱させ，解凍する装置．

第8章　参考技術・資料

1. 事故発生状況

　解氷器による事故は，水道管の解凍作業中又は終了後に出火し，住宅を全焼又は一部焼損するというものです．

2. 事　故　原　因

　機構は，解凍する水道管（鉄製）の途中にステンレス鋼製フレキシブル管[*2]がある場合，電気抵抗の違いによって局部的に発熱し，条件によっては400℃以上の高温になって火災になることを確認しています．

*2「フレキシブル管」：ジャバラ（蛇腹）状の自在に曲げられる管で，主に水道管と蛇口等を接続するために使われる．

3. 注意喚起事項

　事故は，水道管の途中にステンレス製フレキシブル管等の電気抵抗の大きい材料が使用されている場合に発生していることから，これを防止するためには下記の事項を厳守することが重要です．

(1)　水道管配管の途中に過熱の原因となるステンレス製フレキシブル管が使用されていないことが確認できない限り，解氷器を使用しない．

(2)　水道配管中にステンレス製フレキシブル管が使用されていないことが確認できても，配管中に抵抗値が大きな箇所があると部分的に過熱する可能性があることから，解氷器を使用する場合の危険性を十分に認識する．

(3)　解氷器の取扱説明書や本体に記載されている注意事項等を熟読し，適切に使用する．

（参考）

　既に解氷器を購入してお持ちの方は，解氷器の製造又は輸入事業者等に連絡し，安全な使用方法について確認することをお勧めします．

8.7　寒冷地・準寒冷地・温暖地の凍結防止の取組み

8.7.1　国土交通省東北地方整備局

①　国土交通省としては，「建築設備設計基準（平成27年版）」第7章 寒冷地及び多雪地対策 において，凍結防止対策や雪害対策について記載している．

②　東北地方整備局では，「官庁施設の積雪・寒冷地設計基準」を策定し，積雪・寒冷地の官庁施設が有すべき性能を確保するための標準的な手法，技術的事項を定めている．

③　また，国の機関および東北6県，仙台市から構成される東北営繕主幹課長会議において「東北地方多雪・寒冷地設備設計要領」を策定し，東北地方の多雪・寒冷地において雪害及び凍害等から建築設備を守るための手法を設計要領として示している．

（注）　1. ①については国土交通省官庁営繕部ホームページに掲載．

　　　　2. ②，③については東北地方整備局営繕部ホームページに掲載．

8.7.2　福島県土木部営繕課

当県では，設計委託および工事の特記仕様書に，以下に掲げる技術基準を適用することを記載して，凍結防止対策について取り組んでいる．

－ 206 －

設計委託：建築・設備設計業務委託特記仕様書
　・国土交通省大臣官房官庁営繕部設備・環境課監修「建築設備設計基準」
　・国土交通省大臣官房官庁営繕部監修「公共建築工事標準仕様書（機械設備工事編）」
工事：福島県建築・設備工事特記仕様書
　・国土交通省大臣官房官庁営繕部監修「公共建築工事標準仕様書（機械設備工事編）」
　・国土交通省大臣官房官庁営繕部監修「機械設備工事監理指針」

具体的な対策事例
　・配管計器…水用で凍結防止が必要な圧力計および連成計のコックは，水抜可能形とする．
　・埋設配管…寒冷地では凍結深度以上とする．
　・ガス給湯ユニット…屋外に設置する熱源器は，凍結防止装置付きとする．

8.7.3　福島市水道局
〔1〕　福島市における凍結防止に関する給水装置の構造及び材質の基準
　福島市水道局の「給水装置工事設計施工指針」（以下：指針）では，水道法第16条の規定に準じた，凍結防止に関する給水装置の構造及び材質の基準を定めており，その基準は，「凍結，破裂，浸食等を防止するための適当な措置が講ぜられていること」としている．
　また，給水管及び給水用具の性能基準を，給水装置の構造及び材質の基準に関する省令第6条（耐寒に関する基準）に準じ，「低温（−20℃）に曝露された後でも，当初の性能が維持されていること」とし，その際の判定基準は，「断熱材で被覆すること」としている．

〔2〕　凍結防止に関する具体的な対策
〔a〕設　計
　指針では，設計の基本条件の中で，「凍結防止のための必要な措置が施されていること」としている．

〔b〕施　工
① 　凍結のおそれがある場所の屋外配管は，原則として，土中に埋設し，かつ埋設深度は凍結深度より深くする（**表8・4**）．なお，凍結のおそれがある場所とは，
　　・家屋の立上がり露出管
　　・屋外給水栓など外部露出管（受水槽回り・湯沸し器回りを含む）
　　・水路などを横断する上越し管（**図8・63**）
　　とする．
　　　また，凍結防止のため，給水管の埋設深度は40cmとする．
② 　屋外で気温が著しく低下しやすい場所その他凍結のおそれがある場所にあっては，耐寒性能を有する給水装置を設置する．または断熱材で被覆することなどにより，適切な凍結防止のための措置を講じる．
　　・屋外の立上がり管については，寒冷地の地域特性から，凍結，破裂，解氷の理由からポリエチレン粉体ライニング鋼管を使用する．

表8・4　福島市の凍結指数および凍結深度

観測所	凍結指数	標　高[m]	凍結深度[cm]	凍結期間[日]
福　島	61	67	25	44
平　野	82	102	29	54

－ 207 －

・立上がり管，横走り管などの露出配管部分には，「加温式凍結防止器」（図8・64）または，発泡プラスチック保温材（ポリエチレンフォーム，スポンジテープおよびビニルテープなど）を使用する．
③ 凍結のおそれがある場所の屋内配管は，必要に応じ管内の水を容易に排出できる位置に水抜用の給水用具を設置する．
　・水抜用の給水用具の設置（図8・65 ～ 8・68）
　　1）水抜用の給水用具は，給水装置の構造，使用状況および維持管理を踏まえ選定する．
　　2）水抜用の給水用具の排水口付近には，水抜用浸透ますの設置または切込砂利などにより埋め戻し，排水を容易にする．
④ やむを得ず凍結深度より浅く布設する場合は，寒冷地などにおける地域特性を十分考慮して判断する．
⑤ メータの設置については，日当たりがよく，凍結の生じにくい場所に設置する．さらに，メータきょうは，耐寒性メータきょう（FRP製）とし，必ず底板（受板）と1組で使用し，メータが適正に収まるよう据え付ける（図8・69）．

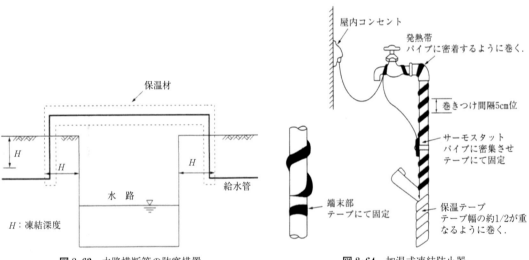

図8・63　水路横断管の防寒措置　　　　　　　　図8・64　加温式凍結防止器

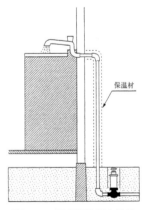
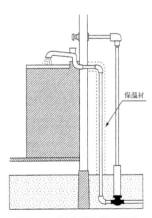

図8・65　屋外操作型水抜栓　　　　図8・66　屋内操作型水抜栓

8.7 寒冷地・準寒冷地・温暖地の凍結防止の取組み

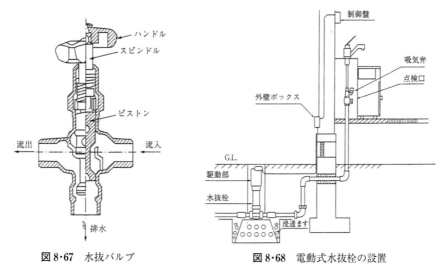

図8・67 水抜バルブ　　　　図8・68 電動式水抜栓の設置

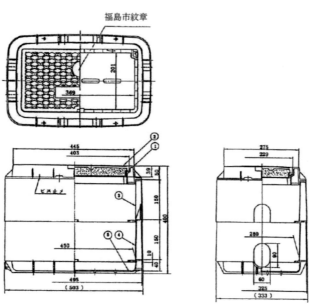

図8・69 耐寒型樹脂製（FRP製）

〔3〕 広報による対策

水道局では，凍結の心配される時期には，広報紙「福島市水道局だより～すりかみ～」により，寒冷期の備えについて広報しているほか，福島市水道局のホームページには，通年，「水道管の凍結・破裂に注意しましょう」と題し，水道管が凍結しやすい条件，水抜栓の場所確認と操作方法，凍結・破裂の対処方法について掲載している．

〔4〕 凍結被害の発生状況

2010～2016年度の凍結被害の発生状況を以下に示す（**表8・5**）．

第8章　参考技術・資料

表 8·5　凍結被害の発生状況（福島市水道局）

年　度	凍　結 [件]	破　裂 [件]	メータ破裂 [件]	合　計 [件]	最低気温 [℃]	最低気温日
2010	15	26	1	42	−5.9	2011. 1.24
2011	44	68	0	112	−8.0	2012. 2. 1
2012	17	9	0	26	−6.0	2013. 1.16
2013	23	36	0	59	−6.0	2014. 2. 5
2014	3	2	0	5	−4.7	2015.12.28
2015	2	2	0	4	−5.5	2016. 1.28
2016	13	25	0	38	−5.2	2017. 1.15

8.7.4　東北地方のインフラ会社
〔1〕　空気調和設備
・屋外機や給排気ガラリに防雪フードを設置する．
・屋外機の架台高さを積雪深以上とする．
・降雪センサにより降雪時に屋外機ファンを強制運転する．
・屋外露出配管を避ける．
・露出配管へ凍結防止ヒータ・保温材を巻く．
・不凍液を注入する．
・水抜栓・装置を設置する．
〔2〕　給排水衛生設備
・埋設配管の埋設深さは凍結深度以上とする．
・屋外露出配管を避ける．
・露出配管へ凍結防止ヒータ・保温材を巻く．
・ルーフドレンへ凍結防止ヒータを巻く．
・受水槽・高置水槽・ポンプを屋内に設置する．
・給水器具に水抜栓・装置を設置する．
・トイレを電気ヒータなどで暖房する．
〔3〕　電気設備
・受変電設備・非常用発電設備の架台高さを積雪深以上とする．
　仕様書への記載
　　　現場説明仕様書添付の図面に記載している．また，現場説明仕様書添付の特記仕様に公共建
　　築工事標準仕様書に基づき施工するよう記載している．
　施工要領書等の記載
　　　請負業者から受領する施工要領書等に記載されていることを確認している．

8.7.5　中部地方のインフラ会社
〔1〕　駐車場の融雪
人の通路や緊急車両近辺など，必要最小限の場所に電熱線ヒータを敷設する．
→飯山営業所の駐車場の一部では地下水を路面に直接散水して融雪しているが，ここ 1 箇所のみで
　他事業所はすべて電熱線ヒータによる融雪である．

− 210 −

第 8 章　参考文献

〔2〕　給水設備の凍結防止

室内の給水配管露出部に電熱線ヒータを巻き付ける.

〔3〕　空調用冷温水配管凍結対策

夜間の凍結防止運転で対応.

→過去に凍結防止用のポンプを夜間間欠運転としてポンプ動力を削減している事業所もある.

第 8 章　参考文献

1）空気調和・衛生工学会：建築設備の凍結防止 計画と実務（1996），pp.162～164

2）赤井仁志：凍結防止ヒータ，東北地方の給排水衛生設備と空調設備の凍結対策 SHASE-M 0008-2005（2007），pp.7～14，空気調和・衛生工学会

3）横山雅崇，赤井仁志，毛利清哉，井城依真，須藤諭：配管凍結防止用ヒータのエネルギー消費特性に関する試験研究（その1）配管凍結防止用ヒータの単体基本特性の把握，電気設備学会全国大会論文集（2007-9），pp.129～132

4）赤井仁志，須藤諭，井城依真，横山雅崇，今泉慶昭，毛利清哉，斎藤俊幸：配管凍結防止用ヒータのエネルギー消費特性に関する試験研究（その2）保温材付き配管に設置した場合のエネルギー消費特性，電気設備学会全国大会論文集（2007-9），pp.133～136

5）日本電熱ホームページ

6）カクダイカタログ

7）アサヒ特販カタログ

8）青森フジクラホームページ

9）日本バルブ工業会：JV10 規格「不凍栓」（1998），pp.1，7，8

10）日本水道協会北海道地方支部：寒冷地の給水装置設計・施工指針（1993），p.54

11）1）に同じ，pp.9，169

12）光合金製作所社内資料

13）光合金製作所カタログ

14）1）に同じ，pp.178，179

15）LIXIL：2017 住宅設備機器総合カタログ，p.41

16）LIXIL 社内テストデータ

17）LIXIL 社内資料

18）15）に同じ

19）17）に同じ

20）15）に同じ，p.273

21）札幌市水道局：給水装置工事設計施工指針，平成 15 年改訂版（2003），pp.96～98，102，244，245，254，255，267～269，277～281

22）赤井仁志：給水設備，東北地方の給排水衛生設備と空調設備の凍結対策 SHASE-M 0008-2005（2007），pp.47～61，空気調和・衛生工学会

23）製品評価技術基盤機構ホームページ

24）札幌市水道局ホームページ

25）小樽市水道局ホームページ

26）竹村製作所ホームページ

27）キシデン工業ホームページ

28）国立天文台編：理科年表　平成 30 年（2017），丸善出版

索　引

ア　行

アウトリーチ……………………………175
アウトレットボックス…………………145
圧力損失…………………………………15

移動式灯油ストーブ……………………170

雨水配管…………………………………81
上越し管…………………………………207

エコキュート……………………………75
HUG………………………………………169
FRP製貯湯槽……………………………74
FF式（強制給排気式）暖房機…………107
LED照明…………………………………67
遠赤外線の放射暖房機…………………106

屋外給水配管……………………………67
屋外消火栓設備…………………………85
屋内給水管………………………………63
屋内消火栓設備…………………………85
オーバーヘッド（鳥居）配管………63, 65
温水コイル………………………………98
温暖地……………………………………1

カ　行

外調機…………………………………2, 4
解氷パイプ………………………………201
開放式膨張水槽…………………………72
加湿禁止給気温度設定…………………118
家庭用ガス熱電併給システム（コージェネレーション）…………………………………122
加熱法……………………………………1
壁横引き配管……………………………65
ガラリ……………………………………53
過冷却…………………………………7, 11
間欠暖房…………………………………45
寒中コンクリート………………………57
寒冷地…………………………………1, 2

寒冷地における被害……………………21
寒冷地用吸気弁…………………………191

気温………………………………………2
気水分離器……………………………74, 75
基礎高さ…………………………………143
逆流防止機構……………………………190
給湯器……………………………………72
給排気トップ……………………………72
凝固………………………………………1
局所給湯方式……………………………72
緊急遮断弁………………………………85

空調機……………………………………18
グリーストラップ………………………80

結露………………………………………58
建築計画…………………………………1

コイル…………………………………2, 4, 18
公衆トイレ設備…………………………87
高断熱化…………………………………1
高置水槽…………………………………70
固・液界面……………………………12, 13
固定こま式………………………………83
固定こま式小便水栓……………………199
固定式……………………………………200
こま式……………………………………200
こま式水栓………………………………83
コールドドラフト………………………22

サ　行

サーモスタット制御型…………………184
三重点……………………………………7

ジェットヒータ…………………………173
自己温度制御型…………………………184
下向き供給配管方式……………………74
下向き供給方式…………………………75
自動排水弁付きトラップ………………123
車内避難…………………………………176

集熱パネル………………………………72
受水槽………………………………70
受変電設備……………………………141
準寒冷地………………………………1, 2
浄化槽………………………………83
蒸気コイル……………………………98
状態変化………………………………7
消融雪………………………………149
除排雪………………………………24

水質汚濁防止法………………………138
水栓………………………………83
水道凍結………………………………2
数値計算………………………………16
スガ漏れ………………………………34
スプリンクラ設備………………………86

制御弁最小開度設定方法………………116
積層ゴムアイソレータ…………………50
雪ぴ（庇）………………………………34
全室暖房方式……………………………87

相変化………………………………7

タ 行

太陽電池パネル………………………147
太陽熱給湯方式………………………72
滞留時間………………………………15
断熱基準………………………………41
断熱ライン……………………………1, 43, 67

地域区分………………………………41
地中熱ヒートポンプロードヒーティング……163
窒素除去浄化槽………………………84
中央式給湯方式………………………72
駐車場の消火設備……………………86
貯水槽………………………………70

通気弁………………………………80
つらら………………………………33
つりこま式……………………………83

定圧比熱………………………………9
低温作動弁……………………………62
低体温症………………………………176
電気マット……………………………78

天井放射暖房…………………………107

冬季養生………………………………56
凍結開始時間…………………………9, 11, 15
凍結事故………………………………2, 184
凍結指数………………………………6
凍結深度………………………………4, 48
凍結防止………………………………1
凍結防止サーモスタット………………100
凍結防止帯……………………………184
凍結防止ヒータ………………2, 81, 123, 125, 145
凍結防止弁……………………………62
凍結防止弁装置………………………79
凍上………………………………49, 79
トラップ………………………………196
鳥居型配管……………………………191
ドレン水………………………………78
ドレントラップ（逆流防止機能付き排水金具）……70
ドレンバルブ…………………………60, 62, 187

ナ 行

熱通過率………………………………16
熱抵抗………………………………9
熱伝導率………………………………9
熱容量………………………………2, 9
年間熱負荷係数（PAL＊）………………41

ハ 行

配管………………………………145
排水通気管……………………………80
排水配管………………………………80
排水弁………………………………62
バイパス水路…………………………199
パイプシャフト………………………45

東日本大震災…………………………167
被災者用避難住宅……………………168
日最低気温……………………………2
比重………………………………8
ヒートパイプ式ロードヒーティング……164
ヒートブリッジ………………………43
避難所運営マニュアル…………………170
氷点降下………………………………8

風除室………………………………28

－ 214 －

笛ふき音 ………………………… 104	モータダンパ ………………… 100, 102
ブースタポンプ方式 ……………… 117	門型配管 ………………………… 191
不凍液 …………………………… 121	
不凍液法 …………………………… 1	**ヤ 行**
不凍消火栓 ………………………… 86	
不凍水栓柱 ………………………… 60	融解熱 …………………………… 7
不凍バルブ ………………………… 60	融雪 ……………………………… 25
不凍水抜き栓 ……………………… 60	湯水抜栓 ………………………… 189
ヘアドライヤ ……………………… 201	予熱コイル …………………… 112, 114
閉塞 ……………………………… 12	
閉塞時間 …………………………… 14	**ラ 行**
防食剤 …………………………… 136	リバースリターン配管 …………… 73
防雪フード ………………………… 79	流動法 …………………………… 2
防凍被覆厚さ ……………………… 18	量水器 …………………………… 63
防風対策 …………………………… 22	
保温筒 ………………… 9, 11, 15, 18	ルーフドレン ……………………… 36
保温法 …………………………… 2	
	冷温水コイル ……………………… 95
マ 行	冷水コイル ………………………… 98
	レジオネラ症 ……………………… 74
巻き垂れ …………………………… 35	連結送水管設備 …………………… 86
水落とし …………………………… 59	ロータンク …………………… 196, 197
水抜き栓 …………………………… 60	ロードヒーティング ……………… 149
水抜き法 …………………………… 1	ロードヒーティングの制御方法 …… 164
水の状態図 ………………………… 7	路面温度 ………………………… 164
密閉式貯湯槽 ……………… 74, 75, 76	路面水分 ………………………… 164
密閉式膨張水槽 …………………… 72	

建築設備の凍結・雪対策 計画設計施工の実務の知識

平成 30 年 3 月 30 日　初版第 1 刷発行
令和 2 年 6 月 29 日　初版第 2 刷発行
令和 6 年 7 月 31 日　初版第 3 刷発行

編集・著作権者　公益社団法人　空気調和・衛生工学会
発 行 所　公益社団法人　空気調和・衛生工学会
　　　　　　〒162-0825　東京都新宿区神楽坂 4-8
　　　　　　電話 （03）5206-3600
　　　　　　FAX （03）5206-3603
　　　　　　郵便振替口座　00190-1-37842
発 売 所　丸善出版株式会社
　　　　　　〒101-0051　東京都千代田区神田神保町二丁目 17 番
　　　　　　電話 （03）3512-3256
製 作　有限会社アーヴル
印 刷・製 本　日本印刷株式会社

方法のいかんを問わず無断複製・転載を禁ずる.

ISBN978-4-87418-066-2